वेद विश्व-साहित्य के प्राचीनतम ग्रन्थ हैं-आदि ग्रन्थ एवं ईश्वरीय ज्ञान हैं। यद्यपि वेदों का अधिक भाग उपासना एवं कर्म-काण्ड से सम्बद्ध है, किन्तु इसमें यथास्थान आत्मा-परमात्मा, प्रकृति, समाज-संगठन, धर्म-अधर्म, ज्ञान-विज्ञान तथा जीवन के मूलभूत सिद्धान्तों एवं जीवनोपयोगी शिक्षाओं तथा उपदेशों का भी प्रस्तुतीकरण है। पाठकों की रुचि को ध्यान में रखते हुए जन-साधारण तक वेदों को पहुंचाने के लिए प्रस्तुत है सरल व सुबोध भाषा में ऋग्वेद का सार।

ऋग्वेद

राजबहादुर पाण्डेय

डायमंड बुक्स

प्रकाशक डायमंड पॉकेट बुक्स (प्रा.) लि.
X-30 ओखला इंडस्ट्रियल एरिया, फेज-II
नई दिल्ली- 110020
फोन : 011-40712200
ई-मेल : ebooks@dpb.in
वेबसाइट : www.diamondbook.in

RIGVEDA

By - *Dr. Raj Bahadur Pandey*

पूर्वकथन

'वेद' शब्द का अर्थ है- 'ज्ञान'। ज्ञान वह प्रकाश है, जिससे मनुष्य के हृदय और बुद्धि का सब अन्धकार मिट जाता है।

प्रारम्भ में मनुष्य के मार्गदर्शन के लिए परमात्मा ने जो ज्ञान का प्रकाश दिया, उसका-नाम 'वेद' है। वह ज्ञान जिन ऋचाओं-मन्त्रों के द्वारा प्रकट हुआ, सामूहिक रूप में वे सब वेद कहलाये।

भारतीय अध्यात्म-विद्या के तीन कांड प्रसिद्ध है हवनकांड, कर्म-कांड और उपासना अथवा भक्तिकांड। चार वेदों में से अथर्ववेद ज्ञानकांड का, यजुर्वेद कर्मकांड का और सामवेद उपासना अथवा भक्तिकांड का ग्रन्थ कहा जाता है।

ऋग्वेद विज्ञानकांड का ग्रंथ है। ऋग्वेद शब्द दो शब्दों के मिलने से बना है- ऋक् और वेद। ऋक् शब्द संस्कृत की ऋच् धातु से बना है। ऋच् धातु का अर्थ है-स्तुति। स्तुति का अर्थ हैं-गुण और गुणी का वर्णन और गुण तथा गुणी का वर्णन-विश्लेषण-प्रतिपादन ही विज्ञान का विषय है; इसीलिए ऋग्वेद को विज्ञानकांड का ग्रन्थ माना जाता है। विज्ञान में ज्ञान, कर्म, उपासना सभी विद्यमान रहते है। अत: ऋग्वेद के मन्त्रों में भी ये तीनों है।

ऋग्वेद में दस हजार पांच सौ नवासी मन्त्र है जो कि दस सौ अट्ठाईस सूक्तों के रूप में प्रकट किए गये है। सूक्त का अर्थ हैं-सुन्दर कथन-सु+उक्त= सूक्त। सूक्त में कई मन्त्र होते हैं जिनमें कोई बात सुन्दरता से कही गयी होती है, इसीलिए ऐसे मन्त्र-समूह को जिसमें कोई वर्णन सुन्दरता से किया गया हो, सूक्त कहा जाता है।

ऋग्वेद के मन्त्रों का विभाजन- ऋग्वेद का भाष्य करने वाले विद्वानों ने ऋग्वेद के मन्त्रों का विभाजन अष्टकों, अनुवादकों और कांडों के रूप में भी किया है, किन्तु प्रस्तुत पुस्तक में हमने सीधा-सादा विभाजन अध्यायों के रूप में किया है। ऋग्वेद में दस अध्याय है।

वेद के अंग-उपांग-वेद के छह अंग हैं- शिक्षा, कल्प, निरुक्त व्याकरण, छन्द और ज्योतिष। वेदों के अर्थ-ज्ञान के लिए इनका ज्ञान आवश्यक है। सांख्य, योग, वैशेषिक, न्याय, मीमांसा और वेदान्त ये छह वेद के उपांग हैं। ये ही छह दर्शन कहे जाते है। ब्राह्मण ग्रन्थ, आरण्यक एवं उपनिषद् भी वेद-ज्ञान का व्यास यानी विस्तार है। महर्षि वेदव्यास पुराणों के रचयिता हैं। उनका नाम भी 'व्यास' इसीलिए हुआ कि उन्होंने वेद-ज्ञान का व्यास यानी विस्तार किया।

अन्य सभी वेद तथा ऋग्वेद भी स्तुति-प्रधान ग्रन्थ है। ऋग्वेद में अग्नि, इन्द्र, वरुण, मरुद्गण, अश्विनीकुमार आदि देवों की स्तुतियां है। उन देवों को परमात्मा का प्रतीक भी माना

गया है अत: जहां इन देवों के वाचक शब्द अपना अर्थ देते है, वहां वे परमात्मा के भी वाचक है।

स्तुतियों के अतिरिक्त ऋग्वेद में आत्मा-परमात्मा, जीव-प्रकृति, ज्ञान-विज्ञान तथा संसार के विभिन्न पदार्थों का विवरण मिलता है। ऋग्वेद के वर्णनों में तत्कालीन पूर्ण विकसित आर्यजाति की रीतियों, नीतियों, सामाजिक आचारों एवं व्यवहारों' का दर्शन भी होता है। चोरी, जुआ, सदाचार एवं विश्वासघात रूप कतिपय बुराइयां भी यहां वर्णित है। दिन-भर चरकर घरों को लौटती गायों, रंभाते हुए बछड़ों, चहचहाती हुई चिड़ियों आदि के वर्णन भी वहां हैं। मानवीकरण तथा अन्य अलंकारों के माध्यम से सभी वर्णन सजीव हो उठे हैं एवं भाषा में प्रशस्त प्रेषणीयता आ गयी है। मन्त्र गायत्री, जगती, वृहती आदि छन्दों में हैं।

इतने विस्तृत और वृहद ग्रंथ को अल्पकाय पुस्तक के रूप में प्रस्तुत करना था, अत: सार-संक्षेप-प्रवृत्ति वर्णित विषय को एक जगह करके संक्षेप रूप में ही प्रकट किया गया है। जैसे मान लीजिए, अध्याय में 'अग्नि' से सम्बन्धित सूक्त वश हैं, किन्तु वे एक क्रम में न होकर अलग-अलग बिखरे हैं, तो हमने उन सबको एक जगह करके संक्षेप में प्रस्तुत किया है।

ईश्वरीय ज्ञान- ऋग्वेद का मर्म जन-सामान्य तक पहुंचे और हम अपनी संस्कृति के निकट पहुंच सके, इस उद्देश्य से सरल हिन्दी भाषा में ऋग्वेद प्रस्तुत करते हुए हमें हर्ष है। यदि इससे सामान्य पाठक वैदिक ज्ञान के दर्शन कर सकें, तो हम अपने श्रम को सफल मानेंगे।

-राजबहादुर पाण्डेय

प्रथम अध्याय

अग्नि :

सूक्त 1 : मैं अग्नि की स्तुति करता हूं। अग्नि यज्ञ का पुरोहित, यज्ञ में देवों को बुलाने वाला और यज्ञफल का धारण करने वाला है। प्राचीन ऋषियों ने अग्नि की स्तुति की थी। वर्तमान ऋषि भी अग्नि-स्तुति करते हैं। अग्नि-कृपा से यजमान को यश और धन मिलता है और वह बढ़ता है। हे अग्नि! इस यज्ञ में आओ और देवों को भी बुलाओ। तुम यजमान का कल्याण करने वाले हो। हम तुम्हें नमस्कार करते हैं। पुत्र जैसे पिता को सरलता से पा लेता है, उसी प्रकार हम तुम्हें सरलता से पायें।

सूक्त 12 : देवदूत, देवों को बुलाने वाले, यज्ञपूर्ण करने वाले और सम्पत्तियों के अधिकारी अग्नि का हम वरण करते हैं तथा उन्हें हम सदा बुलाते है। हे अग्नि! देवों को बुलाओ। तुम्हीं हमारे यज्ञ के होता हो। तुम हमारे शत्रुओं को जला दो। क्रांतदर्शी, जूहूंमुख अग्नि, अग्नि से ही प्रज्ज्वलित होते हैं। हे स्तोताओं! अग्नि की स्तुति करो। हे हव्य के स्वामी अग्नि! यजमान की तथा उसके हव्यों की रक्षा करो, जिससे हव्य देवों को मिल सके। तुम हमारे गायत्री छन्द की स्तुति से प्रसन्न होकर हमें संतानयुक्त धन दो। हमारे इस स्तोत्र को तुम स्वीकार करो।

सूक्त 13 : हे प्रज्ज्वलित अग्नि! हमारा यज्ञ पूरा करो। हमारे मधुयुक्त यज्ञ को देवों के समीप तुम ले जाओ। हे अग्नि! तुम जनहितकारी हो। यज्ञ पूरा करने के सब द्वार खोल दो, इला, सरस्वती और मही यज्ञ में कुशों पर बैठें। त्वष्टा को मैं यज्ञ में बुलाता हूं। हे वनस्पति! हम सामसम्पन्न बनें, तुम देवों को हवि भेंट करो।

सूक्त 14 : हे अग्नि! सोमरस पीने के लिए देवों के साथ आओ। कण्व की सन्तान तुम्हें यज्ञ पूरा करने को बुलाती है। हे स्तोताओं इन्द्र, वायु, बृहस्पति, मित्र, अग्नि, पूषा, भग और आदित्यों तथा मरुद्गणों को बुलाओ। हे अग्नि देव! वषट्कार का उच्चारण होते हुए देव तुम्हारी जीभ से सोम पिए। हे अग्नि! रोहित नामक अपने घोड़े से देवों को यहां लाओ।

सूक्त 24 : मैं देवों में सर्वप्रथम अग्नि का नाम पुकारता हूं। वे मुझे धरती पर रहने देगें, जिससे मैं अपने माता-पिता को देख सकूं। हे सूर्य! तुम धन के स्वामी हो। तुम रक्षा करो, जिससे हम धन की उन्नति करें। हे वरुण! तुम्हारी आज्ञा से ही रात में चन्द्रमा प्रकाशित होता है। तुम सहस्त्रों औषधियों के स्वामी हो। मैं तुमसे परम आयु की याचना करता हूं। हे वरुण! हमारे सब फन्दों को खोल दो, जिससे हम तुम्हारे यज्ञ में लगे रहकर पाप-मुक्त हो जाये।

सूक्त 26 : हे अग्नि! तुम यज्ञयोग्य, अन्नों के पालक, युवा और तेजस्वी हो। हम तुम्हारी स्तुति कर रहे हैं, यहां बैठो। जिस प्रकार इन्द्र, वरुण और अर्यमा मनु के यज्ञ में आये थे; वैसे ही तुम भी इस यज्ञ में आओ। जैसे मित्र, मित्र को, भाई, भाई को और पिता, पुत्र को अभीष्ट देता है, वैसे हमें तुम हमारा अभीष्ट दो। हम अग्नि के प्रिय हों और अग्नि हमारे प्रिय हो। अग्नि से ही ऋषियों ने उत्तम हव्य पाए, हम भी अग्नि से उत्तम द्रव्य पाएं। हे अग्नि हमारी स्तुतियां स्वीकारो और हमें अन्न दो।

सूक्त 27 : हे अग्नि! तुम यज्ञ के सम्राट और पूंछ वाले घोड़े के समान हो, तुम शक्ति के पुत्र और शीघ्र गमन करने वाले हो, हम तुम्हारी स्तुति करते हैं। हमारी अभिलाषाएं पूर्ण करो तथा हमारी रक्षा करो। हमें तुम दिव्य लोक और अन्तरिक्ष लोक का सब अन्न प्राप्त कराओ और भूलोक का धन दो। हे अग्नि! हम प्रार्थना के द्वारा तुम्हें जानते हैं। हम सभी देवों को नमस्कार करते हैं।

सूक्त 31: हे अग्नि! तुम अंगिरागोत्रीय ऋषियों के आदि ऋषि हो। तुम स्वयं देव हो और अन्य देव तुम्हारे मित्र हैं। तुम्हारे कर्म से ही मरुद्गणों का जन्म हुआ। संसार पर अनुग्रह करने के लिए तुम अनेक रूप धारण करते हो। तुम दो अंगिराओं से उत्पन्न हो। तुम्हारे यज्ञ में निवास करने के कारण ही देवों के यहां पूर्ण हुए। तुमने पुरूरवा को सुन्दर फल दिया। तुम एक मात्र अन्नदाता हो। तुम्हारी कृपा से वीरताशून्य भी वीरों का वध कर देते हैं। तुम कृपा करो, हमें पुत्र दो। यजमान को सर्वसम्पत्ति दो। तुमने अंगिरा के पुत्र के रूप में जन्म लिया और इला के द्वारा मनु को धर्म का उपदेश दिया। हमने जो भूल से तुम्हारे यहां का लोप किया, इस अपराध को क्षमा करो।

सूक्त 36 : हम अग्नि की प्रार्थना करते हैं। वरुण, मित्र, अर्यमा अपना मित्र समझकर अग्नि को चमकाते हैं। शत्रु को हराने के इच्छुक लोग अग्नि को प्रज्ज्वलित करते हैं। वर्षा करने वाले इन्द्र ने अग्नि को धारण किया था। कण्व ने अग्नि को सूर्य से लेकर प्रज्ज्वलित किया था। हे अग्नि! हम तुम्हें बुलाते हैं। अग्नि हमें धन दें। शत्रुओं से हमारी रक्षा करें। हे अग्नि! हम तुम्हें नमस्कार करते है।

सूक्त 44 : हे मरणरहित अग्नि! तुम उषा के पास से लाकर टिकाऊ धन दो। देवों को यहां लाओ। धूम रूपी ध्वजा वाले अग्नि का हम वरण करते है। हम अग्नि की स्तुति करते है। हे अग्नि! जब तुम वेदी में जलते हो, तो तुम्हारी लपटें समुद्र की लहरों के समान चमकती हैं।

सूक्त 45 : हे अग्नि! तुम वसुओं, रुद्रों तथा आदित्यों का यजन करो। तुम तैंतीस देवों को यहां लाओ। हे अग्नि! चमकीली लपटें तुम्हारे केश हैं। यजमान तुम्हें हव्य ले जाने के

लिए बुलाते हैं। हे अग्नि! सोम निचोड़ने वाले ऋत्विज तुम्हें सोमान्त के समीप बुलाते है। तुम देवों को सोम-पान के लिए यहां बुलाओ।

सूक्त 58 : जब अग्नि यजमान का हव्य ले जाने के लिए उसके दूत बने थे, तब अग्नि ने अन्तरिक्ष लोक बनाया था। अग्नि हव्य वहन करते हुए रुद्रों एवं वसुओं के सम्मुख स्थान प्राप्त कर चुके है। यजमानों के द्वारा स्तुति किये गए अग्नि प्रजाओं के पास पहुंचते और उन्हें धन देते है। हे अग्नि! तुम दीपज्वालाओं वाले एवं वृद्धावस्थारहित हो। वायु द्वारा प्रेरित अग्नि पेड़ों को जला देते हैं। समस्त स्थावर-जंगम अग्नि से डरते हैं। मैं अग्नि से धन की याचना करता हूं। हे अग्नि! स्तोताओं की पाप से रक्षा करो।

सूक्त 59 : हे अग्नि! तुम मनुष्यों की नाभि में जठराग्निरूप में स्थित हो और सब मनुष्यों को धारण करने वाले हो। अग्नि धरती की नाभि और धरती आकाश के बीच के प्रदेश के स्वामी है। सभी प्रकार के धन वैश्वानर अग्नि में ही निवास करते हैं। हे अग्नि! तुम्हारा महत्त्व आकाश से भी बढ़कर है जलवर्षा के लिए मनुष्य विद्युत्रूप अग्नि की सेवा करते है। शतनि के पुत्र राजा पुरुणीथ ने अनेक यज्ञों में अग्नि की स्तुति को थी।

सूक्त 60 : यज्ञप्रकाशक, उत्तम रक्षक, धन के समान प्रशंसित अग्नि को मातरिश्वा हम मृगुवशियो के मित्र के रूप में हमारे समीप लाये। हव्य प्राप्त करने के इच्छुक देवता एवं जन्मदाता यजमान दोनों ही अग्नि की सेवा करते हैं। हमारे प्राण से स्तुतियां अग्नि को सब ओर से घेर ले। यज्ञ-स्थल में अग्नि स्थापित हैं। जिस प्रकार अश्ववार (घोड़े पर चढ़ने वाला) घोड़े को साफ करता है, उसी प्रकार हम अग्नि का मार्जन करते हैं। हे बुद्धि द्वारा धन प्राप्त कराने वाले अग्नि! कल प्रातःकाल फिर यज्ञों में आना।

सूक्त 65 : जैसे पशु चराने वाला पशुओं सहित गुफा में छिप जाय, तो उसके चरण चिह्नों से उसे तलाश कर लिया जाता है, इसी प्रकार हे अग्नि! देवगण तुम्हारे चरण-चिह्नों से तुम्हारे पास पहुंच गये। देवगण तुम्हारे समीप आये थे। अत: तुम स्वयं हव्य-भक्षण करके उनके लिए भी हव्य ले जाओ। भागे हुए अग्नि को देवों ने अग्नि के कर्मों की खोज की। इन्द्र उसे तलाश करने पृथ्वी पर आये, तो पृथ्वी स्वर्ग बन गयी। अग्नि जल के समान सुखप्रद हैं और जल के हितैषी है। जिस प्रकार हंस पानी में बैठता है, उसी प्रकार प्रातःकाल सबसे पहले जगने वाला अग्नि जल में रहकर शक्ति प्राप्त करता है। वह सोम के समान सभी औषधियों के गर्भ में वर्तमान हैं।

सूक्त 66 : धन जैसा विचित्र रूप वाला, पके जब जैसा सबके उपयोग-योग्य, देवों का स्तुतिकर्ता अग्नि हमें धन दे। प्राणवायु के समान जीवन- स्थापक, पुत्र के समान हितकारी अग्नि वनों को जलाने के लिए आते है। गृह की आभूषण पत्नी के समान यज्ञ-गृह के आभूषण

अग्नि संग्राम में प्रभावशाली है। सेना के साथ वर्तमान सेना के समान अग्नि शत्रुओं को भयप्रद हैं। जैसे गाय पशुशाला में पहुंचती है, उसी प्रकार हम भी आहुति लेकर अग्नि के समीप पहुंचते हैं।

सूक्त 67 : जैसे वृद्धावस्थारहित व्यक्ति का आदर होता है, उसी प्रकार अग्नि भी यजमान का आदर करते और उस पर कृपा करते हैं। वे सूर्य, धरती, अन्तरिक्ष और आकाश को धारण किये हुए हैं। सत्य के धारण-कर्ताओं को अग्नि अविलम्ब धन प्रदान करते है। औषधियों के गुण बनाएं रखने वाले, औषधियों में पत्र-पुष्प और फल उत्पन्न करने वाले तथा समस्त अन्न के स्वामी अग्नि की पूजा करके ही मेधावी पुरुष अन्य काम करते हैं।

सूक्त 68 : अग्नि स्थावर-जंगम के साथ-साथ रात्रि को भी प्रकाशित करते हैं। हे अग्नि! तुम मनु की प्रजारूप यजमानों के स्वामी एवं उनके धन के स्वामी हो। जिस प्रकार पुत्र पिता की आज्ञा का पालन करता है, उसी प्रकार यजमान अग्नि की आज्ञा सुनते हैं और उसका पालन करते हैं। वे यजमान को धन देते हैं।

सूक्त 69 : अग्नि, उषा और सूर्य के समान सभी पदार्थों को प्रकाशित करते है। अग्नि पुत्र के समान देवों के दूत होते हुए भी पिता के समान उनके पालक हैं, जिस प्रकार गाय का स्तन्य (दूध) सब पदार्थों को स्वादिष्ट बना देता है, उसी प्रकार अग्नि भी सब पदार्थों को स्वादिष्ट बना देते हैं। हे अग्नि! तुमसे सम्बन्धित यज्ञों का राक्षसरादि विनाश नहीं कर पाते। यदि राक्षसरादि नष्ट करने की चेष्टा करते हैं, तो तुम मरुद्गण की सहायता से उन्हें भगा देते हो।

सूक्त 70 : बुद्धि के द्वारा प्राप्त करने योग्य, देवों, मनुष्यों के सब कर्मों में व्याप्त अग्नि से हम अन्न प्राप्त करने की कामना करते हैं। राजा जिस प्रकार प्राण की रक्षा करता है, उसी प्रकार अग्नि हमारे प्रति शोभन कर्म करें। हे अग्नि! तुम देवों और मानवों के जन्म के विषय में जानते हुए प्राणि-समूह का पालन करो। उषा और रात्रि का रूप भिन्न है, फिर भी वे दोनों अग्नि की वृद्धि करती हैं। अग्नि धनुर्धारी के समान शूर, शत्रु के समान भयंकर होकर हमारी सहायता करें।

सूक्त 71 : अंगुलियां अग्नि को हव्य देकर उसी प्रकार प्रसन्न होती हैं, जैसे स्त्री अपने पति को प्रसन्न करती है। अग्नि की सेवा अंगुलियां उसी प्रकार करती हैं, जैसे सूर्य की किरणें उषा की सेवा करती है। व्यान रूपी वायु अग्नि को जब-जब मथते हैं, तब-तब शुभ्र वर्ण अग्नि यज्ञ में उत्पन्न होते हैं। जैसे सात नदियां सागर को प्राप्त करती हैं, वैसे समस्त हव्य अग्नि को प्राप्त होते है। अन्न का शुद्ध तेज जठराग्नि में पहुंचे, अन्न पाचन हो और वीर्य बने। उससे शुभ कर्म करने वाला पुत्र उत्पन्न हो। हे अग्नि! बुढ़ापे को हमसे दूर रखना।

सूक्त 72 : स्तुतिकर्ताओं को अमृत प्रदान करते हुए अग्नि उत्तम धन के स्वामी होते हैं। जब मरुतों ने तीन वर्ष तक घृत से तुम्हारी पूजा की, तब तुम प्रकट हुए। हे अग्नि! यजमान इक्कीस तत्वों से तुम्हारी रक्षा करते हैं, तुम उनके स्थावर-जंगम धन की रक्षा करो। हे अग्नि! तुम्हारी कृपा से सरमा ने अंगिराओं से गो दुग्ध पाया।

सूक्त 73 : पैतृक धन के समान अग्नि से अन्न-दान यजमान को मिलता है। अग्नि सरल नेता हैं। वे अतिथि के समान तर्पण करने योग्य हैं और यजमान के घर की उन्नति करने वाले है। अग्नि आत्मा के समान सुखदायक है। सूर्य के समान वे सब जगत को धारण करते हैं। अग्नि अनिंदिता एवं पति द्वारा स्वीकृत नारी के समान शुद्ध कर्म वाले हैं। अग्नि की अभिलाषा करती हुई दूध देने वाली गाएं यज्ञ-देश में प्राप्त अग्नि को दूध पिलाती है और सरिताएं अग्नि से कृपाभाव मांगती हुई समुद्र की ओर जाती हैं। हे अग्नि! हमारे सब स्तोत्र तुम्हें प्रिय हों।

सूक्त 74 : हम यज्ञ में उपस्थित, धन-रक्षक और शत्रुनाशक अग्नि की, स्तुति करते हैं। अग्नि यजमान को प्रौढ़, दीप्त एवं शक्ति सम्पन्न धन दें।

सूक्त 75 : हे अग्नि! हमारी स्तुतियां स्वीकार करो। हे अग्नि! तुम सब के बन्धु एवं प्रिय मित्र हो। तुम मित्रों के स्तुतियोग्य मित्र हो। हे अग्नि! हमारे निमित्त मित्र, वरुण एवं अन्य देवों को लक्ष्य करके यज्ञ करो। यज्ञ को पूरा करने के लिए अपने यज्ञ-गृह में जाओ।

सूक्त 76 : हे अग्नि! हमारे अग्रगामी नेता बनो। इन्द्र को यज्ञ में लाओ। हम इन्द्र का सत्कार करेंगे। तुम अन्य देवी के साथ यज्ञ में बैठो और होता-पोता का कार्य करो। हे अग्नि! तुम यज्ञ में 'जुहू' नामक स्रुक् द्वारा देवों की पूजा करो।

सूक्त 77 : हे यजमानों! अग्नि को स्तुतियों-द्वारा अभिमुख करो। देवों की अभिलाषा करने वाली प्रजाएं अग्नि के समीप जाकर और उन्हें यज्ञ का प्रधान देवता मानकर उनकी स्तुति करती हैं। यज्ञ के स्वामी एवं सर्वज्ञाता अग्नि ने प्रसन्न होकर -ऋषियों के द्वारा दिया गया सोम पिया था। वे अग्नि हमारे द्वारा दिए गये हव्य को जानकर पुष्ट होते हैं।

सूक्त 78 : हे जातवेद अग्नि! जैसे गौतम ऋषि ने तुम्हारी स्तुति की थी, वैसे हम भी तुम्हारी स्तुति करते है। हे अग्नि! दस्युओं एवं अनार्यों को स्थानच्युत करो। मैं हूणवंशीय गौतम के मधुरवचनों वाले स्त्रोत से स्तुति करता हूं।

सूक्त 79 : विद्युत् रूप अग्नि मेघों को कंपाते हैं और मेघों से जल बरसवाते हैं। अग्नि की किरणें मरुतों के साथ मिलकर मेघों को ताड़ित करती एवं उनसे वर्षा कराती हैं। हे अग्नि! तुम उस प्रकार दीप्त बनो, जिस प्रकार से हमारे पास धन आ सके। तुम गायत्री छन्द वाले सूक्त से प्रसन्न होकर हमारी रक्षा करो। हमारे पास या दूर के शत्रु को नष्ट करो।

सूक्त 93 : हे अग्नि, हे सोम! हमारी स्तुतियां स्वीकारो और हमें सुख दो। यजमान को गाएं और अश्व दो। उसे पुत्र-पौत्र दो। इसे पूर्ण जीवन दो। तुम दोनों ने इन्द्र की ब्रह्म हत्या के पाप के अंश से युक्त नदियों को दोष से मुक्त किया है। तुम दोनों हव्यरूप सेवा स्वीकार करो और रोग-भय दूर करो। हे अग्नि, सोम! हमारे अश्वों का पालन करो, हमारी गाएं बढ़े, हमें बल दो, हमारे यज्ञ को धन-सम्पन्न करो।

सूक्त 94 : बढ़ई जैसे रथ बनाता है, वैसे ही अग्नि के प्रति हम पूज्य बुद्धि बनाते है और उन्हें स्तुति समर्पित यहां करते है, हे अग्नि! हम तुम्हारे लिए प्रति पर्व पर दर्श पौर्णमास यज्ञ करते हुए हव्य देते हैं। हे अग्नि! तुम यहां के अध्वर्यु, होता, प्रशास्ता, शोधक एवं पुरोहित हो, हमारा यज्ञ पूरा करो। तुम्हारे स्तोता को वरुण एवं भिन्न-भिन्न मरुत धारण करें। हे अग्नि! तुम सौभाग्य को जानते हुए यहां-कर्म से हमारी आयु-वृद्धि करो। मित्र, वरुण अदिति, सिंधु, पृथ्वी एवं आकाश उस आयु की रक्षा करें।

सूक्त 95 : मेघों में वर्तमान वायु, सब पदार्थों में वर्तमान अग्नि को प्रकट करती है। समुद्र, आकाश और अन्तरिक्ष-ये तीन अग्नि के जन्म-स्थान है। सूर्य रूप अग्नि ने ऋतुओं का विभाजन किया और दिशाओं को बनाया। अग्नि अनेक प्रकार के जलों को उत्पन्न करके समुद्र से सूर्य रूप में जल लेता है। मेघों में जलों की गोद में रहकर भी ऊष्म की ओर जलता हुआ अग्नि चमकता और बढ़ता है। रात और दिन स्त्रियों के समान अग्नि की सेवा करते और रंभाती गायों के समान पास आकर ठहरते हैं। भयंकर अग्नि सूर्य की भुजा रूपी किरणों के समान अपने तेज को बढ़ाते हैं। जब अग्नि अन्तरिक्ष में चलने वाले जलों से संयुक्त प्रकाश धारण करते हैं, तब आकाश को अपने तेज से ढँक लेते हैं। हे अग्नि! तुम्हारा तेज अदृश्य है और पालक है। अग्नि आकाश में गमनशील जल को प्रवाह रूप देते हैं। उसी जल से धरती की भिगोते हैं, उदर में जठराग्नि रूप में अन्न को पकाते हैं और सब फसलों के भीतर रहते हैं।

सूक्त 96 : विद्युत्रूप अग्नि वाक् और जल के मित्र हैं। दिन-रात बार-बार एक-दूसरे का रूप नष्ट करके मिलते हुए अग्नि रूपी एक ही बालक का पालन करते हैं। अन्तरिक्ष में वर्तमान अग्नि ने हमारे पुत्रों के लिए अनेक अनुष्ठान मार्ग प्राप्त कराए। अग्नि ने आयु की पूर्वकाल में कृत एवं गुणनिष्ठ स्तुति को सुनकर इस मानवी प्रजा को उत्पन्न किया है एवं अपने तेज से आकाश को व्याप्त किया है। हे अग्नि! समिधाओं से प्रज्ज्वलित होकर हमें धनयुक्त अन्न देने के लिए विशेष रूप से प्रकाशित होओ।

सूक्त 97 : हे अग्नि! हमारा पाप नष्ट हो। हम धन की इच्छा से तुम्हारी पूजा करते है। हम मुक्त के समान श्रेष्ठ हो जाए। हम तुम्हारी स्तुति करके बढ़ें। तुम्हारे मुख चारों ओर हैं,

हमारी चारों ओर से रक्षा करो। जैसे नाव से नदी पार करते हैं, ऐसे ही हम तुम्हारी कृपा से शत्रुओं से पार होकर शत्रुरहित देश में रहे।

सूक्त 98 : हम पर अग्नि की अनुग्रह-दृष्टि हो। अग्नि आकाश में सूर्य रूप से और धरती पर गार्हपत्य रूप से विद्यमान हैं। अग्नि हमें दिन और रात्रि में शत्रुओं से बचाए। हमारा यज्ञ सफल हो, हमें धन प्राप्त हो, हमारा पुत्र हमारी सेवा करे। मित्र, वरुण, अदिति, सिंधु, धरती और आकाश हमारे धन की रक्षा करें।

सूक्त 99 : हम अग्नि के निमित्त सोमरस निचोड़ते हैं। अग्नि हमारे शत्रुओं का धन नष्ट करें और हमें दुःखों और पापों से उसी प्रकार पार लगाएं, जैसे नाव नदी से पार लगाती है।

सूक्त 197 : हे अग्नि! हम मन्त्रों से तुम्हें बुलाते हैं। गतिशील सूर्य के समान तुम देवों को बुलाते हो। तुम्हारी ज्वालाएं परशु के समान शत्रु-घातक हैं। धनुर्धारी के समान अग्नि कभी पीठ नहीं दिखाते। जैसे विद्वान् को दान दिया जाता है, वैसे ही प्रत्येक मन्त्र के बाद अग्नि को हव्य दिया जाता है। अग्नि, भक्त और अभक्त दोनों की रक्षा करते है। हे अग्नि! तुम हमें अपने समीप ही दिखाई देते हुए भी देवों के साथ हव्य ग्रहण करते हो। तुम भक्तों पर अनुग्रह करते हुए पूजनीय धन उन्हें देते हो। हमें पृथ्वी का भोग करने के लिए धन दो।

सूक्त 128 : सबको सुख देने वाले अग्नि यजमान के लिए धन के समान हैं। यज्ञ वेदी में ऋत्विजों से घिरे वे अग्नि बैठे हैं। अग्नि यजमान के कार्यों को सौगुना प्रकाशित करते हैं। जिस प्रकार मातरिश्वा मनु के निमित्त अग्नि को दूर देश से लाए, उसी प्रकार अग्नि दूर देश से हमारे यज्ञ में आए। जैसे वर्षा से सभी अन्न पकते हैं अथवा जैसे याचक को भक्षण करने योग्य द्रव्य दिये जाते हैं, वैसे ही अग्नि को तृप्त करने के लिए यजमान उन्हें विभिन्न हव्य भेंट करते हैं। अग्नि धन देने के लिए अपना दक्षिण हाथ सदा तैयार रखते हैं। वह हाथ यज्ञ करने वाले के लिए ढीला रहता है।

सूक्त 140 : हे अध्वर्यु! अग्नि के लिए हव्यन्न के समान वेदी तैयार करो। स्थान को सुन्दर कुशों से ढक दो। द्विजन्मा अग्नि आज्य, पुरोडाश एवं सोम नामक तीन भाइयों को सामने आकर खाते हैं। अग्नि-ज्वालाएं यजमान के लिए उपयोगी है। अग्नि प्रच्छन्न और कभी प्रकट होकर समिधाओं में व्याप्त होते हैं। हे अग्नि! हमारा दिया हुआ हव्य तुम्हें प्रिय हो। हे अग्नि! हमारे यजमान को संसार से पार लगाने वाली यज्ञ रूपी नाव दो। धरती, आकाश एवं नदियां हमें घी, दूध, अन्न दे। उषाएं हमें उत्तम अन्न दें।

सूक्त 141 : अग्नि के तेज का सहारा लेकर ही मेरी बुद्धि कार्य करती है और अपना इष्ट सिद्ध करती है। अग्नि अन्न-साधक, शरीर बढ़ाने वाला है और एक रूप में सदा धरती पर रहता है। दूसरे रूप से वर्षाओं में रहता है। जिन दिशाओं रूपी माताओं से अग्नि प्रकट हुए है,

प्रकाशित होते ही उनमें प्रविष्ट हो जाते हैं। जैसे रथ पहियों से चलता है, उसी प्रकार अग्नि अपनी ज्वालों से गतिशील होते है। जैसे वीर के भय से सब भागते हैं, उसी प्रकार अग्नि के भय से पक्षी भाग जाते हैं। अग्नि की हमने अर्चना-साधक मन्त्रों से स्तुति की है।

सूक्त 142 : हे तनूनपात अग्नि! मुझ जैसे यजमान के घृत एवं मधु से सम्पन्न यज्ञ में आदि से अन्त तक रहे। यज्ञ संपादक नाराशंस अग्नि हमारे यज्ञ को तीन बार मधु से सींचते हैं। यजूञ में निशा और उषा आकर कुशों पर बैठे। अग्नि की, तीन मूर्तियां भारती, वाक् और सरस्वती आकर कुशाओं पर बैठें। त्वष्टा कल्याणकारी जल बरसाएं। वनस्पति देवों के प्रति कर्म करें। हे इन्द्र! स्वाहा शब्द से युक्त हमारा हव्य खाने के लिए आओ।

सूक्त 143 : मैं जल के नाती अग्नि के निमित्त यज्ञ करता हूं। भृगुवंशी ऋषियों ने जिन अग्नि को स्थापित किया है, वे अग्नि मुख्य हैं और सब धनों के स्वामी है। हे अग्नि! बिना प्रमाद के निरन्तर मंगल-कारी और सुखद रक्षकों से हमारा कल्याण करो।

सूक्त 144 : जल की धाराएं सूर्य की किरणों से घिर कर नयी हो जाती हैं। उस समय अग्नि के कारण जल को लोग पीते हैं। जैसे सारथी लगाम पकड़ता है। अग्नि उसी प्रकार हमारी आहुतियां पकड़ते हैं। अग्नि, धरती, आकाश के स्वामी हैं। अतः उनके कारण ही धरती-आकाश यज्ञ में आते हैं।

सूक्त 145 : जूहू आदि पात्रों में रखे हव्य, अग्नि के ही पास जाते हैं। अग्नि सबके तारण-कर्ता हैं। वे अग्नि त्वचा के समान विस्तृत वेदी पर धारण किये जाते हैं। अग्नि ही यजमान को यज्ञादि -करने का ज्ञान देते हैं।

सूक्त 146 : तीन मस्तकों वाले, सात रश्मियों वाले और माता-पिता की गोदी में बैठे अग्नि की स्तुति करो। यजमान एवं उनकी पत्नी रूपी दो गाएं अग्नि की सेवा करते हैं। वे अग्नि दस दिशाओं में देखने के विषय बनते, जयशील बनते हैं और मनुष्यादि के जीवन हेतु हैं। वे सबका पालन एवं रक्षा करते हैं।

सूक्त- 147 : हे अग्नि! तुम सब कुछ जानने वाले हो। तुम्हारे जिन पालक एवं प्रसिद्ध किरणों ने माता के अंधे पुत्र दीर्घतमा का अंधापन दूर किया था, तुम अपनी उन किरणों की रक्षा करो।

सूक्त 148 : विनाशक अग्नि अपनी शिखा रूप अपने दांतों से विविध वृक्षों को, नष्ट करते हैं एवं विविध प्रकाशों से युक्त होकर दीप्त होते हैं। जिस प्रकार फेंकने वाले के पास बाण शीघ्रता से जाता है, उसी प्रकार वायु अग्नि का मित्र बनकर अग्नि के पास पहुंचता है।

सूक्त 149 : स्वामियों के भी स्वामी अग्नि धन के आश्रय वेदी का सहारा लेते है। अग्नि यज्ञों के स्वामी हैं। उन्होंने जीवों को नाना प्रकार के स्वाद प्राप्त कराये हैं। सैकड़ों रूपों वाले

अग्नि वेदी में जलकर सूर्य के समान चमकते हैं। अग्नि यज्ञकर्त्ता बनकर प्रोक्षणी आदि जल पात्रों के निकट स्थित होते है। अग्नि द्विजन्मा है। जो अग्नि को हव्य देता है, वह उत्तम पुत्र वाला बनता है।

सूक्त 150: हे अग्नि! मैं प्रार्थना कर रहा हूं। मैं तुम्हारा ही सेवक हूं। जैसे स्वामी के घर में सेवक रहता है, वैसे ही मैं यज्ञ-स्थल में रह रहा हूं। जो धनी तुम्हें स्वामी नहीं मानते एवं यज्ञ के लिए दक्षिणा नहीं देते उन्हें धन मत देना। जो यज्ञ करता है, यह चन्द्रमा के समान सबको प्रसन्नता देने वाला एवं प्रधानों का भी प्रधान हैं।

सूक्त 188 : हे अग्नि! तुम प्रदीप्त होकर शोभित हो। तुम कवि और दूत हो, हमारे हव्य को ले जाओ। पूर्व को मुख किये हुए आदित्य अग्नि रूपी कुश पर बैठते हैं। यज्ञशाला में विराट सम्राट्, विप्र, प्रभु, बहु और भूयान् अग्नि, घृतरूप जल गिराते हैं। हे भारती, सरस्वती, इला! तुम सब अग्नि के रूप हो। मैं तुमको बुलाता हूं। त्वष्टा हमारे पशुओं की वृद्धि करें। हे वनस्पति! देवों के लिए अन्न उत्पन्न करो अग्नि उन्हें स्वादिष्ट बनाओ।

सूक्त 189 : स्वाहा बोलने पर अग्नि प्रदीप्त हो उठते हैं। हे अग्नि! कुटिलता उत्पन्न करने वाला पाप हमसे दूर करें। तुम सब रोगों और यज्ञ न करने वाले को हमसे दूर रखो। जो लोग शरीर की पुष्टि के लिए तुम्हारी स्तुति करते हैं, तुम उनको भी शत्रुओं और निंदकों से बचाते हो। मंत्रों के पुत्र, शत्रुओं के नाशक अग्नि को लक्ष्य करके ही सब स्तोत्र बनाये गये हैं।

इन्द्र :

सूक्त 4 : हम अपनी रक्षा के लिए इन्द्र को बुलाते हैं। हे इन्द्र! तुम सोम पीने के लिए त्रिषवण यज्ञ में आओ। हमारे पुरोहित इन्द्र की स्तुति करें। हम इन्द्र की कृपा से सुन्दर जीवन बिताएं।

सूक्त 5 : इन्द्र हमारे अभावों को पूरा करें। हमें इन्द्र धन दें और सुबुद्धि दें। हे इन्द्र! ऐसी कृपा करो कि हमारे शत्रु हम पर चोट न कर सकें।

सूक्त 6 : इन्द्र तेजस्वी सूर्य, अहिंसक अग्नि, गतिशील वायु के रूप में स्थित हैं। इन्द्र ही नक्षत्रों के रूप में आकाश में चमकते हैं। ये इन्द्र ही रात को बेहोश पड़े प्राणियों को प्रात: जगाते हैं और सूर्य के रूप में किरणें बिखेरते हैं।

सूक्त 7 : सामगायकों ने सामवेद के मन्त्रों से, वेद-पाठियों ने ऋग्वेद की ऋचाओं से तथा यजुर्वेद के मन्त्रों से इन्द्र-स्तुति की है। हे इन्द्र! अपने अमोघ रक्षा-अन्न से हमारी रक्षा करो। जैसे बैल अपने बल से धनुओं को अनुगृहीत करता है, उसी प्रकार इच्छापूरक इन्द्र मनुष्यों को शक्तिशाली बनाते है।

सूक्त 8 : हे इन्द्र! तुम शरीर से बलिष्ठ एवं गुणों से युक्त होने के कारण महान हो। इन्द्र के मुख से निकली वाणी सत्य, विविध विशेषताओं से युक्त तथा सब कुछ देने वाली हो। यजमान के लिए इन्द्र की वाणी पके हुए फलों से लदी डाली के समान है।

सूक्त 9 : अपने धन की रक्षा करने के निमित्त हम इन्द्र को अपनी स्तुतियों से बुलाते हैं। हे सुन्दर ठोड़ी और नासिका वाले इन्द्र हमारी स्तुतियों से प्रसन्न हो यज्ञ में आओ और सोमपान करो। इन्द्र यज्ञ में सदा निवास करने वाले एवं शक्तिसम्पन्न हैं।

सूक्त 10 : हे इन्द्र! जैसे बांस के ऊपर नाचने वाले बांस को ऊपर उठाते है, वैसे ही स्तोता ब्राह्मण तुम्हारी उन्नति स्तुतियों से करते हैं। हे इन्द्र! ! तुम्हारे कान चारों ओर की बात सुनने वाले हैं। अत: हमारी स्तुति सुनो। तुम्हें जैसे मित्र की बातें स्मरण रहती है, वैसे हमारी इन स्तुतियों को स्मरण रखो।

सूक्त 11 : इन्द्र ने पुरभेदनकारी, वज्रधारक के रूप में जन्म लिया। इन्द्र ने छल से मायावी शुष्ण राक्षस को मारा।

सूक्त 16: हे इन्द्र! यह श्रेष्ठ स्तोत्र तुम्हें हृदयस्पर्शी एवं सुखदायक बनें। तुम निचोड़े हुए कुशाओं पर रखे सोमरस को यहां आकर पियो।

सूक्त 17: मैं इन्द्र और वरुण से अपनी रक्षा की याचना करता हूं। हम बल और सुबुद्धि प्राप्ति की इच्छा से तुम दोनों की चाहना करते है। हमारी स्तुति तुम दोनों को प्राप्त हों।

सूक्त 21 : मैं यज्ञ में इन्द्र, अग्नि को बुलाता हूं। शत्रु-नाशक में क्रूर ये दोनों यज्ञ में सोमरस पीने के लिए आएं। इन्द्र और अग्नि राक्षस जाति की क्रूरता समाप्त कर दें। तुम दोनों स्वर्ग लोक में हमारे यज्ञफल के निमित्त जाओ।

सूक्त 28 : हे इन्द्र! इस यज्ञ में यजमान-पत्नियां इधर-उधर घूम रही हैं। यहां ओखली से तैयार किया सोमरस तैयार है। तुम इसे पीने को आओ।

सूक्त 29 : हे इन्द्र! यमदूतों को भली-प्रकार सुला दो। वे सदा बेहोश रहें। कभी जागें नहीं। हमारे शत्रु असावधान और मित्र सावधान रहे। हमारे प्रतिकूल चलती हुई वायु वन से बाहर चली जाय। हमारे प्रति क्रोध करने वाले का तुम नाश करो।

सूक्त 30 : हे इन्द्र! जिस प्रकार कबूतर कबूतरी को प्राप्त करता है, वैसे तुम इस सोम को प्राप्त करो। हे इन्द्र! तुम्हारी कृपा से यदि हमें तुम्हारे समान कोई देवता अनायास मिल जाएगा, तो हम उससे जो मांगेंगे वही मिलेगा, जैसे तुमसे जो मांगते हैं। वही मिलता है।

सूक्त 32 : इन्द्र ने पर्वत पर आश्रय लेने वाले मेघ का वध किया। त्वष्टा ने इन्द्र के लिए वज्र बनाया। इसके बाद जल की वेगवती धाराएं उसी प्रकार समुद्र की ओर गयीं, जैसे रंभाती

हुई गाय बछड़े की ओर जाती है। इन्द्र ने ज्योतिष्टोम, गोमेध और आयु इन तीन यज्ञों में सोमपान किया था।

सूक्त 33 : इन्द्र हिंसारहित है वे हमारी उत्तम बुद्धि को बढ़ाते हैं। हम स्तुतियों से उनके पास जाते है। वज्र के मारने में उनके साथ मरुद्गण भी थे। जब आकाश से धरती पर जल नहीं बरसा और धन देने वाली भूमि फसलों से युक्त नहीं हो सकी, तब वज्र की सहायता से इन्द्र ने मेघ से नीचे गिरने वाले जल को दुहा। इन्द्र के स्वधा मन्त्र के अनुसार जल बरसने लगा। तब वृत्र ने नदियों को बहने से रोका, किन्तु इन्द्र ने उसका वध किया। हे इन्द्र! तुमने शान्तचित्त, श्रेष्ठ गुण वाले श्वैत्रेय को क्षेत्र-प्राप्ति के उद्देश्य से बचाया था।

सूक्त 51 : यजमानों से बुलाए गए और ऋत्वजों से स्तुति किये गए इन्द्र सूर्य किरणों के समान सबका हित करते हैं। ऋभुगण नामक मरुतों ने इन्द्र के सम्मुख आकर उनकी सहायता की थी। जब असुरों ने अग्नि को पीड़ा, पहुंचाने के लिए शतहार नामक यंत्र का प्रयोग किया था, जब तुमने उन्हें मार्ग बताया था। तुमने विमद ऋषि को अन्न- धन दिया था। तुमने अर्बुद आदि असुरों को समय-समय पर मारा है। शुक्र ने जब तुम्हें अपना बल दिया, तब तुमने धरती-आकाश को भयभीत कर दिया था। हे इन्द्र! शुक्राचार्य ने तुम्हारी स्तुति मन्त्रों से की थी।

सूक्त 52: हे अध्वर्यु! उन इन्द्र की पूजा करो, जिनकी स्तुति सौ स्तोता मिलकर करते है। इन्द्र स्वर्ग प्राप्त करा देते हैं। वे तेजी से यज्ञ की ओर यजमान के बुलाने पर आ जाते हैं। हे इन्द्र! यदि पृथ्वी अपने वर्तमान आकार से सौ गुनी बड़ी होती और उस पर रहने वाले मनुष्य अमर होते, तब भी तुम्हारी शक्ति सर्वत्र प्रसिद्ध होती। हे इन्द्र! पृथ्वी के विस्तार के साथ तुम्हारी महिमा विशाल है।

सूक्त 54 : हे धनस्वामी इन्द्र! हमें पाप एवं पाप के परिणाम में मत फैलाओ। तुम आकाश में रहते हुए पृथ्वी को अपने शब्द से कंपा देते हो। तुमने मर्य, तुर्वश, यदु की रक्षा की थी। हे इन्द्र! रोगों की शान्ति के पश्चात हमें बढ़ाने वाला यश दो। हमें धनवान बनाकर हमारी रक्षा करो और विद्वानों का पालन करो।

सूक्त 55 : इन्द्र का प्रभाव आकाश से भी बड़ा है, पृथ्वी इन्द्र की महत्ता की समानता नहीं कर सकती। स्तोता ऋषि वन में इन्द्र की स्तुति करते हैं। हे इन्द्र! तुम अपने हाथों में क्षयरहित धन एवं शरीर में अपराजेय बल धारण करते हो। तुम्हारे वीरतापूर्ण कर्म तुम्हें घेरे हुए हैं।

सूक्त 56 : पात्रों में रखे सोमरस को पान करने के लिए इन्द्र् उत्सुकता से जाते हैं। स्तोता इन्द्र के लिए हव्य लिये उसे घेरे रहते है। हे स्तोता, जैसे फूलों के लिए स्त्रियां पर्वतों पर चढ़

जाती हैं, उसी प्रकार तुम भी अपने स्तोत्र से इन्द्र तक पहुंच जाओ। जिस प्रकार सूर्य नित्य उषा का सेवन करते हैं उसी प्रकार हे स्तोता तुम्हारी स्तुतियों को इन्द्र का तेजस्वी बल नित्य सेवन करता है।

सूक्त 57 : जिस प्रकार नीचे को गिरने वाले जल को कोई नहीं रोक सकता, उसी प्रकार इन्द्र के बल को धारण करने में कोई समर्थ नहीं है। हे इन्द्र! हम तुम्हारा आश्रय पाकर यज्ञ में वर्तमान है, हम तुम्हारे भक्त हैं, तुम हमारे स्तुति वचनों से प्रेम करो। हे इन्द्र! तुम्हारा वज्र कभी निंदित नहीं होता।

सूक्त 61 : जिस प्रकार भूखे को अन्न दिया जाता है, उसी प्रकार मैं इन्द्र को स्तुतियां एवं हव्य भेंट करता हूं। अन्य स्तुतिकर्ता भी इन्द्र को ही अपनी स्तुतियां भेंट करते है। जैसे, रथकार रथ बनाकर स्वामी के पास ले जाता है, उसी प्रकार मैं भी स्तुतियां बनाकर इन्द्र के पास ले जाता हूं। इन्द्र ने नदियों की सीमा निश्चित कर दी हैं। इन्द्र ने अपने को ऐश्वर्यवान् बनाकर यजमान को फल प्रदान करते हुए तुवर्ति ऋषि के निवास के योग्य स्थल तुरन्त बना दिया था।

सूक्त 62 : दस महीनों में समाप्त होने वाले यहां से और सात मेधावी स्तोताओं द्वारा प्रस्तुत किये गए स्तोत्रों से स्तुति किये गए। हे इन्द्र! तुम्हारे शब्द मात्र से मेघ डरते हैं। इन्द्र को युद्ध से नहीं, स्तुतियों से ही वश में किया जा सकता है। हे इन्द्र! तुम्हीं ने गायों में दूध धारण कराया है। हे इन्द्र! तुम सब के आदि हो।

सूक्त 63 : हे इन्द्र! तुम गुणों की महत्ता में सबसे अधिक हो। हे इन्द्र! तुमने कुत्स की सहायता करके उसे यशस्वी बनाया था। तुमने सुदास राजा का पक्ष लेकर अहो नामक असुर का धन लेकर सुदास को दिया था। हे इन्द्र! तुम धरती के धन को विस्तृत धरती पर पानी के समान बढ़ाओ। जैसे तुमने धरती पर पानी को फैलाया है, उसी प्रकार अन्न को भी फैलाओ।

सूक्त 80 : हे इन्द्र! मोदक श्येन पक्षी का रूप धारण करने वाली गायत्री द्वारा लाये गए सोमरस ने तुम्हें प्रसन्न किया था। हे इन्द्र! नब्बे नदियों के ऊपर तुम्हारा वज्र व्यवस्थित हुआ था, तुम अपनी भुजाओं के बल से अपना प्रभुत्व प्रदर्शित करो।

सूक्त 81 : हे इन्द्र! तुम अकेले ही सेना के समान हो। हे इन्द्र! तुम्हारे पास अपार धन है, उसमें से हमें देने के लिए धन का बंटवारा कर दो। हम तुम्हारे धन का एक अंश ही प्राप्त कर लें।

सूक्त 83 : हे इन्द्र! अपने प्रति समर्पित यज्ञपात्र में तुमने मन्त्र रूपी वचनों को मिला दिया है। शोभन फल वाले यज्ञ के लिए कुश जब-जब काटे जाते हैं,तब-तब यजमान स्तोत्र बोलता है। जब-जब सोम कूटने वाला पत्थर शब्द करता है, तब-तब इन्द्र प्रसन्न होते है।

सूक्त 84 : जैसे बरसात में उगी छतरियों को सहज ही पैर से कुचल दिया जाता है, वैसे ही यज्ञ न करने वालों का हनन इन्द्र सहज ही कर देते हैं। इन्द्र ने दधीचि की हड्डियों से बने वज्र से वृत्रादि राक्षसों को दस बार हराया था और दधीचि के पर्वत में छिपे मस्तक को पाने की इच्छा की तथा शर्मणावति नामक तालाब में उसे प्राप्त भी किया।

सूक्त 100 : अरोकगति वाले मरुतों के साथ मिलकर इन्द्र हमारे रक्षक बनें। इन्द्र आज के दिन हमें सूर्य का दर्शन करने दे और मरुतों के साथ हमारी रक्षा करें। देव, मानव और जल जिनके बल का अन्त नहीं पाते, वे इन्द्र मरुतों के साथ मिलकर हमारी रक्षा करें।

सूक्त 101 : जिन इन्द्र ने ऋजिश्वा की मित्रता के कारण कृष्ण असुर की स्त्रियों को मारा था और जिन्होंने शुष्णासुर को मारा था, उन इन्द्र का मरुतों के साथ हम यज्ञ में आह्वान करते हैं। मरुतों के साथ स्तुति किए गये इन्द्र के द्वारा सुरक्षित हम अन्न पायें और अदिति, मित्र, वरुणादि उस अन्न की रक्षा करें।

सूक्त 102 : गंगा आदि सात नदियां इन्द्र की कीर्ति एवं आकाश, पृथ्वी तथा अन्तरिक्ष इन्द्र का दर्शनीय रूप धारण करते है। हे इन्द्र! तुम्हारी भुजाएं बलशालिनी एवं ज्ञान असीमित है। हे इन्द्र! मनुष्यों को तुम्हारे द्वारा दिया गया धन सौ धनों एवं सहस्र धनों से भी अधिक है।

सूक्त 103 : इन्द्र ने असुर-पीड़ित धरती का धारण-पोषण किया है। इन्द्र ने दस्युओं के नगरों का विनाश किया है। इन्द्र के शौर्य को हे यजमानों! देखो और उन पर श्रद्धा करो। हे इन्द्र! तुमने पिपु और कुभव का विनाश किया था, हमारी भी रक्षा करो।

सूक्त 104 : हे इन्द्र! हमें सूर्य के प्रति, जलों के प्रति एवं मानवों के प्रति भक्त बनाओ। हमारी गर्भस्थ सन्तान की हिंसा मत करना। हम तुम्हारे बल के प्रति श्रद्धालु हैं। हे इन्द्र! हमारे सम्मुख आओ। प्राचीन ऋषियों ने तुम्हें सोमप्रिय बनाया है। यह सोम निचुड़ा रखा है। इसे पीकर प्रसन्न होओ।

सूक्त 108 : हे इन्द्र!, अग्नि! तुम यज्ञ में आओ और सोम पियो। तुम दोनों ने अपना नाम संयुक्त कर लिया है, अत: यज्ञ में संयुक्त ही आओ और सोम पियो। हे यज्ञपात्र! तुम जहां कहीं भी हो, वहां से हमारी पुकार सुन कर यहां आओ।

सूक्त 109 : हे इन्द्र! हमारी उत्तम बुद्धि तुम्हारी ही दी हुई है। उसी बुद्धि से मैंने तुम्हारी स्तुति की है। हे इन्द्र! गुणहीन जामाता कन्यालाभ के लिए अथवा गुणहीन कन्या का भाई उत्तम वर-लाभ के लिए जितना धन देते हैं। तुम उससे भी अधिक धन याचक को देने वाले हो। हमें धन दो और हमारी युद्ध में रक्षा करो। मित्र वरुणादि हमारी इस प्रार्थना का आदर करें।

सूक्त 121 : अरुण वर्ण की उषा को रंजित करने वाले इन्द्र हमारी उन स्तुतियों को सुनें, जो पूर्ववर्ती ऋषियों ने बनायी हैं। उषा के समीपवर्ती सूर्य के समान, जो इन्द्र इस समय प्रकट

हुए है, वे हमें प्रसन्न बनाएं। हे इन्द्र! प्राचीनकाल में जब सूर्य अन्धकार के साथ हुए संग्राम से निवृत्त हुए, तब तुमने मेघ का विनाश किया था। मेरे ऊपर छाए पापरूपी मेघ को भी विदीर्ण करो।

सूक्त 129 : हे इन्द्र! तुम समस्त पुरोहितों में श्रेष्ठ हो। तुम जिस प्रकार शीघ्रता से हमारी स्तुति सुनते हो, उसी शीघ्रता से हमारा हवि ग्रहण करो। तुम प्राचीनकाल में हमारे पूर्वजों को जिन यज्ञमार्गों से ले गये थे, उन्हीं से हमें भी ले चलो। हे इन्द्र! हमें दुःखद पापों से बचाओ, यज्ञ-बाधकों को पराजित करो।

सूक्त 130 : हे इन्द्र! यज्ञशाला में यजमान के समान, अस्ताचल को जाने वाले नक्षत्रेश चन्द्र के समान एवं सम्मुख उपस्थित सोम के समान तुम स्वर्ग से हमारे समीप आओ। इन्द्र सूर्य के रथ का पहिया हाथ में उठाकर बलसम्पन्न हो उठे और उसे विरोधियों पर फेंका। वे अरुण रूप बनकर शत्रुओं के पास पहुंचे और उनके प्राणों का हरण किया। वे उशना की रक्षा के लिए दूर स्वर्ग से आये थे।

सूक्त 131 : धरती-आकाश इन्द्र के सामने झुके हुए हैं। यजमान भी हवि लेकर इन्द्र के सामने नत है। इन्द्र के सुख के लिए सब मनुष्य यज्ञ और दान करते हैं। हे इन्द्र! तुम्हारे भक्त पापरहित यजमान पत्नियों को साथ लेकर तुम्हें तृप्त करने के लिए हवि देते और यज्ञ करते हैं। तुम उनकी इच्छा पूर्ण करो। हे सुन्दर कानों वाले, हमारी स्तुति सुनो। दुष्टबुद्धि हिंसक हमारे पास न रहे।

सूक्त 132 : हे इन्द्र! तुम हमारी रक्षा करोगे तो हम प्रबल सेना वाले शत्रुओं को भी हरा देंगे। जो वीर युद्ध में मारे जाते हैं, इन्द्र उन्हें स्वर्ग देते हैं, युद्ध स्वर्ग-प्राप्ति का निष्कपट मार्ग है।

सूक्त 133 : हे इन्द्र! आयुध-सम्पन्न सेनाओं की शक्ति नष्ट करके उन्हें श्मशान में फेंक दो। हे इन्द्र! तुमने एक सौ पचास शत्रु सेनाओं का विनाश किया। लोग इसे बड़ा काम कहते हैं, पर तुम्हारे लिए वह छोटा ही है। हे इन्द्र! तुम शत्रु-विनाश में तो क्रूर साधनों को अपनाते हो, पर अपने यजमानों को ध्वंस नहीं करते।

सूक्त 155 : हे अध्वर्यु! इन्द्र एवं विष्णु के लिए सोम तैयार करो। ये दोनों अपराजेय हैं। हे इन्द्र!, विष्णु! यज्ञस्थल में आप दोनों के पधारने पर यजमान आपका आदर कर रहे हैं। हम विष्णु के पराक्रमों की स्तुति कर रहे हैं, जिन्होंने तीन चरण रखकर ही समस्त लोकों की परिक्रमा कर ली थी। विष्णु ने अपनी गतियों से काल के चौरासी भागों को चक्राकार घुमा रखा है।

सूक्त 165 : इन्द्र ने कहा-ये शोभाशाली मरुद्गण कहा से आए हैं' मरुद्गण बोले- हे इन्द्र!! तुम अकेले कहां जा रहे हो? तुम हमारे बल का अनुभव करते हुए हमारे साथ रहो। इन्द्र

बोला-मैंने जब अकेले ही अहि का वध किया था, तब तुम कहां थे? मरुतों ने कहा-हे इन्द्र! हम भी तुम्हारे समान ही बल वाले हैं। तुम्हारे काम अद्वितीय हैं। इन्द्र बोला-हे मरुतों! तुमने जो स्तुतियां दी हैं, वे मुझे प्रसन्न करती हैं मैं तुम्हारा सखा हो गया।

सूक्त 167 : हे इन्द्र! तुम्हारे रक्षण-उपाय हजारों तरह से हमारे पास आए। मरुद्गण भी रक्षा-सहित हमारे पास आएं। मैं मरुतों की महिमा का वर्णन करता हूं। इन्द्र की महिमा का भी मैं वर्णन करता हूं। हे मरुतों! मांदर्य कवि का यह स्तोत्र तुम्हारे लिए है। हम इस स्तुति से अन्न-बल एवं दीर्घायु पाए।

सूक्त 169: हे इन्द्र! तुम रक्षा करने वाले महान् मरुतों को नहीं छोड़ते। हे इन्द्र! गमनशील मरुतों के आने का शब्द सुनायी दे रहा है। मरुद्गण अपने शत्रु मेघों को गिराने वाले हैं। हे इन्द्र! मरुतों के साथ यज्ञ में आओ। हमारी स्तुति और हवि ग्रहण करो, घटा को गिराओ और हमें अन्न-बल एवं दीर्घायु दो।

सूक्त 170 : हे इन्द्र! आज या कल वास्तव में कुछ नहीं है, उसे कौन जानता है? अगस्त्य बोले-हे इन्द्र! अपने भ्राता मरुतों के साथ आकर यज्ञ-भाग का भोग करो। हे धनाधिपति, मित्रों के मित्र इन्द्र, तुम मरुतों से कहो-हमारा यज्ञ पूरा हो गया है और तुम दोनों आकर हवि को प्राप्त करो।

सूक्त 173 : हे इन्द्र! उद्गाता के द्वारा गाया गया सामगान उच्चस्वर में इसलिए है कि आकाश में गूंजने से आप उसे समझ लें। यजमान हव्य लेकर आपकी पूजा करते हैं। हे इन्द्र! तुम्हारे निमित्त किये गए सोमयाग तुम्हें प्रसन्न करें और स्तोत्र तुम्हें प्रसन्न करें तथा तुम्हारी प्रसन्नता से हमारी अभिलाषाएं पूर्ण हो।

सूक्त 174 : हे इन्द्र! तुम देवराज हो, तुम देवों और मनुष्यों की रक्षा करते हो। जिस तरह सिंह वन की रक्षा करता है, उसी प्रकार तुम अग्नि की रक्षा करते हो। तुमने दास असुर का वध करके भूमि को उसकी शैय्या बनाया। दुर्येणिराज के कल्याण के लिए तुमने कुयवात्र को मारा था। तुमने विरोधियों के देवशून्य नगरों को नष्ट किया था।

सूक्त 175 : हे इन्द्र! जिस प्रकार अग्नि अपनी लपटों से अपने ही आधार को जला देता है, उसी प्रकार तुम व्रतहीन असुर को नष्ट कर देते हो। जैसे तुमने प्राचीन स्तोताओं को अन्त-बलवेदीर्घायुष्य दिए, वैसे हमें भी दो।

सूक्त 176 - 177 : हे सोम! तुम कामवर्षी इन्द्र के उदर में प्रवेश करो। हे स्तोता तुम स्तुति इन्द्र में स्थापित करो। किसान जैसे पके जौ को ग्रहण करता है, वैसे ही इन्द्र तुम्हारा हव्य ग्रहण करेंगे,अस्तु अध्वर्यु! तुम उन्हें श्रद्धा से हव्य दो। हे इन्द्र! जैसे प्यासे को जल प्रसन्न

करता है, वैसे ही स्तुतिकर्ता पर तुमने कृपा की थी और उसे प्रसन्न किया था। मुझ स्तोता पर भी कृपा करो।

सूक्त 178 : हे इन्द्र! तुम्हारी वह समृद्धि सब जगह प्रसिद्ध है, जिसके द्वारा तुम स्तोता को समृद्ध करते हो। हे इन्द्र! रात-दिन वर्षादि कर्म करके हमारे यज्ञ में विघ्न न डाले। हमारी महान बनने की अभिलाषा पूर्ण हो। हम सभी मानवोचित वस्तुओं को प्राप्त करें। हे इन्द्र! तुम हमारे पालनकर्ता बनो।

अश्विनीकुमार :

सूक्त 3 : हे अश्विनीकुमारों! तुम्हारी विस्तीर्ण भुजाएं हवि, प्राप्त करने के लिए चंचल हैं। तुम शुभ कर्म-पालक हो। तुम अनेक कर्म वाले, नेता और बुद्धिमान हो। हे सत्यभाषी और शत्रुओं को रुलाने वाले! सोमरस तैयार है। कुशों पर रखा है, तुम यज्ञ में आओ और ग्रहण करो। हे विश्वेदेवों तैयार सोमरस को ग्रहण करने आओ। तुम रक्षक-पालक हो, यज्ञफलदाता और वैराहित हो। देवी सरस्वती, सत्य-प्रेरक, शिक्षिका, पवित्र करने वाली और अन्न- धन-दात्री हैं।

सूक्त 22 : हे अध्वर्यु! प्रातःकालीन यज्ञ में अश्विनीकुमारों को जगाओ। हे अश्विनीकुमारों! तुम चाबुकों से घोड़ों पर चोट करते हुए यहां यज्ञ में आओ। मैं सूर्य को रक्षा के लिए बुलाता हूं। उनके हाथ में स्वर्ण है। हे अग्नि देव! सोमपान करने तुम त्वष्टा को यहां ले आओ। हम अपने कल्याण के लिए सोमपानार्थ इन्द्राणी, वरुणानी और अग्नि-पत्नी को बुलाते है। विष्णु ने गायत्री आदि सात छन्दों से जिस पृथ्वी पर तीन कदम डाले, वह पृथ्वी हमारी रक्षा करें।

सूक्त 34 : हे बुद्धिमान हे अश्विनीकुमारों! हमारे लिए आज तीन बार यज्ञ में आओ। हमें यज्ञ में तीन प्रकार से शिक्षा दो, तीन बार हमारे बुद्धि और सौभाग्य की रक्षा करो, तीन बार अन्न दो, तीन बार स्वर्ग लोक और पृथ्वी लोक की औषधि दो और हमें वात, पित, कफ इन तीनों धातुओं से सम्बन्धित सुख दो। जैसे शरीर में व्याप्त वायु आती है, वैसे तुम तीन यज्ञ-स्थानो में आओ।

सूक्त 46 : मैं समुद्र-पुत्र अश्विनीकुमारों की स्तुति करता हूं। समुद्र में गमन करने के लिए तुम्हारे पास नौका है और धरती पर गमन करने के लिए रथ है। तुम्हारे यज्ञकर्मों में सोमरस सम्मिलित है। हे अश्विनीकुमारों! आगमन की शोभा का अनुसरण करती हुई उषा आये।

सूक्त 47 : हे अश्विनीकुमारों! तुम अपने त्रिविध बन्धन वाले, काष्ठों वाले और तीनों लोकों में गमनशील रथ से यहां आओ और स्तुति-पाठ को सादर सुनो। तुम तीन पर्तों में बिछे हुए कुशों पर बैठ कर मधुर रस से इस यज्ञ को सिद्ध करने की इच्छा करो। जिस अभीष्ट-रक्षण

क्रिया से तुमने कण्व की रक्षा की थी, उसी से हमारी रक्षा करो। तुम सुदास के लिए रथ में भरकर धन लाए थे, उसी प्रकार हमारे लिए धन लाओ। हे नासत्यों तुम अपने रथ से सोम पीने को आओ।

सूक्त 112 : मैं अश्विनीकुमारों को बताने के लिए द्यावा- पृथ्वी की स्तुति करता हूं। अग्नि की स्तुति करता हूं। हे अश्विनीकुमारों! संग्राम में जिस रक्षाकारक शंख को तुम बजाते हो, वैसे ही रक्षात्मक उपायों के साथ यहां आओ। हे अश्विनीकुमारों! तुम अमृत से प्राप्त बल के कारण तीनों लोकों की प्रथाओं पर शासन करते हो, उसी बल के साथ यहां आओ। जिन उपायों से तुमने सिंधुनदी को बहाया, वसिष्ठ को प्रसन्न किया, कुत्स और नर्य को सुरक्षित किया, विपश्चला को सम्पत्ति दी और दीर्घश्रवा के निमित्त मेघ से जल बरसाया, उन्हीं उपायों के सहित यहां आओ।

सूक्त 116 : मैं अश्विनीकुमारों की स्तुति करता हूं। उन्होंने किशोर प्रमद को शत्रुओं से पहले पहुंचाकर पत्नी प्राप्त करायी थी। उनका वाहन रासभ (गधा) है, जो हजारों बार संग्रामों में विजयी हुआ है। अश्विनीकुमारों ने सागर में डूबते हुए तुग्र के पुत्र भुज्यू को अपनी नाव से बचाकर तुग्र के पास पहुंचाया। उन्होंने च्यवन के बुढ़ापे को दूर किया तथा अत्रि को यन्त्र-पीड़ा-ग्रह से छुड़ाया। उन्होंने अघाश्व पेदु को विजय दिलाने वाला अश्व दिया। खेल राजा की पत्नी विपश्ला के रात-रात में ही लोहे का पैर लगा दिया। उन्होंने ऋजाश्व की अंधी आंखों को ठीक किया। अश्विनीकुमारों ने रेम को कुएं से निकाला और विश्वकाम ऋषि के खोए हुए पुत्र को उनसे मिलाया।

सूक्त 117 : हे अश्विनीकुमारों! हमारे लिए देव-बल तथा अन्न देने के लिए यज्ञ में आओ। हे अश्विनीकुमारो! तुमने कुंए में गिरे हुए वादन-ऋषि को बाहर निकाला था तथा घोड़े के खुरों से निकले हुए मधु से लोगों के घड़े भर दिए थे। कुष्ठ - रोग-ग्रस्त घोषा का कुष्ठ- रोग ठीक करके उसे पुन: पति को प्राप्त कराया था। कोढ़ी श्याव ऋषि को कोढ़, कण्व का अन्धत्व और नृषद के पुत्र का बधिरत्व दूर किया था। तुम्हारे कार्य प्रसिद्ध हैं। मैं तुम्हारी कृपाबुद्धि की याचना करता हूं।

सूक्त 118 : हे अश्विनीकुमारों! तुम अपने त्रिबंधुर, तीन पहियों वाले और तीन लोकों में चलने वाले रथ से यहां यज्ञ में आओ। हमारी गायों को दुधारू, घोड़ों को प्रसन्न एवं पुत्र-पौत्रादि को बुद्धियुक्त करो। तुमने विश्वपला को दूसरी जंघा लगायी थी और वर्तिका को पाप से बचाया था। राजा पेदु को तुमने दृढ़ अंगों वाला अश्व दिया था। तुम हमें सुख देने के लिए यहां आओ।

सूक्त 119 : हे अश्विनीकुमारों! तुम्हारे प्रशंसनीय अश्व सूर्य तक सबसे पहले गये थे। जीती हुई कुमारी ने तुमसे कहा था कि मैं तुम्हारी पत्नी बनना चाहती हूं और तुम्हें उसने अपना पति बना लिया। तुम्हारी शोभन गति एवं विचित्र रक्षा को सब लोग समीप से पाना चाहते हैं।

सूक्त 120 : हे अश्विनीकुमारों! घोषापुत्र सुहरत्य जिस स्तुति से सुशोभित हुए थे, उसी स्तुति से मैं तुम्हारी प्रशंसा करके सफल बनूं। तुम्हारी स्तुति किसी कामना से करता हुआ व्यक्ति अपनी कामना फलित देखता है और बन्धुओं के पोषण के लिए पर्याप्त अन्न पाता है।

सूक्त 157 : वेदी पर अग्नि जगे, सूर्योदय हुआ और उषा अन्धकार का विनाश करने लगी। हे अश्विनीकुमारों! तुम भी यज्ञ में आने को अपना रथ तैयार करो। तुम मधुर जल से हमारी शक्ति बढाओ, प्रजाओं का तेज बढाओ और हमें धन दो। तुम्हारा रथ हमारे दुपाए और चौपायों को सुख दे। तुम हमारी आयु की वृद्धि करो, पाप नष्ट करो और शत्रुओं का नाश करो। तुम औषधियों के ज्ञान के कारण देवताओं के वैद्य और रथ के कारण रथ हो। जो तुम्हें हव्य दे, तुम उसकी रक्षा करो।

सूक्त 158 : हे अश्विनीकुमारों! हमें इच्छित फल दो। हमें बहुत-सी गायें दो, जो हमें पुष्ट करें। हम तुम्हारी शरण में आये हैं। हमें नदियां न डुबाएं। अग्नि हमें न जलाए।

सूक्त 180 : हे अश्विनीकुमारों! तुम ने गायों को दुधारू बनाया। गायों के थनों में तुम पहले से ही पके दूध का स्थापन करते हो। तुमने अत्रि मुनि के लिए दूध-घी की नदियां बहा दी थीं। तुम्हारी कृपा से धरती-आकाश मिले हैं। हे अश्विनीकुमारों! हम तुम्हारे रथ को यज्ञ में बुलाते हैं, जिससे हम उनके द्वारा अन्न, बल एवं दीर्घायु पायें।

सूक्त 181 : हे अश्विनीकुमारों! यह यज्ञ तुम्हारी प्रशंसा के रूप में ही किया जा रहा है। तुम्हारे शरीर की सुन्दरता एवं गुणों से आकृष्ट मैं तुम्हारी स्तुति कर रहा हूं। तुममें से एक चन्द्र बनकर संसार को धारण करता है एवं दूसरा सूर्य बनकर संसार का पोषण करता है।

सूक्त 182 : अश्विनीकुमार पुण्यवान को कर्मबुद्धि देने वाले आदित्य के नाती एवं पवित्र कर्म करने वाले है। हे अश्विनीकुमारों! तुम अपने भक्तों के स्तुति-वचनों को स्वीकार करो, जिससे भक्त अन्न-बलवेदीर्घायु प्राप्त करें।

सूक्त 183 : हे अश्विनीकुमारों! जैसे पक्षी पंखों से उड़ता है, वैसे तुम अपने रथ से यजमान के यज्ञ में आते हो। तुम्हारी कृपा से ही यजमान अन्धकार से पार होंगे। यह स्तोत्र तुम्हारे लिए ही बनाया गया है।

सूक्त 184 : हे अश्विनीकुमारों! सोमरस से प्रसन्न होकर तुम हमें तुष्ट करो। हमारी उन स्तुतियों को सुनो, जो तुम्हें अनुकूल एवं तृप्त करने के लिए की जा रही हैं। अपना प्रसिद्ध दान तुम हमें दो।

मरुद्गण :

सूक्त 2 : हे वायु! आओ, सोम तैयार है, इसे पियो, हम तुम्हें बुला रहे हैं और स्तुति कर रहे हैं, हमारी पुकार सुनो। हे इन्द्र!, वायु! तुम शीघ्र ही यहां आओ और हमें देने के लिए अन्न लाओ। मित्र और वरुण बुद्धिमान लोगों का कल्याण करने वाले है। वे हमारे कर्म और बल की रक्षा करें।

सूक्त 23 : वायु मन के समान गतिशील है और इन्द्र हजार आंखों वाले हैं। बुद्धिमान उन्हें रक्षा के लिए बुलाते हैं। वरुण और अग्नि सब प्रकार हमारी रक्षा करते हैं। वे हमें पर्याप्त सम्पत्ति दें। मरुत पृश्नि अर्थात् पृथ्वी की सन्तान हैं। वे चमकने वाली विद्युत से भी उत्पन्न होते हैं। हे मरुद्गण! तुममें इन्द्र सबसे महान् हैं। पूषा नामक देव तुम्हारे दाता है। तुम हमारा आह्वान सुनो।

सूक्त 37 : विद्युतरूपी हरिणियां मरुतों का वाहन हैं। मरुतों के हाथ में रहने वाले चाबुक का शब्द हम सुन रहे हैं। वह शब्द हमारी शक्ति बढ़ाता है। हे ऋत्विजों! मरुतों की स्तुति हविग्रहण के उद्देश्य से करो। तुम मरुत् जैसे पेड़ को कंपा देते हो, उसी प्रकार धरती और सब दिशाओं को भी कंपाते हो। मरुद्गण शब्दों के जन्मदाता हैं। वे जब चलते हैं, तो जल का विस्तार होता है।

सूक्त 38 : हे मरुद्गणो! ! यजमान तुम्हें बुला रहे हैं। तुम यहां कब आओगे? तुम आकाश से आना, धरती से न आना। हे मरुद्गणो! हमारे द्वारा दिया गया हवि तुम्हें तृप्त करने के लिए है। हम पूर्णायु जीने के लिए ही तुम्हारे सेवक बने।

सूक्त 39: हे मरुद्गण! शत्रुओं को रोकने के लिए तुम्हारे आयुध दृढ़ हों। तुम्हारी शक्ति शत्रुओं को नष्ट करने के लिए विस्तृत हों। तुम बुंदकियों वाले हिरण को अपने रथ में जोड़ो। हे रुद्र-पुत्रों! पहले यज्ञों में जैसे तुम आये थे, वैसे इस यज्ञ में भी आओ।

सूक्त 86 : हे मरुतों! यज्ञकर्ता की पुकार सुनो। मरुतों को प्रसन्न करने के लिए स्तोत्र पढ़े जाते हैं। हे मरुतों! तुम यजमान की इच्छा पूर्ण करो। संसार का अन्धकार तुम दूर करो। भक्षण करने वाले राक्षसों को भगाओ और हमें मनमाना प्रकाश दो।

सूक्त 87 : मरुद्गण अपने आभूषणों से आकाश में सूर्य-किरणों के समान चमकते हैं। हे मरुतों! तुम अपनी पूजा करने वाले यजमानों पर मधु बरसा। सोमरस के साथ दी गई आहुति मरुतों को प्राप्त होती है।

सूक्त 88 : हे मरुतों! हमारे यज्ञ में हमें शोभन अन्न देने के लिए सुन्दर पक्षी के समान आओ। गोमत ऋषि ने मरुद्गणों को प्रसन्न करने के लिए जो स्तोत्र बोला था, वह यही है। मरुद्गण सूर्य किरणों के साथ वह जल बरसाना चाहते हैं, जिसकी प्राणियों को आवश्यकता है।

सूक्त 166 : हे मरुतों! मैं तुम्हारे महत्व का वर्णन इसलिए कर रहा हूं कि तुम यज्ञवेदी पर आकर शीघ्र यज्ञ सम्पन्न कराओ। हे मरुतों! जिसको तुमने पापों से बचाया है, निन्दा से बचाया है, उसका पालन-पोषण करो।

सूक्त 168 : हे मरुतों! मैं तुम्हें यहां में इसलिए बुलाता हूं कि तुम धरती-आकाश की भली प्रकार रक्षा कर सको। जैसे सोम लता पहले जल से सींची जाने पर बढ़ती है और फिर निचोड़कर पीने पर मन को आनन्द देती है, उसी प्रकार मरुद्गण लोगों को प्रसन्न करते हैं। जिस समय मरुद्गण जल बरसाते हैं, उस समय बिजली नीचे को मुंह करके प्रकट हो जाती है।

सूक्त 172 : हे मरुतों! स्तुति सुनकर हमें सुखी करो। हम जितने दिन जीवित रहे, इच्छित भोगो से पूर्ण रहे। हे मरुतों! तुम्हारे प्रति बोला जा रहा, स्तोत्र श्रद्धा से बोला जा रहा है, इसे मन से सुनो और यज्ञ में शीघ आओ।

विश्वेदेव :

सूक्त 87 : देवगण सदा हमें बढ़ाएं। शोभन धन से युक्त सरस्वती हमें सुखी करें। देव हमारी आयु बढ़ाएं। हे अश्विनीकुमारों! हमारी प्रार्थना सुनो। इन्द्र को हम रक्षा के निमित्त बुलाते है। पूषा हमारा कल्याण करें। गरुड़ एवं बृहस्पति हमारा कल्याण करें। मरुद्गण हमारी रक्षा के निमित्त यहां आएं। हे देवों! । हम अपने कानों से कल्याणकारी बातें ही सुने, आंखों से शोभन वस्तु देखें। दृढ़ अंगों से आपकी स्तुति करते हुए पूर्णायु को प्राप्त करें। हे देवों! सौ वर्ष की आयु से पहले हमें नष्ट मत करना।

सूक्त 90 : वरुण, मित्र, अर्यमा हमें सरल मार्ग से गन्तव्य पर पहुंचाएं। ये देव सदा संसार की रक्षा करते हैं। ये देव हमारे शत्रुओं का नाश करके हमको सुख दें और उत्तम मार्ग दिखाएं। हे पूषा, विष्णु, मरुदगण! हमारे यज्ञों को गाय आदि पशुओं से मुक्त एवं विनाशरहित बनाओ। हमारे लिए औषधियां, दिशाएं, उषाएं माधुर्ययुक्त हों और आकाश भी सुखद हो।

सूक्त 105 : हे देवों! । स्वर्ग में वर्तमान हमारे पूर्वपुरुष वहां से पतित न हों। हे धरती-आकाश! हमारी इस बात को समझो। हे देवों! तुम तीन लोकों में वर्तमान रहो। हे देवों! मैं वही हूं जिसने पूर्वकाल में तुम्हारे लिए स्तोत्र बोले थे। मुझे मानसिक कष्ट खा रहे हैं। हे शतक्रतु! जिस प्रकार चूहा सूत को काटता है, उसी प्रकार दुःख मुझे खा रहा है, धरती-आकाश मेरी इस बात को जानें।

सूक्त 106 : मैं रक्षा के लिए मित्र इन्द्र वरुणादि को बुलाता हूं ये मेरा उसी प्रकार पालन करें, जैसे सारथि रथ की रक्षा करता है। हे आदित्यो! युद्ध में मेरी सहायता करने के लिए आओ। पितर एवं धरती-आकाश मेरी रक्षा करें। हे बृहस्पति! हमें सदा सुख दो। देवों के साथ देवी अदिति भी हमारी रक्षा करें।

सूक्त 107 : हमारा यज्ञ देवों को सुख दे। हे आदित्यो! हमें सुखी करो। तुम्हारी कृपा हमें प्राप्त हो। देव हमारे समीप आएं। हमारे द्वारा चाहा गया अन्न हमें इन्द्र, वरुण, अग्नि और अर्यमा दे। मित्र, वरुण, अदिति हमारे उस अन्न की रक्षा करें।

सूक्त 122 : हे ऋत्विजों! तुम रुद्र को यज्ञ-साधन रूप अधिक अन्न दो। मैं मरुद्गण की स्तुति करता हूं। रुद्र मरुतों की सहायता से शत्रुओं को उसी प्रकार भगा देते हैं, जैसे बाण शत्रु को भगाते हैं। दिवस और रात्रि देवता हमारे आह्वान को सुनकर यज्ञ में आएं। हे ऋत्विजों! अश्विनीकुमारों को उषाकाल में बुलाओ। हे देवगण। हमारा रक्षक तुम्हारे अतिरिक्त अन्य नहीं।

सूक्त 136 : हे मित्र वरुण! तुम हमें आदित्य से प्राप्त जल देते हो। हम तुम्हारा हिरण्यमय रूप देखे। हे अश्विनीकुमारों! तुम्हारे रथ से मधु टपकता है। उसी रथ से हमारी हवि ग्रहण करो। हे कर्म, रूप, धन के स्वामियों! हमें रात-दिन मनचाही वस्तुएं दो। स्वर्ग में जो ग्यारह देव तथा अन्तरिक्ष और धरती में जो ग्यारह-ग्यारह देव हैं, वे हमारे यज्ञ की महिमा प्रकट करें।

सूक्त 164 : आदित्य रूपी एकमात्र पुत्र की तीन माताएं और तीन पिता हैं। आदित्य थकते नहीं। सत्य रूपी सर्प का पहिया स्वर्ग के चारों ओर बार-बार चलता है। ऋतुओं रूपी चरणों और मासों रूपी आकृतियों वाले आदित्य आकाश के परवर्ती भाग में रहते है। सूर्य का संवत्सर रूपी चक्र घूमता है। दो-दो की छह ऋतुएं एवं अधिक मास की ऋतु अकेली है। सूर्य की किरणें स्त्रियां होती हुई भी पुरुष हैं, उन्हें वही देख सकता है, जो अन्धा नहीं है। आदित्य ही इन्द्र, मित्र, वरुण और अग्नि हैं।

सूक्त 186 : हे देवों! मैं तुम्हारे साथ अग्नि की स्तुति करता हूं। हे देवों! पापनाश के लिए तुम्हारे सामने हम प्रात-सायं उपस्थित होते हैं। हमारी बुद्धियां नित्य इन्द्र को घेरती हैं। जिस प्रकार सुदिन में प्रकाश फैल जाता है, उसी प्रकार मरुतों की सारी सेना जलरूप में धरती पर फैलकर ऊसर को भी उपजाऊ बना देती है।

ब्रह्मणस्पति (बृहस्पति) :

सूक्त 18 : हे ब्राह्मणस्पति! तुमने जिस प्रकार कक्षीवान् को प्रसिद्ध किया था, उसी प्रकार सोमरस देने वाले यजमान को भी प्रसिद्ध करो। ब्राह्मणस्पति धनदाता, रोगनिवारक,

पुष्टिवर्धक एवं शीघ्र फल देने वाले हैं। ब्राह्मणस्पति हम पर कृपा करें। शत्रु हमसे दूर रहें। वे हमारी रक्षा करें। बृहस्पति यजमान को पाप से बचाएं।

सूक्त 40 : हे बृहस्पति! हम पर कृपा करने के लिए अपने स्थान से उठो। बृहस्पति एवं वाग्देवी हमें प्राप्त हो। बृहस्पति होता के मुख में बैठकर पवित्र-मन्त्र बोलते हैं। देवों की अभिलाषा करने वाले, यहां के निमित्त कुश तोड़ने वाले बृहस्पति के अतिरिक्त और कौन देवता आ सकता है। ब्राह्मणस्पति अपने शरीर में शक्ति-संचय करें। वे वरुण आदि राजाओं के साथ शत्रुनाश करते हैं। वे भयानक युद्ध में भी डटे रहते हैं। प्रभूत वासस्थान प्राप्त करने के लिए बड़े अथवा छोटे संग्राम के लिए प्रेरित अथवा उत्साहहीन करने वाला दूसरा कोई नहीं है।

ऋभुगण :

सूक्त 20 : जिन ऋभुओं ने जन्म धारण किया है, उन्हीं को लक्ष्य करके ऋत्विजों ने यह स्तोत्र अपने मुख से उच्चारण किया है। ऋभुगण शमी वृक्ष से निमित्त चमस आदि लेकर यज्ञ में आएं। ऋभुओं ने अश्विनीकुमारों के लिए रथ बनाया और एक गाय उत्पन्न की। ऋभुओं ने अपने माता-पिता को दुबारा युवा बना दिया था। हे ऋभुओं! यजमान को स्वर्ण, मुक्ता और मणि दो और दर्शपौर्णमासादि सातकर्मों को पूरा करो।

सूक्त 110 : हे ऋभुओं! मैंने बार-बार अग्निष्टोम आदि का अनुष्ठान किया है और अब भी कर रहा हूं। उसमें तुम्हारा स्तोत्र पढ़ा जा रहा है। तुम स्वाहा शब्द के साथ अग्नि में डाले जाने वाले सोम को पीकर तृप्त होओ। हे ऋभुओं! सविता ने तुम्हारे अभिमुख होकर तुम्हें अमरता दी थीं। सुधन्वा-पुत्र तेजस्वी भुगणों ने एक वर्ष चलने वाले यज्ञ में अधिकार प्राप्त किया था।

सूक्त 111: ऋभुओं ने अश्विनीकुमारों के लिए रथ बनाया और इन्द्र के लिए घोड़े बनाएं। हे ऋभुओं! हमें बल के लिए अन्न दो। ऋभुगण हमें धन, यहां, कर्म और विजय के लिए प्रेरित करें। हम अपनी रक्षा के लिए ऋभुओं, महान् इन्द्र और मरुतों को बुलाते हैं। वे हमें धन, विजय कर्म एवं यज्ञकर्म के लिए प्रेरित करें।

पूषा :

सूक्त 42 : हे पूषा हमें पार लगा दो। पाप को नष्ट करो। शत्रु को मार्ग से हटा दो। चोर और कुटिलों को भगा दो। हमारे धन पाप-हारक, अनिष्ठ-साधक और परपीड़क को पैरों से कुचल दो। जिस रक्षाशक्ति से अंगदादि की रक्षा की, हम उसी शक्ति की प्रार्थना करते हैं। हमें धन दो।

उषा :

सूक्त 48 : हे उषा! तुम हमारे धन के साथ प्रभात करो। हे विभावरी! तुम अन्न के साथ प्रभात करो। अन्न को सुख देने वाला धन तुम्हारे पास बहुत है। घर का काम करने वाली गृहिणी के समान उषा सबका पालन करती है। उषा का प्रकाश शत्रुओं का नाश करता है और कल्याण करता है। हे उषा! तुमने प्रभात के समय आकाश के दोनों द्वारों को खोल दिया।

सूक्त 46 : हे उषा! आकाश से सुन्दर-मार्ग के द्वारा आओ। अपने रथ के द्वारा यजमान के यज्ञ में आओ। हे उषा! तुम्हारा आगमन देखकर सब अपने-अपने कामों में लग जाते हैं।

सूक्त 92 : उषाओं ने ज्ञान कराने वाला प्रकाश किया है। जिस प्रकार आक्रमणशील योद्धा अपने शत्रुओं का संहार करते हैं, उसी प्रकार उषाएं अपने प्रकाश से संसार का सुधार करती हुई प्रतिदिन आती हैं। नेतृत्व करने वाली उषाएं यजमान के लिए धन प्रदान करती हैं। जैसे नाई बालों को काटता है, वैसे उषाएं अन्धकार को काटती हैं। जैसे पुरुष धनी के पास जाकर उसे प्रसन्न करने को हंसाता है, उसी प्रकार उषाएं प्रकाशित होती हुई हंसती हैं। जैसे गौएं दूध देने के लिए अपना ऐन प्रकट करती है, वैसे उषाएं अपने सीने को प्रकट करती हैं।

सूक्त 113 : उषा आई, उसकी रश्मियां सब ओर फैल गई। उषा का उत्पत्ति स्थान रात्रि है। सूर्य की माता तेजस्विनी उषा को रात्रि ने अपना स्थान दे दिया। ये दोनों बहनें सूर्य के निर्देश पर एक-एक करके आती हैं। उषा किसी को धन के लिए, किसी को यज्ञ के लिए और किसी को उसके कर्मों के लिए जगाती है।

सूक्त 123 : नित्ययौवना उषा पुन: -पुन: प्रकट होती है। हे उषा! तुम मनुष्यों को जो प्रकाश का दान देती हो, उसी को हमें सवितादेव प्रदान करें और हमें पापरहित कहकर अनुगृहीत करें। हे उषा! तुम आदित्य की स्वसा एवं सविता की बहन हो। हे उषा! तुम हमें ऐसी बुद्धि दो, जिससे हम यज्ञादि कर्म करके आपका ध्यान कर सकें।

सूक्त 184 : उषा बिना भाई की बहन के समान पश्चिम को मुख करके चलती है, पति हीना नारी के समान प्रकाशरूपी धन प्राप्त करने के लिए आकाश में चढ़ती है और पति को प्रसन्न करने के लिए चलने वाली नारी के समान हंसती है। हे उषा! मेरे मन्त्र तुम्हारी स्तुति करें। तुम हमारी उन्नति चाहती हुई वृद्धि करो। तुम्हारी रक्षा से ही हम धन प्राप्त करेंगे।

मित्र व वरुण

सूक्त 136: हे ऋत्विजों! मित्र-वरुण के स्तोत्रों का पाठ करो। वे हवि-भक्षण करके भली-भांति सुशोभित होते हैं। उनका बल असीम है। उनकी स्तुति प्रत्येक यज्ञ में की जाती है। हे मित्र, वरुण! तुम स्तुतियोग्य अन्न को अधिक मात्रा में धारण करो। यजमान ने यज्ञवेदी अपने

आप बनायी है। हे मित्र, वरुण! तुम दोनों यहां आकर तेज, बल प्राप्त करो। तुम्हें सोमपान प्रसन्नता दे। तुम हमारे यज्ञ के स्वामी हो। तुम हव्यदाता यजमान की पापों से रक्षा करो।

सूक्त 137 : हे मित्र, वरुण! दूध-मिश्रित सोम तैयार है, यह तुम्हारे ही लिए है। अध्वर्युओं ने यह सोम इसी प्रकार निचोड़ा है, जैसे गाय से दूध काढ़ा जाता है। इस सोमरस में दही मिला दिया गया है। इसे तुम दोनों प्रीतिपूर्वक पियो।

सूक्त 151 : हे मित्र, वरुण! तुम इच्छापूरक हो। तुम दोनों सेवक के घर आओ और उसकी पुकार सुनो। हे मित्र, वरुण! यजमान स्तुतियों द्वारा तुम्हारी प्रशंसा कर रहे हैं, उन स्तुति- वचनों को स्वीकारो। तुम जिस यज्ञ में जाना स्वीकार कर लेते हो, वहां अग्नि की केश-ज्वालाएं तुम्हारी पूजा करती हैं। तुम इस यजमान के यज्ञ की अभिलाषा करो।

सूक्त 152 : हे मित्र, वरुण! तुम्हारे द्वारा की गयी सृष्टियां निर्दोष एवं अन्नों हर है। तुम दोनों असत्यों का विनाश करके, हमें सत्य-युक्त करो। हे मित्र वरुण! चरणहीन उषा चरण वाले मनुष्यों से पहले ही जाकर संसार में आ जाती है। यह तुम्हारी महिमा से ही होता है। विस्तृत तेज वाले सूर्य-तुम्हारे प्रिय हैं। सूर्य के बिना लगाम के अश्व शीघ्र गमन करते हैं और गरजते हुए ऊपर चढ़ते जाते हैं, यह काम तुम दोनों का ही है।

सूक्त 153 : हे घृत-वर्षक! महान् मित्र, वरुण! अध्वर्यु और यजमान स्तुतियों और हव्य के द्वारा तुम्हारी पूजा और पोषण करते है। तुम्हारे होता तुम्हारी कृपा से सुखभागी बन जाते हैं। रातहव्य राजा ने तुम्हें यज्ञ से प्रसन्न किया था। अत: उसकी गाएं अधिक दूध देने वाली बन गयी थी। हमारी गाएं भी अधिक दूध देने वाली बन जाए।

द्यावा-पृथ्वी

सूक्त 159 : मैं यजमान धरती-आकाश की विशेष रूप से स्तुति करता हूं। मैं पुत्र के प्रति-द्रोहहीन धरती माता और आकाश पिता को अनुग्रह-युक्त मन वाला जानता हूं। द्यावा-पृथ्वी सदा एक स्थान पर युगल रूप में रहने वाली ऐसी सगी बहनें हैं, जिन्हें किरणें अलग-अलग करती हैं। धरती-आकाश अपनी अनुग्रह-बुद्धि से हमें निवास योग्य घर एवं सैकड़ों गाएं धन-रूप में दें।

सूक्त 160 : सूर्य, धरती और आकाश के बीच अपनी विशेषताओं की रक्षा करता हुआ घूमता है। धरती-आकाश समस्त प्राणियों की रक्षा करते हैं। वे माता-पिता के समान सबको रूपनिर्माण से अनुगृहीत करते हैं। सूर्य धरती-आकाश माता-पिता के पुत्र हैं। वे धरती-आकाश को प्रकाशित करते हैं। सूर्य ने धरती-आकाश को विभक्त करके स्थित किया है। हमारे द्वारा स्तुत धरती-आकाश महान हैं।

सूक्त 185 : धरती-आकाश समस्त संसार को धारण किये हुए हैं और पहिए के समान घूम रहे हैं। हे धरती-आकाश! हमें पाप से बचाओ। हम दिन और रात के दोनों धनों के लिए धरती-आकाश का अनुगमन करें। धरती-आकाश शस्य को उत्पन्न करने वाले हैं। मैं दोनों को यज्ञ में बुलाता हूं। हे धरती-आकाश! हमारे सब अपराधों को क्षमा करो। हमारी रक्षा करो और तुम हमें अन्न, बल, वीर्य एवं दीर्घायु दो।

सविता :

सूक्त 35 : मैं अपनी रक्षा के निमित्त अग्नि, मित्र, वरुण, रात्रि और सविता को बुलाता हूं। सविता का रथ सोने का है। वे मानवों और देवों को कर्मों में लगाते हुए सभी लोकों की यात्रा करते हैं। वे प्रातःकाल से मध्याह्न तक उन्नत मार्ग से और मध्याह्न से सायं तक अवनत मार्ग से चलते है। स्वर्ग एवं भू-लोक पर सूर्य का अधिकार है। आकाश लोक यमराज के घर जाने का मार्ग है। चन्द्रमादि नक्षत्र सूर्य का ही सहारा लिये हुए हैं। सूर्य ने पृथ्वी की सब दिशाओं को प्रकाशित किया है। सूर्य रोगों को दूर भगाते हैं।

सूक्त 50 : सूर्य को आते हुए देखकर नक्षत्र रात्रि-सहित चोर के समान भाग जाते हैं। हे सूर्य! तुम सबके शोधक एवं अनष्टि-निवारक हो। हम तुम्हारे प्रकाश की स्तुति करते हैं। तुम अपने प्रकाश से रात्रि के साथ दिन का भी उत्पादन करते हो।

रूद्र :

सूक्त 43, 114 : रुद्र को लक्ष्य करके हम कब स्तोत्र पढ़ेंगे? अदिति हमें और हमारी सन्तान को रुद्र-सम्बन्धी औषधि प्रदान करें। सब देवता हमारे ऊपर कृपा करें। रुद्र के समीप हम बृहस्पति-पुत्र शयु के समान सुखों की याचना करते हैं। रुद्र, सूर्य के समान दीप्ति वाले है। वे देवों में श्रेष्ठ हैं। रुद्र की स्तुति हम इसलिए कर रहे हैं, जिससे दुपाए-चौपाए सबका रोग शांत हो और सब लोग पुष्ट तथा नीरोग रहें। रुद्र अपने हाथी से औषधियां धारण करते हुए हमें सुख-कवच एवं गृह प्रदान करें। हे रुद्र! तुम्हारा आयुध हमसे दूर रहे। तुम हमारे लिए सुख-कारक बनो। हम नमस्कारपूर्वक तुम्हारी सेवा करते हैं। तुम मरुतों के साथ हमारी पुकार सुनो। मित्र, वरुण, सिंधु धरती एवं आकाश हमारी प्रार्थना सुनें।

वरुण :

सूक्त 25 : हे वरुण! स्तुतियों से हम तुम्हारा मन प्रसन्न करते हैं। जो तुम्हारा अनादर करता है, उसके लिए तुम घातक बन जाते हो। वरुण की अनुकंपा से मनुष्य वर्तमान काल और भविष्य की घटनाओं को भी देख लेते हैं। शोभन बुद्धि वाले वरुण हमें उत्तम मार्ग पर चलने वाला बनाएं और हमारी आयु को बढ़ाएं। हे वरुण! मधुर रस वाला हव्य तैयार है। तुम

होता के समान उसका भक्षण करो। तुम्हारा प्रकाश धरती-आकाश पर फैला है। तुम हमारे सब पाशों को खोल दो।

सूक्त 41 : ज्ञानसम्पन्न वरुण और अर्यमा जिसकी रक्षा करते है वह शत्रुघातक हो जाता है। वे जिसे धन-सम्पन्न करते हैं वह सुरक्षित हो जाता है। हे ऋत्विजों! हम वरुण, मित्र, अर्यमा के उपयुक्त स्तोत्र कब प्राप्त करेंगे। राजा वरुण यजमान के सामने स्थित शत्रु का दुर्ग तोड़कर उसका नाश करते हैं। इसके पश्चात यजमान के पापों का भी नाश कर देते हैं।

विष्णु :

सूक्त 154 : हे मानवों! विष्णु के वीर कर्मों को कहता हूं जिन्होंने तीनों लोकों को नापा था। उनके तीन पाद-विक्षेप में सब लोक समा जाते हैं। उनकी सब लोग स्तुति करते हैं। विष्णु को हमारे स्त्रोत प्राप्त हों। विष्णु ने अकेले ही तीनों धातुओं, धरती, आकाश एवं समस्त लोकों को धारण किया है। जिस विष्णु लोक में सब प्रकार की तृप्ति मिलती है, मैं उसी लोक को प्राप्त करूं। वहां अमृत बरसता है। विष्णु का परम-पद सभी प्रकार सुशोभित है।

सूक्त 156 : हे विष्णु! तुम मित्र के समान सुख देने वाले, घृत-आहुति के पात्र एवं रक्षक कर्ता हो, अत: सब यजमान तुम्हारी स्तुति करते हैं। जो तुम्हें नित्य हवि देते है, वे तुम्हारी समीपता पाते हैं। हे स्तोताओं! विष्णु का कीर्तन करो। हम विष्णु इन्द्र के साथ मिलकर यज्ञ की सहायता करने आते हैं। वे अभीष्ट फलदाता हैं और यजमान को प्रसन्न करने वाले है।

अश्व :

सूक्त 162 - 63 : हम साधारण मनुष्य दिव्य अश्व के पराक्रमों का वर्णन कर रहे है, देवता हमारी निन्दा न करें। उस अश्व से ऋत्विज अग्नि की तीन परिक्रमा कराते हैं। हे अश्व! तुम्हारा जन्म इस योग्य है कि सब तुम्हारी स्तुति करें। तुम सर्वप्रथम जल से उत्पन्न हुए थे। तुम्हारे पंख बाज के समान और पैर हरिण के समान हैं। अग्नि ने धरती, आकाश, अन्तरिक्ष में वर्तमान अश्व को वायु के रथ में जोड़ा। उस रथ पर इन्द्र सवार हुए। गंधर्वों ने उसकी लगाम पकड़ी। हे अश्व। वायु भी तुम हो, सोम, भी तुम ही हो। तुम वरुण हो। मनुष्यों के सौभाग्य तुम्हारे पीछे है। तुम्हारा शशि सोने का एवं पैर लोहे के हैं। ऋत्विज तुम्हारे शौर्य-कर्मों की प्रशंसा करते हुए तुम्हारी स्तुति करते हैं।

पूषा :

सूक्त 42 : हे पूषा हमें मार्ग के पार लगाओ। पाप विघ्न है, तुम उसे नष्ट करो। तुम हमारे आगे चलो। हमारे विघ्न-कारक दुष्ट शत्रु को मार्ग से हटाओ। तुमने जिस शक्ति से अंगिरादि

ऋषियों की रक्षा की थी, उसी से हमारी भी रक्षा करो। हमारे घरों को धन- धान्य से भर दो। हमें इच्छित वस्तुएं प्रदान करो। हम सूक्ष्मों से पूषा देव की स्तुति करते हैं।

सूक्त 138 : पूषा के बल की सभी स्तुति करते हैं। मैं पूषा से सुख की याचनाकरता हूं। पूषा देव की स्तुति करता हूं। धनप्राप्ति के लिए दिया गया सोम तुम्हें प्रसन्न करें। हे पूषा! बखरे ही तुम्हारे अश्व हैं। तुम दाता बनकर हमारे समीप आओ। हम अन्न की इच्छा करते हैं और चाहते है कि स्तोत्र बोलते हुए तुम्हारे चारों ओर स्थित रहें। हे वर्षाकारक हम तुम्हारी मित्रता का कभी त्याग नहीं करते।

दान :

सूक्त 125 : स्वजय नामक राजा ने मेरे समीप मुझे देने को रत्न रखे, मैंने उन्हें स्वीकार किया और राजा को आशीर्वाद दिया कि वह बार-बार धन प्राप्त करें। यह राजा बहुत गायों और घोड़ों का स्वामी हो। इन्द्र अतुल सम्पत्ति दें। दान देने वाले व्यक्ति को सभी वस्तुएं प्राप्त होती हैं एवं उसके लिए सूर्यादि लोक समृद्ध होते है। दाता जरामरणरहित दीर्घ आयु प्राप्त करके अमर बनता है। जो हवि दान करके देवों को प्रसन्न करता है, वह दुःखों और पापों से दूर रहता है।

भावयव्य :

सूक्त 126 : मैं समुद्रतटवासी भावयव्य के पुत्र स्वनय के लिए स्तोत्रों की रचना करता हूं। उन्होंने एक हजार सोम-यज्ञ किये थे। भावयव्य ने अपनी पत्नी लोमशा को लक्ष्य करके कहा था-जिस प्रकार न्यौली अपने पति से चिपटी रहती है, उसी प्रकार यह संभोग-योग्य युवती आलिगन करने के पश्चात चिरकाल तक रमण करती है और मुझे सैकड़ों भोग प्रदान करती है। लोमशा ने पति से कहा था समीप आकर मेरा स्पर्श करो। मेरे अंगों को अल्प मत समझो। मैं गन्धार देश की भेड़ के समान सम्पूर्ण अवयवों वाली एवं रोगमुक्त हूं।

रति :

सूक्त 179: लोपामुद्रा ने अगस्त्य से कहा था-हे अगस्त्य! मैंने अनेक वर्षों तक शरीर जीर्ण करते हुए तुम्हारी सेवा की है, वृद्धावस्था में पुरुष क्या नारियों के साथ समागम नहीं करते। हे अगस्त्य! सत्यनिष्ठ प्राचीन ऋषियों ने पत्नियों में वीर्य का स्खलन किया। तपस्या करती हुई पत्निया भोगसमर्थ पतियों के पारा जाती थी। अगस्त्व ने कहा था-हे पत्नी! हम व्यर्थ ही नहीं थके, तपस्या से थके हैं। देव हमारे रक्षक हैं। यदि हम तुम इच्छा करें, तो अब भी सुख-संभोग के साधन प्राप्त कर सकते है। तुम मुझसे संगत हो जाओ, और अधीर नारी बनकर मुझ महाप्राण के साथ संभोग करो।

अन्न :

सूक्त 187 : मैं अन्न की स्तुति करता हूं। मधुर मन की स्तुति करता हूं हे अन्न! हमारे समीप आओ और हमें सुख दो। हे अन्न! तुम रसरूप में सब संसार में व्याप्त हो। हम तुम्हारा भोग करते हैं और तुम्हारा दान करते है। जब बादल जल बरसाने आये, तब तुम हमारे समीप आना। हे शरीर! हम जौ आदि पर्याप्त मात्रा में खाते है, अतः तुम मोटे बनो। हे सत्तू के गोले! तुम मोटापा लाओ। हे पितु! जैसे गायों से हव्य रूप दूध पाते है, उसी प्रकार हम तुम्हारी स्तुति करने वाले तुमसे रस पाते है। तुम हमें आनन्द देते हो।

सोम :

सूक्त 91 : हे विश्व को अमृतमय करने वाले सोम! तुम्हारे द्वारा ही हमारे पितरों ने देवों के माध्यम से धन प्राप्त किया। तुम वरुण के समान सबको सुधार करने वाले और अर्यमा के समान सबकी वृद्धि करने वाले हो। तुम सत्कर्मों में ब्राह्मणों के स्वामी हो। तुम यजमान को धन देते हो। तुम यजमान को सुख दो एवं उसकी रक्षा करो। हे सोम! तुममें दूध, अन्न एवं वीर्य सम्मिलित हो। जो यजमान हव्य के द्वारा सोमदेव को तृप्त करता है, उसे वे दुधारू गाय, शीघ्रगामी घोड़े देते हैं तथा ऐसा पुत्र देते हैं, जो लौकिक कार्य करने में कुशल, गृह कार्य में दक्ष, यज्ञ करने वाला, सब शास्त्रों का ज्ञाता और पिता का नाम प्रसिद्ध करने वाला होता है।

जल आदि :

सूक्त 191 : हे शरीर! जैसे नारियां घड़ों में जल भरकर ले जाती हैं, उसी प्रकार सात नदियां तुम्हारा विष दूर करें। हे सर्पों! आकाश तुम्हारा पिता, धरती माता, सोम भ्राता और अदिति तुम्हारी बहन है। तुम अपने स्थान में रहो और सुखपूर्वक गमन करो। सब संसार को देखने वाले और अदृष्य को नष्ट करने वाले सूर्य पूर्व दिशा में निकलते और विषधारियों को भगा देते हैं। मैं विष सूर्य-मंडल की ओर फेंकता हूं। हे विष! सूर्य की मधु-विद्या तुम्हें अमृत बना देती है। निन्यानवे नदियां विष नष्ट करने वाली हैं, मैं सबका नाम पुकारता हूं। घोड़ों द्वारा चलने वाले सूर्य सब विष को नष्ट कर देते है।

द्वितीय अध्याय

अग्नि :

सूक्त 1 : हम अग्नि (परमात्मा) की स्तुति करते हैं, जो कि यज्ञ के दिव्य होता, ऋत्विज और पुरोहित है। वे धनदाता, यज्ञरक्षक, यज्ञ में देवों को बुलाने वाले और उन्हें हवि में भेंट कर, तृप्त करने वाले हैं। अग्नि यजमान के कल्याणकर्ता हैं। पूर्व -ऋषियों ने भी अग्नि की स्तुति की थी।

हम देवदूत अग्नि का वरण करते है। वे प्रजापालक, तेजस्वी, शत्रुघर्षक, सत्यशील, क्रांतदर्शी, सुन्दर जिव्हा वाले और यज्ञपालनकर्ता हैं।

वे अग्नि अपने रोहित नाम के अश्वों के द्वारा यहां यज्ञ में सोमपानार्थ एवं हविग्रहणार्थ आएं और देवताओं को भी साथ में लाए। मनुष्यों के पालक अग्नि यज्ञ के दिन जल, पाषाण, वन एवं औषधियों से प्रकट हो जाए।

हे अग्नि! तुम मनुष्यों की कामना पूर्ण करने वाले इन्द्र हो। तुम्हीं विष्णु और ब्रह्मा हो। तुम वरुण और मित्र हो। तुम्हीं अर्यमा, त्वष्टा, आकाश में वर्तमान रुद्र हो, मरुतों के बल हो, तुम्हीं पूषा देवता हो। तुम यजमान के फलदाता, पालनकर्ता एवं धनदाता हो। तुम तेजस्वी सविता हो। तुम सबके पिता हो। तुम ऋभु एवं अदिति हो। तुम्हीं भारती एवं सरस्वती हो।

हे अग्नि! तुम्हारे वर्ण (रंग) में लक्ष्मी रहती है। तुम देवों की जीभ हो, उनके मुख हो। देवता तुम्हारे द्वारा ही हवि-भक्षण करते हैं। तुम में डाला गया अन्न, तुम्हारी ही शक्ति से आकाश में फैल जाता है।

सूक्त 2 : हे ऋत्विजों! अग्नि को यज्ञ के द्वारा बढ़ाओ। हे अग्नि! ऋत्विज तुम्हें उसी प्रकार चाहते हैं, जैसे गायें बछड़े को चाहती हैं सब देवता अग्नि की स्तुति करते हैं। धरती को सींचने वाले चमकीले रंग के, जल के समान पालन करने वाले अग्नि को जनरहित यज्ञशाला में स्थापित किया जाता है। जैसे तारागण आकाश को प्रकाशित करते है, उसी प्रकार धरती और आकाश को अग्नि प्रकाशित करते है। हे अग्नि! हमारे कल्याण के लिए धन दो, हमें पर्याप्त अश्व, गौ, पुत्र-पौत्र दो, हमारी कीर्ति को फैलाओ। अग्नि यजमान के पास उसी प्रकार जाते हैं, जैसे प्यारा अतिथि आता है। जैसे दुधारू गाय दूध देती है, उसी प्रकार अग्नि स्तोता को असंख्य धन देते हैं। हे अग्नि! हमें तुम्हारा दिया हुआ अनन्त धन ब्राह्मण, क्षत्रिय, वैश्य, शूद्र, निषाद पांच जातियों से ऊपर करके प्रकाशित करेगा। वेदी में प्रज्ज्वलित अग्नि देवों का आदर करें, देवों को तृप्त करें। हे अग्नि! हमारे द्वारा स्तुति किये गए तुम देवों के निमित्त यज्ञ करो। इन्द्र को लक्ष्य करके हवन करो और उनको यहां यज्ञ में बुलाओ। हे कुश रूप पुत्रदाता अग्नि! हमें धन देने को वेदी पर फैल जाओ। हे आदित्यों! तुम घी से गीले कुशाओं पर बैठो। हे सरलता से प्राप्त करने योग्य अग्नि! तुम यजमान के लिए शोभन पुत्र देने वाला रूप धारण करो। जैसे कपड़ा बुनने वाली नारियां खड़े होकर कपड़े बुनती हैं, वैसे ही रात-दिन रूपी स्त्रियां यज्ञ रूपी वस्त्र को बुनती हैं।

हमारे यज्ञ को पूर्ण करने वाली सरस्वती, इला और भारती यज्ञशाला में निवास करें और हव्य पाने के लिए हमारे यज्ञ का निर्दोष रूप से पालन करें। त्वष्टा की कृपा से हमारे यहां वीर, गुणी और यज्ञकर्ता पुत्र उत्पन्न हो। वह हमें कुलरक्षक सन्तान दे।

हमारे कर्मों के ज्ञाता वनस्पति रूप अग्नि समीप उपस्थित हैं। वे हव्य को भली प्रकार पकाते हैं। मैं अग्नि की जन्मभूमि, वासस्थल एवं आश्रयदाता काष्ठ को अग्नि में डालता हूं। हे कामनापूरक अग्नि! स्वाहा-रूप ने डाला गया हव्य धारण करो।

सूक्त 4 : हे यजमानों! तुम्हारे कल्याण के लिए मैं अग्नि को बुलाता हूं। अग्नि मित्र के समान सब प्राणियों को धारण करते है। भृगुओं ने अग्नि को धारण किया था। अग्नि हमारे सभी शत्रुओं को हराएं। देवों ने मनुष्यों के मित्र के रूप में अग्नि को स्थापित किया, वे यजमान के घर में प्रकाशित रहते हैं। अग्नि के शरीर का पोषण एवं अग्नि का प्रकट होना सुन्दर प्रतीत होता है। जैसे घोड़ा पूंछ हिलाता है; वैसे अग्नि अपनी लपटरूपी जीभ हिलाते है।

स्तोता अग्नि की स्तुति करते हैं, अग्नि ऋत्विजों को अपना रूप दिखाते हैं। अग्नि बूढ़े होकर भी बार-बार जवान हो जाते हैं। अग्नि प्यासे के समान वृक्षों को जलाते हैं और घोड़े के समान शब्द करते हैं। धरती के समान बढ़ते हैं और जिसका रखवाला नहीं है, ऐसे पशु के समान अपनी इच्छा से इधर-उधर जाते हैं।

हे अग्नि! तुमने प्रातःकालीन सदन से (यज्ञ में) हमारी रक्षा की थी, उसे स्मरण कर हम सायं सवन में तुम्हारी स्तुति बोल रहे हैं। हे अग्नि! गृत्समद ऋषि के वंश में उत्पन्न ऋषियों ने तुम्हारी कृपा से सुरक्षित होरक सन्तान- धन प्राप्त किया था, हमारे ऊपर भी वैसी ही कृपा करो।

सूक्त 5 : अग्नि पितरों की रक्षा के लिए उत्पन्न हुए हैं। यज्ञ-निर्वाहक अग्नि में सात रश्मियां व्याप्त हैं। वे अग्नि देव-मनुष्यों के पालक हैं और अध्वर्यु के बोले गए मन्त्रों तथा ऋत्विजों के कर्मों को उसी प्रकार धारण करते हैं जैसे नाभि पहिए को धारण करती है।

जैसे पक्षी फलों को प्राप्त करने के लिए वृक्ष की एक शाखा से दूसरी शाखा पर बार-बार जाता है, उसी प्रकार यजमान बार-बार यज्ञ करते है। यज्ञकर्ता की अंगुलियां जैसे नेष्टा अग्नि की सेवा करती हैं, वैसे ही अन्य तीन अग्नियों की भी सेवा करती हैं। जब जूहू पात्र अग्नि से भर जाता है, तब अग्नि उसी प्रकार प्रसन्न होते हैं, जैसे वर्षा होने पर जौ हरे-भरे और प्रसन्न हो जाते है। हे अग्नि! ऐसी कृपा करो कि तुम्हारा यजमान सब देवों को प्रसन्न कर सकें।

सूक्त 6 : हे अग्नि! यज्ञ में दी गई मेरी समिधाओं और आहुतियों का उपभोग करो और स्तुतियों को सुनो। हे अग्नि! तुम्हारा सेवा करेंगे और तुम्हारी स्तुति करेंगे। हे धनस्वामी, धनदाता, विद्वान् अग्नि! हमारी स्तुतियों से प्रसन्न होओ और हमारे शत्रुओं को भगाओ। अग्नि हमारे लिए वर्षा करते है और हमें बल-अन्न देते हैं। हे तरुण, देवदूत परमयोग्य अग्नि! हम तुम्हारे पूजक हैं, हमें अपना आश्रय दो। हे बुद्धिमान अग्नि! तुम मनुष्यों के हृदय को

जानते हो और देवों को भी जानते हो। तुम लोगों के हितकारी हो। हे ज्ञान-सम्पन्न अग्नि! हमारी इच्छा पूर्ण करो। तुम देवों का यज्ञ करो और बिछे हुए कुशों पर बैठो।

सूक्त 7 : हे अग्नि! हमें प्रशंसनीय तथा बहुतों से चाहा हुआ धन प्रदान करो। हमें मनुष्यों और देवों की शत्रुता न हरा सके। हे अग्नि! हम तुम्हारी कृपा से शत्रुओं को जल की धारा के समान लांघ जाएं। हे अग्नि! घृत द्वारा बुलाये गये तुम अतिप्रकाशित हो रहे हो। समिधाओं को भक्षण करने वाले, घी से सींचे गये, यज्ञपूरक अग्नि परम विचित्र हैं।

सूक्त 8 : हे अन्तरात्मा! जैसे अन्न का इच्छुक व्यक्ति अन्न के लिए प्रार्थना करता है, वैसी ही भावना से तुम अग्नि की स्तुति करो। सुन्दर नेत्रों वाले, वृद्धावस्थारहित और सुन्दर गति वाले अग्नि, शत्रुओं को नष्ट करने के लिए यज्ञ में बुलाये गए हैं। सुन्दर लपटों वाले अग्नि अपनी नित्य ज्वालाओं से सब दिशाओं में प्रकाशित और शोभित होते हैं। समस्त शोभाओं के धारक अग्नि की स्तुति ऋग्वेद के मन्त्रों से की जाती है। हम अग्नि, इन्द्र, सोम एवं देवों की रक्षा से रक्षित हैं, अत: शत्रुओं को अवश्य हराएंगे।

सूक्त 9 : देवों को बुलाने वाले व्यक्तियों का भरण-पोषण करने वाले अग्नि होता के भवन में भली प्रकार बैठें। हे कामना पूरी करने वाले अग्नि! हमारे दूत बनी, हमें विपत्तियों से बचाओ और हमें धन दो। तुम हमारे पुत्रों की रक्षा करो। हे अग्नि! हम तुम्हारी यज्ञस्थान में सेवा करेंगे, स्तुतियों से तुम्हें प्रसन्न करेंगे, तुम्हारी जन्म देने वाली धरती की पूजा करेंगे। हे अग्नि! तुम यज्ञ करो। हमारे हवि-अन्न की प्रशंसा देवों से करो। हमारे ओजस्वी स्तोत्र को जानो। हे अग्नि! तुम्हारा धन नष्ट नहीं होता। तुम यजमान को अन्न एवं सन्तान को धन दो। हे अग्नि! तुम अपनी सेनासहित यहां आओ और हमारी रक्षा करते हुए प्रकाशित होओ।

सूक्त 10: सर्वप्रथम यज्ञ में बुलाये जाने योग्य, शोभित, मरणरहित और अन्न-बल से युक्त अग्नि यज्ञशाला में प्रज्ज्वलित किये गए हैं। वे अग्नि मेरी पुकार सुनें। काले एवं लाल रंग वाले दो घोड़े अग्नि का रथ खींचते हैं। अध्वर्युओं ने अग्नि को उत्पन्न किया। वे अरणि तथा सब वनस्पतियों में विद्यमान हैं। अग्नि रात में महान तेजवान होकर रहते हैं। समस्त संसार में व्याप्त एवं बलवान अग्नि की हम धृतरूपी हव्य से पूजा करते हैं। अग्नि हमारे हव्य को स्वीकार करें। मनुष्यों द्वारा प्रज्ज्वलित अग्नि किसी के द्वारा छूने योग्य नहीं है। हे अग्नि! तुम शत्रुओं को पराजित करो। हम मनु के समान तुम्हारे स्तोत्र बोलते हैं। धन-प्राप्ति का इच्छुक मैं स्तुति-कामना से अग्नि को हव्य देता हूं।

इन्द्र :

सूक्त 11 : हे इन्द्र! मेरी स्तुति को सुनो। हम तुम्हारे धनदान के पात्र हों। यजमान का हव्य तुम्हें बढ़ाता है। हे वीरेन्द्र! तुम्हारे बरसाये जल को वृत्र ने रोका, तुमने उसे नीचे पटक

दिया। तुम ऋग्वेद के रुद्र सम्बन्धी मन्त्रों से प्रसन्न होते हो। हमारे यज्ञ में तुम्हारी मन्त्र-स्तुतियां पड़ी जाती है। हम स्तोत्रों से तुम्हारा बल बढ़ाते है और तुम स्तोत्रों से तेजस्वी हो असुरों को सूर्यरूपी अस्त्र से हराते हो। तुमने वृत्र को अपने वज्र से मारा था। हे इन्द्र! हम तुम्हारे प्राचीन-नवीन कार्यों की, वज्र की और तुम्हारे हरि-नामक अश्वों की स्तुति करते हैं। तुम्हारे घोड़े बादल के समान गरजते हैं। वर्षा-कारक बादल आकाश में आया. और गरजने लगा। इन्द्र के द्वारा प्रेरित मरुतों ने उसकी ध्वनि को फैला दिया। इन्द्र ने मेघ में स्थित वृत्र को वज्र से मार दिया था। वज्र के उस शब्द से धरती-आकाश कांप उठे थे। निचोड़े हुए सोम को पीकर इन्द्र ने वृत्र की माया समापूत कर दी। हे वीरेन्द्र! सोम पियो। सोम तुम्हें तृप्ति दे और तुम्हारी वृद्धि करें। हे इन्द्र! हम धन पाने के लिए तुम्हारी स्तुति करते है। हमें इसी क्षण धन दो। हमें वीर पुत्रों से युक्त धन दो। हमें घर दो, मित्र दो और महान शक्ति दो। तुम्हारे साथ मरुद्गण भी सोम पिये। जो इन मन्त्रों द्वारा तुम्हारी स्तुति करते हैं, वे महान हो जाते है। हे वीरेन्द्र! तुम सोमरस पियो और अपने घोड़ों को भी सोमरस पिलाओ तथा वह बल धारण करो, जिससे तुमने वृत्र को मकड़ी के समान मसल डाला था। तुम्हारी कृपा से आर्य सुरक्षित हुए और उन्होंने दस्युओं को हराया। तुमने त्रित के मित्र बनकर त्वष्टा-पुत्र विश्वरूप का वध किया। तुमने अगिराओं की सहायता के लिए अपना वज्र चलाया। तुम सेवा करने के योग्य हो।

सूक्त 12 : जिन्होंने अपने वीर कर्म से देवों को शोभित किया और जिनके बल से धरती-आकाश डर गये थे, वे इन्द्र ही हैं। जिन्होंने पृथ्वी को दृढ़ किया, पर्वतों को नियमित किया, अन्तरिक्ष बनाया और आकाश को स्थिर किया, वे इन्द्र ही हैं। जिन्होंने वृत्र को मारा, संसार को बनाया, जो शत्रु-संहारक है, वे इन्द्र ही हैं। ऐसे इन्द्र के प्रति श्रद्धा करो। जो शोभन ठोड़ी वाला है, जो धनदाता है, यजमान और स्तोता का रक्षक है, समस्त पशु जिसके अधिकार में है, जिसे सहायता के लिए सब बुलाते हैं, जिसने पापियों का नाश किया, जिसने दनु राक्षस को मारा, जिसने सात नदियों को बहाया, जिससे पर्वत डरते हैं वह इन्द्र ही है।

सूक्त 13 : वर्षा ऋतु सोम की जननी है। सोम का रसरूपी अंश इन्द्र का पहला भाग है। जिसने जलों को बहाया तथा अनेक जनोपकारी कार्य किये, वह इन्द्र प्रशंसनीय है। उसने पृथ्वी को सूर्य के लिए दर्शनीय बनाया। हे इन्द्र! तुम वर्षा से वनस्पतियां पुष्ट करते हो, सूर्य किरणों के उत्पन्नकर्ता हों तथा बड़े-बड़े प्राणियों को जन्म देने वाले हो, तुम स्तुति के योग्य हो। हे इन्द्र! तुम्हारे एक हजार घोड़े हैं, नदियां तुम्हारी शक्ति से बहती है। तुम्हारा सामर्थ्य प्रशंसा के योग्य है। तुमने जातुष्ठिर को अन्न दिया, पराकुंज का उद्धार किया, तुम हमें भी सन्तान- धन दो, हम स्तुति कर रहे हैं।

सूक्त 14 : हे अध्वर्यु! इन्द्र के लिए सोम लाओ, इन्द्र इसे चाहते हैं। जिस इन्द्र ने दृभीक का हनन किया, बल असुर का नाश किया, उरण असुर का नाश किया, अर्बुदासुर को समाप्त

किया तथा जिन्होंने अश्न, शुष्ण, प्रियपु, नमुचि, रुधिका सम्बर आदि राक्षसी को नष्ट किया, उन्हें सोमरस भेंट करो। हे अध्वर्यु! जैसे गारा का थन दूध से भरा होता है, जैसे कुठिया जौ से भरी होती है, वैसे ही इन्द्र को सोम से तृप्त करो। हे इन्द्र! ! हमें सन्तान- धन दो।

सूक्त 15 : मैं इन्द्र के यश का वर्ण करता हूं। इन्द्र ने वृत्र का वध किया, नदियों को बहाया, दभीति को ले जाने वाले असुरों को सेका, धुनि नामक नदी को सुखाया, सिंधु नदी को उत्तराभिमुख बहाया, उषा की गाड़ी को चूर-चूर किया, पगु और अंधे ऋषि परावृज को अपनी कृपा से दौड़ने वाला बना दिया, तथा चमुरि, धुनि और बल असुरों को मारा। सोम के मद में ऐसे सब काम करने वाले हे इन्द्र! हम तुम्हारी स्तुति करते हैं, हमें ही तुम्हारी धनपूर्ण दक्षिणा प्राप्त हो, और किसी को न हो।

सूक्त 16 : हम अजर, सोमदत्त, सनातन नित्य वरुण इन्द्र को बुलाते है। उनके बिना संसार में कुछ नहीं। वे असुरनाशार्थ शीघ्रगामी अश्वों से अनेक योजन दूर भी जाते हैं। वे संग्राम में ऐसे रक्षा करते हैं, जैसे सरिता में नाव रक्षा करती है। जैसे घास खाकर तृप्त हुई गाय बछड़े की भूख शांत करती है, वैसे ही हे इन्द्र! तुम सोम पीकर हमारी रक्षा करो। जैसे पत्नियां युवक पति को घेरती हैं, वैसे हमारी स्तुतियां तुम्हें घेर रही हैं। हे इन्द्र! जो धन-युक्त दक्षिणा स्तोता को प्राप्त होती है, वह हमें ही प्राप्त हो, अन्य को नहीं। तुम हमें सन्तान- धन दो।

सूक्त 17 : हे स्तोताओं इन्द्र का तेज उदित होता है, तुम उसकी स्तुति करो। उन इन्द्र की वृद्धि हो, जिन्होंने अपनी महिमा से आकाश को धारण किया था। हे इन्द्र! तुमने स्तुतियों से प्रसन्न हो, शत्रुनाशक बल उत्पन्न किया है। तुमने क्रिवि नामक असुर को वज्र से मारा। हे इन्द्र! जैसे रुपया पितृकुल से अपना भाग मांगती है, वैसे हम भी तुम से धन मांगते हैं, हमें धन दो। हम इस यहां में तुम्हारी बहुत स्तुति करेंगे।

सूक्त 18 : इन्द्र के लिए हमने तीन स्तरों, सात छन्दों और दस पात्रों वाला यहां किया है। यज्ञ तीनों सवनो में पूरा हुआ। इस यज्ञ में बुद्धिमान स्तोता है। हे इन्द्र! तुम अपने अश्वों के द्वारा इस यहां में सोम पीने के लिए आगमन करो। इन्द्र से मेरी मित्रता कभी न टूटे। इन्द्र की दक्षिणा मुझे मन चाहा फल दे। हे इन्द्र! हमें सन्तान- धन दो, अन्य को नहीं।

सूक्त 19 : हे इन्द्र! अपने आनन्द के लिए यजमान का सोम ग्रहण कीजिए। सोम के मद में इन्द्र ने वज्र से अहि नामक असुर को मारा, जलप्रवाह को सागर की ओर प्रेरित किया, सूर्य को उत्पन्न किया, गायों को खोजा और अपने तेज से दिवसों को प्रकाशित किया। इन्द्र ने अपने सारथि के लिए शुष्ण, अशुष और कुयव को वश में किया, दिवोदास का पक्ष लेकर शबरासुर के 99 नगरों को तोड़ा। हे इन्द्र! हम तुम्हारी मित्रता पायें।

सूक्त 20 : हे इन्द्र! हम तुम्हारी स्तुति करते और तुमसे सुख की कामना करते हैं। तुम हमारा पालन करो और हमारी रक्षा करो। युवा, मित्रतुल्य इन्द्र यज्ञ करने वालों की रक्षा करें। इन्द्र-स्तुति

से प्रसन्न होते हैं। अगिरोगोत्रीय ऋषियों के मंत्रों से प्रसन्न हो इन्द्र ने उन्हें मार्ग दिखाया, जिससे वे पणियों के द्वारा चुरायी गयी गायें ले आए। इन्द्र ने दासों की सेना को नष्ट किया था, मनु के लिए धरती की रचना की थी।

सूक्त 21 : हे अध्वर्युओं! सर्वजयी इन्द्र को सोमरस लाओ। इन्द्र के लिए 'नमः ' शब्द का उच्चारण करते हुए स्तुतियां बोलो। इन्द्र के वीर कर्मों को बार-बार कहो। तेजयुक्त इन्द्र ने उषा से सूर्य को उत्पन्न किया।

सूक्त 22 : पूर्वकाल में इन्द्र ने जौ के साधुओं से मिला हुआ सोमरस विष्णु के साथ पिया था। सोमरस ने इन्द्र को महान कार्य करने की प्रेरणा दी। इन्द्र सोमरस के बल से वृद्धि प्राप्त करते है। हे इन्द्र! तुम यहां में उत्पन्न हुए हो। तुम अपनी शक्ति से विश्व को वहन करते हो। शतक्रतु इन्द्र एवं हवि प्राप्त करें।

ब्राह्मणस्पति (बृहस्पति)

सूक्त 23 : हे बृहस्पति! तुम देवों के गणपति, अप्रतिम कवि और मन्त्रों के स्वामी हो-मंत्रों के जन्मदाता हो, हम तुम्हें बुलाते हैं। हमारी स्तुतियां सुनो और हमारी रक्षा करो। जो तुम्हें हव्य देता है, उसे तुम पाप से बचाते हो। यज्ञ-विरोधियों को तुम कष्ट देते हो। शत्रुओं की तुम हिंसा करते हो। तुम हमारे रक्षक, सन्मार्ग बताने वाले हो, देव यज्ञ के लिए हमारा मार्ग सरल बनाओ। तुम्हारी कृपा से हम उत्तम धन, अन्न प्राप्त करें। हे काम-पूरक! तुम अद्वितीय दाता हो। शत्रु का आयुध हमें छू भी न सके। तुम युद्धकाल में पुकारने योग्य हो। तुम राक्षसों को सन्तप्त करो। हे बृहस्पति! हमें चोरों, द्रोहियों, पराये धन के इच्छुकों को मत सौंपना। हे बृहस्पति! इस सूक्त को जानो और हमारी सन्तान की रक्षा करो।

सूक्त 24 : हे ब्रह्मणस्पति! तुम विश्व के स्वामी हो। तुम हमारी स्तुति को जानो और उसे सफल करो। बृहस्पति ने अपनी शक्ति से राक्षसों को वश में किया। बृहस्पति के कर्म से दृढ़ पर्वत शिथिल हुए थे, स्थिर वृक्ष टूट गये थे, गायों का उद्धार हुआ था और बलासुर नष्ट हुआ था। बृहस्पति के धनुष की डोरी सत्य की है, उस धनुष से वे जो चाहते है, पा लेते है। बृहस्पति अलग-अलग पदार्थों को मिलाते और मिले हुए पदार्थों को अलग-अलग कर देते है। बृहस्पति का धन व्याप्त, प्रौढ़, मुख्य एवं सुलभ है। बृहस्पति बलवान् और निर्बल दोनों प्रकार के स्तोताओं की रक्षा करते हैं। महान् कर्म करने वाले बृहस्पति का मंत्र उनकी इच्छा के अनुसार सत्य होता है। हे बृहस्पति! हम ऐसे धन के स्वामी बने, जो अन्तयुक्त हो। हे बृहस्पति! तुम विश्व के नियंत्रक हो। तुम इस सूक्त को जानो और हमारी सन्तान को प्रसन्न करो।

सूक्त 25 : यज्ञ-अग्नि को प्रज्ज्वलित करता हुआ, मंत्र बोलता हुआ यजमान वृद्धि को प्राप्त हो। बृहस्पति जिस यजमान को अपना लेते है, वह पुत्र-पौत्र वाला एवं बहुत दिनों तक

जीवित रहने वाला हो जाता है। वह शत्रुओं को पराजित करने वाला हो जाता है वह बहुत गायें पाता है। उसे निरन्तर सुख मिलता है। देवता उसे सुख देते है।

सूक्त 26 : बृहस्पति का सरल चित्त अपनी स्तुति करने वालों के शत्रुओं का विनाश करें। हे वीर! ब्राह्मणस्पति की स्तुति करो। शत्रुनाशक संग्राम में अपना मन दृढ़ता से लगाओ। जो बृहस्पति की सेवा करता है, उसको वे अन्न- धन देते और सरल मार्ग से ले जाते हैं तथा उसकी पाप, शत्रुओं और दरिद्रता से वे रक्षा करते है।

आदित्यगण :

सूक्त 26 : आदित्यों के लिए स्तुति करता हूं। अर्यमा, भग, वरुण, और दक्ष मेरे स्तुति-वचनों को सुनें। आदित्यगण मनुष्यों के अन्तःकरण की बात जानते हैं। उनका पथ सुगम है। ये मृदुभाषी और सुखद हैं। जो यजमान आदित्यों के मार्ग का अनुसरण करता है, वह पवित्र, अहिसित, अधिक अन्न वाला और सन्तान वाला हो जाता है। चर-अचर उसके लिए सुखकर हो जाते हैं। अदितिपुत्र आदित्य धरती-आकाश-स्वर्ग तीनों लोकों और अग्नि, वायु, सूर्य-इन तीनों का तेज धारण करते हैं। हे वरुण! हम सौ वर्ष तक जीवें। हे आदित्यों! तुम मुझे ठीक मार्ग से ले चलो, तो ही मैं भयरहित हो सकूंगा। जो यजमान अदिति-पुत्रों को हव्य देता है, वह धन-संतानवान हो जाता है। हे आदित्य, मित्र, वरुण! हम तुम्हारे प्रति अनपराधी हों। हे आदित्यो! हम तुम्हारे पाशों को लांघ जाये और शत्रुओं से अहिसित रहें। हे आदित्य, हे वरुण! हम धन से हीन न हो, बल्कि प्रभूत धन के स्वामी हो। हम धन प्राप्त करके तुम्हारी स्तुति करेंगे।

वरुण :

सूक्त 28 : यह हव्य शोभित आदित्य के लिए है। तेजस्वी वरुण यजमान को प्रसन्न करते है। मैं वरुण से कीर्ति मांगता हूं। हे वरुण! हम सौभाग्य पायें। जैसे उषा के आने पर वस्तुएं प्रकाशित होती है,वैसे ही हम भी तुम्हारी स्तुति से प्रकाशित हो। हे वरुण! हम तुम पर विश्वास करें। हे आदित्यों! हमें अपना मित्र बनाओ और हमारे अपराधों को क्षमा करो। वरुण ने ही जल और जलाशय बनाएं हैं। हे वरुण! मुझे पाप से छुडाओ, मेरे भय को मिटाओ, तुम्हारे आयुध हमें न मारें। हम तीनों कालों में तुम्हें प्रणाम करते हैं। हे वरुण! हमें भूतकाल के ऋणों एवं वर्तमान काल के ऋणों से मुक्त करो। हमें अमित्रों, चोरों और भेड़ियों से बचाओ। हमें धन की कभी कमी न हो और हम अच्छी सन्तान पायें हम तुम्हारी स्तुति करेंगे।

विश्वेदेव :

सूक्त 29 - 31 : हे अदिति-पुत्रों जैसे व्यभिचारिणी, व्यभिचार से उत्पन्न बालक को दूर फेंक देती है, वैसे तुम मुझे पाप से दूर फेंक दो। मैं तुम्हें बुलाता हूं। हे देवों! हमारे शत्रुओं को

हराओ। हे आदित्यो! मित्र, वरुण, इन्द्र, मरूद्गणों! हमारा कल्याण करो। हे देवों! हमें सुख दो, हमारे यज्ञ में आओ। हमें बंधन और पाप से दूर रखो और हमें विपत्ति से बचाओ। हे वरुण! मेरे जीवन में धन की कमी न रहे। सन्तान प्राप्त करके यज्ञ में हम तुम्हारी स्तुति करेंगे।

हे मित्र, वरुण! तुम आदित्यों और वसुओं के साथ मिलकर हमारे रक्षक होओ। अन्न की खोज में जाने वाले हमारे रथ को तुम गतिशील करो। इन्द्र हमारे अनुकूल हों। त्वष्टा देव हमारे उस रथ को आगे बढ़ाएं। त्वष्टा, देवपत्नियां, इला, भग, धरती-आकाश, पूषा, उषा, निशा और अश्विनीकुमार हमारे रथ को बढ़ाएं। हे धरती-आकाश! मैं तुम्हें हव्य देता हूं। हे देवों! हम तुम्हारी स्तुति करते हैं, ऋभु, मित्र, सविता आदि हमें अन्न दे और अग्नि यहां से प्रसन्न हो।

इन्द्र, द्यावा-पृथ्वी, वायु आदि :

सूक्त 30, 32, 36, 41 : वर्षा करने वाले और वृत्र को मारने वाले इन्द्र के यज्ञ के लिए पानी का प्रवाह कभी नहीं रुकता। इन्द्र ने आकाश को ढक लेने वाले वृत्र पर वज्र फेंका और उसे नष्ट कर दिया। हे बृहस्पति, हे इन्द्र! असुरों का नाश करो। हे इन्द्र! हमें समृद्धि दो। हे बृहस्पति, हे इन्द्र! तुम दोनों हमारी रक्षा करो और हमें युद्ध में निर्भय बनाओ। इन्द्र मुझे कष्ट न दे, न थकाए न आलसी बनाएं और न सोमरस तैयार करने से सेके। हे सरस्वती! तुम शत्रुनाश करती हुई, हमें बचाओ। इन्द्र ने जैसे षण्डामर्क को मारा, वैसे हमारे शत्रुओं का नाश करें। हे बृहस्पति! हमारे शत्रुओं को जीतो। हे मरुद्गण! हम सुख की इच्छा से तुम्हें प्रणाम करते है, हम सन्तान- धन से युक्त हों। हे द्यावा पृथ्वी! मुझ यज्ञकर्ता की रक्षा करो। अन्नप्राप्ति की इच्छा से मैं तुम्हारी महान् स्तोत्रों से स्तुति करूंगा। हे इन्द्र! हमें शत्रु- सेना वश में न कर पायें, तुम हमारी मित्रता को याद रखना। हमें सुखकारी नाम देना, मैं तुम्हारी प्रतिदिन स्तुति करता हूं। राका देवी और सुभगा हमारी पुकार सुनें और हमें वीर तथा बहुदान-दाता पुत्र दे। हे राका देवी! पधारो, हमें धन दो। हे सिनीवाली! हमारा हव्य स्वीकारो, हमें संतान दो। मैं रक्षा के लिए सिनीवाली, राका, सरस्वती, इन्द्राणी और वरुणानी को बुलाता हूं।

हे इन्द्र! गाय का दूध, दही एवं जल मिला हुआ तथा छन्ने से छाना हुआ सोम रूपी हव्य पान करो। हे यज्ञसम्पन्न-कर्ता मरुद्गण! सोमपान करो। हे त्वष्टा! तुम देव-पत्नियों के सहित आओ, कुशासन पर बैठो और सोमपान करके तृप्त होओ। हे अग्नि! यज्ञ-स्थल में देवों के सहित आकर यहां करो और सोम, मधु को स्वीकार करो। हे मित्र, वरुण! यज्ञ में आओ और सोमपान करो। हे वायु! हे मित्र, वरुण! हे विश्वेदेवी तुम सब आओ, कुशाओं पर यहां बैठो और सोम-पान करो। हे अश्विनीकुमारो! सोम और गाय तथा अश्वों के सहित आओ। हमारे धन को शत्रु न चुरा सके। इन्द्र हमें सब ओर से ऋण-रहित करें। मरुद्गण हमारी पुकार सुनें।

सरस्वती हमें धनी बनाएं और हमें सन्तान दें। हमारे गृत्समदवंशीय ऋषियों ने उन्हें हव्य दिया है। अग्नि धरती, आकाश, स्वर्ग तक जाते है, वे हमारा हव्य देवों के पास ले जाये। हे धरती-आकाश! यज्ञ-योग्य देवता आज सोमपान के लिए तुम्हारे पास बैठें।

रुद्र :

सूक्त 33 : हे मरुतों के पिता रुद्र! हमें तुम्हारा दिया हुआ सुख मिले। हमारे बहुत से वीर पुत्र-पौत्र हो। हम सौ वर्ष तक जीवें। तुम हमें कुशलता से पापों से दूर ले जाओ। हमारे रोगों को दूर करो। हम तुम्हें क्रोधित न करें। अपनी औषधियों से तुम हमारे पुत्रों को उत्तम बनाओ, तुम वैद्यों में सर्वश्रेष्ठ हो। पीले रंग वाले एवं सुन्दर नाक वाले रुद्र मेरे प्रति हिंसा-बुद्धि न रखें। मरुतों से युक्त रुद्र, मुझे उत्तम अन्न दे। मैं रुद्र का उज्ज्वल नाम-संकीर्तन करता हूं। हे पूज्य रुद्र! तुम धनुष-बाण और बहुत रूप वाले हार को धारण करते हो और सर्वाधिक शक्तिशाली हो। हे रुद्र! हम तुम्हें नमस्कार करते हैं। हे रुद्रगण! हम तुम्हारी शुद्ध एवं अत्यन्त सुख देने वाली औषधियों की इच्छा करते हैं। रुद्र का आयुध हमारा त्याग कर दे। हे तेजस्वी रुद्र! इस यज्ञ में हमारा ऐसा विचार बनाओ कि हम कभी क्रोध न करें।

मरुद्गण :

सूक्त 34 : स्थिर वृक्ष को चंचल करने वाले, अपनी शक्ति से सबको पराजित करने वाले मरुद्गण अग्नि के समान दीप्त एवं जल से युक्त बादलों को छिन्न-भिन्न करके जल बरसाते हैं। मरुत् को रुद्र ने पृश्नि के अन्दर से पैदा किया है। शत्रुभक्षण करने वाले एवं जल बरसाने वाले मरुद्गण बादलों में बिजली के रूप में प्रकाशित होते है। मरुद्गण जल से पृथ्वी को सींचते है। वे हव्य- धारक यजमान के मित्र हैं। हे मरुद्गण! तुम प्रसन्नता से सोम ग्रहण करने के लिए आओ। तुम हमारी स्तुतियां सुनकर आओ, हमारी गायों को पुष्ट करो, यज्ञ को अन्नयुक्त करो। हमें ऐसा पुत्र दो, जो तुम्हारी स्तुति करें। जो युद्ध में तुम्हारी स्तुति करते हैं, उन्हें असहनीय बल दो। जैसे गाय बछड़े को दूध पिलाती है, वैसे मरुद्गण यजमान को धन देते हैं। हे मरुद्गण! हमारे शत्रुओं को दूर भगाओ और उसके आयुधों को दूर फेंक दो। हे मरुद्गण! दस मास तक चलने वाले अगिराओं के यज्ञ को तुमने धारण किया था, वैसा ही हमारे यज्ञ को पोषण दो। हम मरुतों से विस्तृत धन की याचना करते हैं। हे मरुद्गण! जिस रक्षा-बुद्धि से तुम यजमान को पापों से बचाते हो, स्तोता को शत्रु से छुड़ाते हो, तुम्हारी वही रक्षा-वृद्धि हमारी ओर ऐसे ही आये, जैसे गाय रंभाती हुई बछड़े की ओर आती हो।

अपानपात् (जलों के नाती-अग्नि) द्रविणोदा (धनप्रिय) अग्नि आदि

सूक्त 35, 37 : मैं जल के नाती (पौत्र) अग्नि (अपानपात) की स्तुति बोल रहा हूं, वे मुझे अन्न और उत्तम रूप दे। वे हमारे स्तोत्र को जानें, उन्होंने शत्रु-नाशक बल से सब भुवनों को बनाया है। जल दीप्तिमान् अग्नि को चारों ओर से घेरकर स्थित है। जल अपानपात् (अग्नि) को चारों ओर से ऐसे घेरता हैं-जैसे युवती युवक को घेरती है। इला, सरस्वती, अपानपात के लिए अन्न धारण करती हैं। अपानपात अपने घर-जल में निवास करते हैं। वह वर्षा का जल बढ़ाते हैं एवं वर्षा से उत्पन्न अन्न का भक्षण करते हैं। अपानपात् रूप सागर से उच्चै श्रवा अश्व एवं संसार का जन्म हुआ है। वनस्पतियां भी उन्हीं से उत्पन्न हुई हैं। अपानपात् बादल रूप में आकाश में स्थित होते हैं। इनका जल ही संसार के जीवों का भाग्य है। अपानपात् ही अन्न रूप से संसार में व्याप्त हैं। हे उत्तम स्थान में रहने वाले अग्नि! हम पुत्र-प्राप्ति के लिए तथा यजमान के कल्याण के लिए तुम्हारी स्तुति करते है, हमें देवों का कल्याण प्राप्त हो। हम शोभन पुत्र प्राप्त करके यश में बहुत से स्तोत्र बोलेंगे।

हे द्रविणोदा (धनप्रिय) अग्नि! यज्ञ में अन्न से तृप्त होओ। हे अध्वर्युओ द्रविणोदा को सोम हव्य दो। वे बुलाने-योग्य, दाता व सबके स्वामी हैं। हे द्रविणोदा! तुम ऋभुओं के साथ यज्ञ में आकर सोम पियो। हे अग्नि! तुम समिधाओं, आहुतियों, जन-कल्याणकारी मन्त्रों तथा शोभन-स्तुतियों से युक्त होओ।

सविता :

सूक्त 38 : प्रकाशयुक्त एवं संसार को धारण करने वाले सविता अपने कर्म के लिए उदय होते हैं। वे देवों को रत्न देते हैं एवं यजमान का कल्याण करते हैं। संसार के सुख के लिए सविता उदय होते है। जल उन्हीं के द्वारा प्रवाहित होता है और वायु आकाश में उन्हीं के द्वारा घुमाया जाता है। सविता का कार्य समाप्त होने पर रात्रि हो जाती है। रात्रि बिखरे प्रकाश को समेंट लेती है। सब काम जहां-के-तहां रुक जाते हैं। सविता देव विरागरहित काम करते एवं समय विभाग करते है। उषा माता सविता के द्वारा प्रेरित यज्ञभाग अपने अग्निरूपी पुत्र को देती हैं। सविता का प्रकाश देने के व्रत की जब समाप्ति होती है, तो चर-प्राणी अपने घर की अभिलाषा करने लगते हैं। दिन का काम अधूरा छोड़कर घर लौट आते है। इन्द्र, वरुण, मित्र, अर्यमा, रुद्र एवं शत्रु असुर जिनके कर्म को रोक नहीं सकते, उन्हीं सविता देव को हम यज्ञ में बुलाते हैं। सविता देव हमारी रक्षा करें। हम सविता को स्तुतियों और धनों से बलवान बनाते है। हे सविता देव! तुम्हारा प्रसिद्ध सुख-दायक धन हमारे पास स्वर्ग, आकाश एवं पृथ्वी सब स्थानों से आये।

अश्विनीकुमार :

सूक्त 36 - 40 : हे अश्विनीकुमारों! जैसे पक्षी फल वाले वृक्ष के पास जाते हैं, वैसे तुम यजमान के पास जाओ। तुम यज्ञ में बुलाने योग्य हो, तुम सेवकों के पास आओ। हे अश्विनीकुमारों! तुम देवों में प्रमुख हो। तुम वेग से चलते हुए हमारे पास चकवा-चकवी के समान आओ और जैसे नाव मनुष्यों को नदी के पार उतारती है, वैसे हमें दुःखों से पार करो। कवच जैसे शरीर की रक्षा करता है, वैसे तुम, भी हमें बुढ़ापे से बचाओ। जैसे--हाथ, पैर शरीर को सुख देते हैं, वैसे तुम हमें सुख और उत्तम धन दो। जैसे होंठ मधुर वचन बोलते हैं, वैसे हमसे मधुर वचन बोलो। जैसे दो रतन दूध पिलाते हैं, वैसे तुम हमें रक्षा के लिए पुष्ट करो। नासिका के दो छिद्र जैसे प्राणवायु देकर शरीर की रक्षा करते है, वैसे तुम हमारी रक्षा करो। तुम हमें सामर्थ्य दो और हमारी स्तुतियों को उसी प्रकार तीक्ष्ण करो, जैसे सान तलवार को पैनी कर देती है। हे अश्विनीकुमारों! शुक्तमद ऋषि ने ये मंत्र तुम्हारी स्तुति के लिए रचे है, तुम उनको चाहते हुए आओ और हमें पुत्र-पौत्र प्राप्त कराओ। हम तुम्हारी स्तुति बोलेगें।

सोम व पूषा :

सूक्त 40 : हे सोम व पूषा! तुम धन, स्वर्ग और धरती को उत्पन्न करने वाले हो। तुम उत्पन्न होते ही भुवनरक्षक हो गये। देवों ने तुम्हें अमर बनाया। तुम्हारे जन्म से ही सब देव तुम्हारे सेवक हैं। तुम अंधकार के नाशक हो। इन्द्र तुम्हारे साथ मिलकर गौओं के थनों में दूध उत्पन्न करते हैं। हे सोम-पूषा तुम सब जगह इच्छा करते ही जाने वाले हो। तुममें से एक ने स्वर्ग को अपना निवास स्थान बनाया है तथा दूसरा औषधि रूप से धरती और चन्द्र रूप से आकाश में रहता है। तुममें से एक ने संसार को उत्पन्न किया है और दूसरा संसार का निरीक्षण करता है। तुम हमें पशु - रूपी धन दो, हमारी रक्षा करो, हम शत्रुओं को जीत लें। विश्व को प्रसन्न करने वाले पूषा हमारे कर्मों को पूरा करें। सोम हमें धन दे अदिति देव हमारी रक्षा करें। हम पुत्र-पौत्र प्राप्त करके स्तुति करेंगे।

कापिजल पक्षीरूपी इन्द्र :

सूक्त 42 -43 : भविष्य की बात बताने वाला कपिजल पक्षी वाणी को उसी प्रकार प्रेरित करता है, जैसे मल्लाह नाव को प्रेरित करता है। हे पक्षी! तुम कल्याणकारी होओ, पराजित न होओ, बाज, गरुड़ आदि तुम्हें हानि न पहुंचाए। तुम प्रिय बात ही बोलो। हमारे घर की दक्षिण दिशा में बोलो। हम सन्तान- धन प्राप्त करके तुम्हारी स्तुति करेंगे।

जैसे सामगान करने वाला गायत्री-त्रिष्टुप दोनों छन्दों को बोलता है, वैसे ही कल्याणकारी शब्द कपिजल पक्षी बोलें। वे यज्ञ में ऋत्विक् के समान शब्द करें। जैसे गर्भाधान करने में समर्थ अश्व, घोड़ी के पास जाकर हिनहिनाता है, उसी प्रकार सामर्थ्यवान तुम कल्याणकारी शब्द बोलो।

हे पक्षी! कल्याणकारी शब्द बोल हमें कल्याण की सूचना दो और मौन रह कर हमारे लिए सुमति की इच्छा करो। हम शोभन पुत्र-पौत्र पाकर तुम्हारी स्तुति करेंगे।

तृतीय अध्याय

अग्नि :

सूक्त 1 : हे अग्नि! मैं यज्ञ के निमित्त सोम तैयार करता हूं स्तोत्र बोलता हूं अत: मुझे शक्तिशाली करो और मेरी रक्षा करो। हे अग्नि! तुम मेधावी, शुद्ध बलयुक्त एवं अपने जन्म से ही हमारे बन्धु हो। तुमको जल में से प्राप्त किया गया है। देवों ने उत्पन्न होते ही अग्नि को प्रदीप्त किया। अग्नि यजमान को पवित्र तेजों से शुद्ध करते हैं और उसे सम्पत्ति देते हैं। जल में रहते हुए भी अग्नि जल का भक्षण नहीं करते हैं। वे नंगे रहते हुए भी जल से घिरे होने के कारण नंगे नहीं हैं। अन्तरिक्ष में स्थित जलरूप अग्नि जलवर्षा के पश्चात भी अन्तरिक्ष में ही रहते हैं। अग्नि भास्कररूप में सब ओर प्रकाशित हैं। स्तुति से प्रसन्न हो, वे वर्षा करते हैं। जन्म लेते ही अग्नि ने जल- धाराओं को बहाया एवं मध्यमा नामक वाणी को उत्पन्न किया। अग्नि का पिता अन्तरिक्ष है, जन्मदाता ब्राह्मण है तथा धरती-आकाश अग्नि के बन्धु है। अग्नि नदी रूपी बहनों की गोद (जल में) शांतचित्त सोते हैं। अग्नि सम्पूर्णलोक के पिता हैं, मानवों के रक्षक हैं, महान् हैं और परम सुन्दर हैं। अरणि ने अग्नि को जन्म दिया, देवता तुरन्त उत्पन्न अग्नि के समीप गये और उसकी स्तुति की। मैं यजमान हव्यों से अग्नि की स्तुति करता हूं उनसे उनकी मित्रता की याचना करता हूं। वे मेरे पशुओं की रक्षा करें। हे अग्नि! तुम यज्ञों के केतु, स्तोत्रों के जानने वाले, मनुष्य को बसाने वाले और देवों के कार्य सिद्ध करने वाले हो। तुम होताओं के घर में स्थित होते और घृत से प्रकाशित होते हो। तुम रक्षा के समरस साधनों को लेकर यहां आओ और हमें रक्षित एवं यशस्वी बनाओ। विश्वामित्र के गोत्र के व्यक्ति अग्नि को सदा प्रज्ज्वलित रखते हैं। ऐसे अग्नि हमारा कल्याण करें और हमें पशु- धन सन्तान दें।

सूक्त 2 : हम वैश्वानर अग्नि की स्तुति करते हैं और देवों को बुलाने वाले अग्नि का संस्कार करते हैं। अग्नि हमारे ऐसे पूज्य हैं, जैसे अतिथि पूज्य होता है। हम सुख पाने के लिए अन्नदायक, हितकारक अग्नि की स्तुति भारवाही अश्व के समान करते हैं, अग्नि की सेवा करते है। अग्नि की अभिलाषा करने वाले मरणरहित देवों ने महान अग्नि के पार्थिव, वैद्युतिक और सूर्य रूप तीन शरीरों को पवित्र किया तथा प्रथम को पृथ्वी पर और शेष दो को आकाश में रखा। पृथ्वी पर मनुष्यों ने अग्नि का संस्कार इसलिए किया कि वे तेजस्वी हो जाए। वैश्वानर अग्नि सिंह के समान गरजते हुए बढ़ते हैं। वे अन्तरिक्ष तथा स्वर्ग में चढ़ते हैं यजमान को धन

देते एवं सूर्य रूप में भ्रमण करते हैं। स्तुति के योग्य, शुद्ध, कुटिलतारहित, संसार को देखने वाले विभिन्न रंगों वाले मुनष्यों के हित साधक अग्नि से में धन मांगता हूं।

सूक्त 3 : मेधावी स्तोता सन्मार्ग को प्राप्त करने के लिए यज्ञ में वैश्वानर अग्नि के स्तोत्र पढ़ते हैं। अग्नि देवदूत बनकर धरती-आकाश के बीच गमन करते है। यज्ञों के पालक, यहां कर्मों के कारण, प्रसन्नता-दायक, सर्वज्ञ, शत्रुहिंसक अग्नि को देवों ने इस लोक में स्थापित किया है। हे अग्नि! हमें सुपुत्र एवं दीर्घायु प्राप्त कराने के लिए देवस्तुति करो, हमारी फसलों के लाभ के लिए वर्षा करो और यजमान को धन दो। हे वैश्वानर अग्नि! मैं तुम्हारे उन्हीं तेजों की स्तुति करता हूं, जिनके द्वारा तुम सर्वज्ञ हुए हो। जिस तेज के द्वारा, तुमने जन्म लेते ही धरती-आकाश को व्याप्त कर लिया था।

सूक्त 4 : हे प्रज्ज्वलित अग्नि! तुम जागो, तेज द्वारा हमें धन दो, देवों को हमारे यज्ञ में लाओ, तुम देवों के मित्र हो। वरुण, मित्र, जिस पवित्र अग्नि का दिन में तीन बार यज्ञ करते है, वह हमें वर्षा आदि का फल दे। प्रिय स्तुति अग्नि के समीप जाएं, इला हव्य से प्रसन्न करने के लिए अग्नि के पास जाएं और यज्ञकर्म में कुशल अग्नि यज्ञ करें। देवता हमारे यज्ञ में आएं। स्तुति किये गए रात और दिन दोनों अपने प्रकाश-युक्त शरीर से यहां आए। मैं दिव्य और मुख्य होता रूप अग्नि को प्रसन्न करता हूं। भारती, इला, सरस्वती तीनों देवियां यज्ञ में आकर कुशासन पर बैठें। हे त्वष्टा! तुम प्रसन्न हो हमें वीर्ययुक्त करो, जिससे हम वीर-पुत्र उत्पन्न कर सकें। हे वनस्पति, हे अग्नि! देवों के पास हव्य ले जाओ। हे अग्नि! तुम दीप्ति होकर इन्द्र एवं दैवी के साथ एक रथ में बैठकर आओ। त्वष्टा प्रसन्न हो, हमें शुद्ध वीर्य दें, जिससे हम शक्तिशाली पुत्र उत्पन्न कर सके। अग्नि होता रूप में यज्ञ करें और वनस्पतियां तक हव्य ले जाए।

सूक्त 5 : उषोदय पर जागे अग्नि प्रातःकाल प्रज्ज्वलित होकर अज्ञान दूर करते हैं, वे अग्नि स्तोताओं से स्तुत हैं। अग्नि प्रज्ज्वलित होकर होता अध्वर्यु और मित्र तथा वरुण रूप होते हैं। वे पृथ्वी, आकाश और यज्ञ की रक्षा करते है। अग्नि जल के उत्पादक एवं रक्षक है। अग्नि को औषधियां धारण करती हैं, वे जल से बढ़ती हैं। अग्नि हमारी रक्षा करें। अरणि से उत्पन्न ऐसे अग्नि देवदूत बनकर यज्ञ में देवों को बुलाएं। वायु ने अग्नि को जलाया था अग्नि ने अपने तेज से स्वर्ग को दृढ़ किया। हे अग्नि! हमें भूमि, पशु और पुत्र दो।

सूक्त 6 : यज्ञकर्ताओं! अपना हव्य-युक्त स्रुच अग्नि को हव्य देने को लाओ। हे अग्नि! तुम प्रज्ज्वलित हो, तुम्हारी सात ज्वालाएं पूजित हों। धरती और आकाश अग्नि को पुष्ट करने वाली गाएं हैं। अग्नि के कर्म महान हैं। हे अग्नि! तुम जब वनवृक्षों को जलाती हो, तब तुम्हारी चमक सूर्य से भी अधिक बढ़ जाती है। हे अग्नि! तैंतीस देवों को यहां यज्ञ में लाओ।

सूक्त 7 : अग्नि की ऊपर वाली किरणें धरती, आकाश और नदियों में सब ओर से प्रवेश करती हैं। आकाश में रहने वाली सूर्य-किरण रूपी गाएं अग्नि के घोड़े हैं नदियों में अग्नि का वास है और मध्यमा वाणी (स्तोताओं की बोली हुई अग्नि की स्तुतियां) रूप गाएं है, जो अग्नि की सेवा करती हैं। नदियां अग्नि को वहन करती हैं। अग्नि धरती-आकाश में उसी प्रकार प्रवेश करते है-जैसे पुरुष नारी के समीप जाता है। यजमान स्तुतियां अग्नि के पास पहुंचाते हैं, अग्नि उनसे सुखी होते हैं और फिर उस सुख को वे वर्षा कर के वर्षा के द्वारा मनुष्यों के पास भेजते हैं। मैं दिव्य एवं पार्थिव दोनों अग्नियों को अलंकृत करता हूं। होता सोमरस से तृप्त होकर कहते हैं कि अग्नि ही सत्य है। हे अग्नि! उषाएं तुम्हारे लिए प्रकाशित होती है। हे अग्नि! तुम यजमान के समस्त पापों का नाश करो। हे अग्नि! हमें गौ, पुत्र-पौत्र और सुबुद्धि दो।

सूक्त 8 : हे अग्नि! हम तुम्हें अपनी रक्षा के लिए वरण करते हैं। हे अग्नि! तुम दूर रहते हुए भी हमारे काष्ठरूप अग्नि में उत्पन्न हो जाओ। हे अग्नि! विश्वेदेवों ने तुम्हें जल में प्राप्त किया था। जल में छिपे तथा अरणि-मंथन से उत्पन्न अग्नि को वायु देवों के लिए उसी प्रकार लाये थे, जैसे पिता पुत्र को लाता है। हे अग्नि! तुम हम सबका पालन करने वाले हो, इसीलिए मनुष्यों ने देवों के लिए तुम्हें ग्रहण किया है। हे ऋत्विजों! अग्नि में हवन करो, अग्नि की पूजा करो। 3339 देवों ने अग्नि की पूजा की और अग्नि को होता रूप में स्थापित किया।

सूक्त 9 : हे अग्नि! अध्वर्यु तुम्हें यज्ञ में प्रज्ज्वलित करते हैं, ऋत्विज तुम्हारी स्तुति करते हैं और यजमान तुम्हें हव्य देता है तथा पुत्र-पौत्र-समृद्धि प्राप्त करता है। अग्नि सात होताओं के घृत से सिंचित होकर अन्य देवों के साथ यज्ञ में आए। हे होताओ! अग्नि के स्तोत्र बोलो। तुम्हारे-हमारे स्तोत्र वचन अग्नि को बढ़ाएं। हे अग्नि! हमें सामर्थ्यवान बना दो।

सूक्त 10 : यज्ञ में देवों के बुलाने वाले, यज्ञ के पुरोहित, यज्ञ-द्रष्टा, हव्य वहन करने वाले, देवदूत, अग्निप्रिय, बल के पुत्र, सनातन रूप में प्रसिद्ध, शुत्र सेना को पराजित करनेवाले और शत्रुओं से अवध्य अग्नि का तेज अंधकार को नष्ट करता है। वे बुद्धियुक्त है, देवों ने उन्हें हव्यवाहक बनाया है, सब देव उन्हीं में समाविष्ट हैं, उनका कोई तिरस्कार नहीं कर सकता और उनकी कृपा से ही यजमान समृद्धि पाता है। हम अग्नि की कृपा से धन प्राप्त करें।

सूक्त 11 : हे इन्द्र! हे अग्नि! हमारी स्तुति सुनकर यहां आओ और तैयार सोम पियो। सोमरस की प्रेरणा से मैं इन्द्र और अग्नि का वरण करता हूं। हे इन्द्र!, हे अग्नि! तुमने दासों के नब्बे नगरों को एक प्रयास में ही नष्ट कर दिया था। तुम्हीं वर्षा को प्रेरित करते हो। तुम्हारे बल एक-दूसरे से अभिन्न हैं। तुम दोनों युद्ध में विभूषित होते हो।

सूक्त 12 : हे होताओ! अग्नि की स्तुति करो, और उनकी सेवा करो, वे यज्ञ में आए और कुशाओं पर बैठें। द्यावा पृथ्वी को वश में रखने वाला अग्नि सत्कार्य वाला है। हे अग्नि! स्तोताओं की रक्षा करो, यजमान का सुख बढ़ाओ और उन्हें धन दो।

सूक्त 13 : देवों को यज्ञ में बुलाने वाले, सत्कर्म वाले, मेधावी, यज्ञकर्ता, जगत के विधाता अग्नि हमारे यज्ञ में स्थित हैं। हे अग्नि! विद्वानों को हमारे यज्ञ में लाओ। हे अग्नि! उषा, निशा तुम्हारे समीप जाती हैं, तुम भी वायुमार्ग से उनके समीप जाओ। हे बलसम्पन्न अग्नि! मित्र, वरुण, विश्वदेव और मरुत् तुम्हारे स्तोत्र पढ़ते है। हे अग्नि! तुम यजमान की रक्षा करते हो और उसे अन्न देते हो, हमें धन एवं सत्यशील पुत्र दो।

सूक्त 14: हे अग्नि! शत्रुओं एवं राक्षसों का विनाश करो। हमारी रक्षा के निमित्त जागो। जैसे पिता पुत्र को स्वीकारता है, वैसे तुम हमारी स्तुतियों को स्वीकारो। तुम हमारे पाप का नाश करो और हमें धनाभिलाषी बनाओ। तुम शत्रुओं को जीतकर प्रकाशित बनो और हमारे यहां के पूर्णकर्ता बनो। हे अन्तकाल में सबको जलाने वाले अग्नि! तुम देवों को हमारा दिया हव्य पहुंचाओ। तुम धरती- आकाश को हमारे लिए फलप्रद बनाओ। हमें धन, पुत्र-पात्र सुबुद्धि दो।

सूक्त 15 : अग्नि सामर्थ्य -सौभाग्य के स्वामी है, गौ एवं उत्तम सन्तान के स्वामी है और पाप नाश करने में समर्थ हैं। हे मरुतों! अग्नि की सेवा करो। हे अग्नि! हम अधिक सन्तान, धन, आरोग्य शक्ति का स्वामी बनाओ। हे अग्नि! हम दरिद्रता, कायरता, पशुहीनता एवं निंदा के योग्य न करना, हमें प्रभूत, सुखकारक और यश देने वाला धन दो।

सूक्त 16 : ज्वालारूप केश वाले, पवित्र करने वाले अग्नि जलते है और घृत से सींचे जाते हैं। हे अग्नि! जैसे तुमने पृथ्वी-आकाश का हवि स्वीकार किया है, उसी प्रकार हमारा हवि स्वीकार करो। हे जातवेद अग्नि! तुम्हारा अन्न तीन प्रकार का है, तीन प्रकार की उषाएं तुम्हारी माता हैं, हम तुम्हें नमस्कार करते है तुम अमृत की नाभि हो।

सूक्त 17 : हे अग्नि! तुम हमारे अनुकूल एवं कर्म-साधक बनो और हमारे शत्रुओं के बाधक बनो। हम तुम्हारी स्तुति कर रहे है, हमें धन दो। हमारे पुत्रों को आरोग्य अन्न और धन दो। अपनी दोनों भुजाएं स्तोता को धन देने के लिए फैलाओ।

सूक्त 18 : हम सर्वज्ञ, अगूढ़ अग्नि को होता रूप में वरण करते हैं, वे देवयज्ञ करें और हमारा हव्य स्वीकार करें। हे अग्नि! मैं घृत से भरा जूहू नामक पात्र तुम्हारे सामने करता हूं तुम धन लेकर यज्ञ में आओ। हे अग्नि! तुम्हारे द्वारा रक्षित व्यक्ति का मन तेजस्वी हो जाता है। तुम उत्तम धनदाता हो। तुम्हारी महिमा से हम धन के पात्र बनें। हे अग्नि! यज्ञ के लिए बैठे ऋत्विज

तुम्हें होता मानकर घी से सींचते हैं। तुम हमारी रक्षा के लिए आओ और हमारी सन्तान को धन दो।

सूक्त 19 : हे यज्ञाग्नि! तुम्हारी जिह्वाएं तीन हैं। तुम अपने तीन शरीरों से हमारे स्तोत्रों की रक्षा करो। हे जातवेद अग्नि! देवों ने तुम्हें अनेक नाम दिए हैं और मायावियों की अनेक मायाएं तुम में धारण कराई हैं। सूर्य के समान तेजस्वी जो अग्नि हैं स्तोता के सब पापों को दूर करें। मैं दधिक्रा देवी, अग्नि, उषा, बृहस्पति, सविता, अश्विनीकुमार, मित्र, वरुण, यम, वसुगण एवं आदित्यगण सब को यज्ञ में बुलाता हूं।

सूक्त 20 : हे जातवेद! हमारा हव्य सेवन करो और देवों के पास ले जाओ। हे अग्नि! तुम्हारे लिए घी की बूंदें टपकारी जा रही हैं, यज्ञ-पालक तुम ग्रहण करो और हमें धन दो। हे कवियों से स्तुत अग्नि! तेज के साथ यज्ञ में आओ और हव्यों का सेवन करो।

सूक्त 21 : यह वही अग्नि है, जिसे सोमपायी इन्द्र ने उदर में रखा था। इसकी स्तुति समस्त संसार करता है। हे अग्नि! जो तुम्हारा तेज धरती-आकाश,जल और वनस्पतियों में है, वह दर्शनीय है। हे अग्नि! तुम आकाश में व्याप्त जल को लक्ष्य करके जाते हो और सूर्य के ऊपर तथा सूर्य के नीचे जा जल वर्तमान है, उनको तुम प्रेरित करते हो। हे अग्नि! इस यज्ञ का सेवन करो और हमें अन्न, पुत्र, पौत्र तथा बुद्धि दो।

सूक्त 22 : अरणि-कथन से उत्पन्न, यजमान के घर में यज्ञकुंड में स्थापित, युवा, क्रान्तदर्शी अग्नि इस यज्ञ में अमृत धारण करते हैं। हे अग्नि! तुम्हें भरत के पुत्र देवाश्रय एवं देवरात ने अरिण-मंथन से उत्पन्न किया था। हमें पर्याप्त धन एवं अन्न दो। हे अग्नि! तू दस अंगुलियों से उत्पन्न हुआ है। तुम यजमानों के वश में रहते हो। हे अग्नि! उत्तम दिनों की प्राप्ति के लिए मैं तुम्हें उत्तम स्थान में स्थापित करता हूं। हे अग्नि! मुझे यज्ञ की साधन रूप गौ दो, पुत्र-पौत्र दो, तुम्हारी सुबुद्धि हमारे अनुकूल हो।

सूक्त 24 : हे अग्नि! तुम अजित हो, अत: शत्रु-सेना को हरा, यजमान को अन्न दो। हमारे यज्ञ की भली प्रकार सेवा करो। यहां यज्ञ में कुशाओं पर बैठो, हमारे स्तुतिवचनों का आदर करो और यजमान को धन और उत्तम सन्तान दो।

सूक्त 24 : हे यज्ञकर्म के ज्ञाता अग्नि! तुम आकाश- पृथ्वी के पुत्र हो। यहां में हवि देकर देवों का आदर करो। अग्नि स्वयं को शोभित करते और यजमान को सामर्थ्य तथा देवों को अन्न देते हैं, वे देवों को यज्ञ में लाएं। मरणरहित प्रकाशित अग्नि धरती-आकाश को प्रकाशित करने वाले हैं। हे अग्नि! इन्द्र के साथ यज्ञ में आकर सोमपान करो। हे अग्नि! अपनी रक्षा से लोकों को महान बनाते हुए तुम आकाश में प्रकाशित होते हो।

सूक्त 25 : कुशिक गोत्र में उत्पन्न हम तेजस्वी वैश्वानर अग्नि को स्तुतियों से यज्ञ में बुलाते हैं। जैसे घोड़ी का बच्चा घोड़ी के द्वारा बढ़ाया जाता है, वैसे कुशिकगोत्रीय हम अग्नि को बढ़ाते हैं। वेगवती अग्नियां जल की ओर जायें और जल में मिलकर बूंदों को बनाएं। मरुद्गण अपराजेय है। हम मरुद्गण का आश्रय प्राप्त करने के लिए कामना करते हैं। रुद-पुत्र मरुद्गण शोभन जल देने वाले है और यहां में हवि को लक्ष्य करके जाते हैं। हे ब्राह्मणों! मैं जन्म से ही पवित्र सर्वज्ञ अग्नि हूं अमृत मेरे मुख में रहता है, घृत मेरा नेत्र है, मेरे प्राण तीन प्रकार के हैं, और मैं हव्य रूप हूं। धरती-आकाश! तुम माता-पिता के समान इस उपाध्याय को सम्पूर्ण करो।

सूक्त 26 : हे ऋतुओं! मास, अर्धमास, देव, गौ, सब तुम्हारे यज्ञ के लिए समर्थ है। हे अग्नि! हम तुम्हें यज्ञ-समाप्ति तक हवि के लिए यहां रख रहे हैं। हम तुम्हारी स्तुति करते है, तुम यज्ञ का हवि वहन करो। हम तुमसे अभीष्ट फल की याचना करते हैं। बलवान अग्नि युद्धों में आगे किये जाते हैं और यज्ञ में स्थापित होते है। वे यहां के स्वामी व साधक हैं। भूतों में गर्भरूप से स्थित एवं उनके पितारूप अग्नि को यज्ञवेदिका धारण करती है। हे अग्नि! दक्ष-पुत्री इला अर्थात यज्ञभूमि तुम्हें धारण करती है। जल के नाती अग्नि की मैं स्तुति करता हूं। हे अग्नि! जल बरसाने वाले एवं महान तुमको हम घी से सींचकर प्रज्ज्वलित करते हैं।

सूक्त 27 : हे अग्नि! प्रातःकालीन यज्ञ में तुम हमारे पुरोडाश और हवि का सेवन करो। यह पुरोडाश तुम्हारे लिए ही पकाया गया है। हे अग्नि! दोपहर एवं सांयकालीन यहां के पुरोडाश को ग्रहण करो। स्तुति से प्रसन्न अविनाशी तुम स्वर्गादि फल देने वाले हो। हमारे सोमरस को देवों तक पहुंचाओ।

सूक्त 28 : अग्नि अरणियों में छिपे हैं। इस अरणि को लाओ, हम इसे मंथन करके अग्नि उत्पन्न करेंगे। ये अग्नि प्रतिदिन पूजा करने योग्य है। हे अग्नि! हव्य ले जाने वाले तुम्हें हम उत्तर वेदी के मध्य भाग में स्थापित करते हैं। जब हाथों से अरिण का मंथन किया जाता है, तब लकड़ियों में अग्नि इस प्रकार शोभित होते हैं, जैसे शीघ्रगामी अश्व शोभित होता है। इन्हीं अग्नि को देवों ने हव्य वाहक बनाया था। शोभन सामर्थ्य वाले अग्नि सेना के विजेता हैं। इन्हीं की सहायता से देवों ने असुरों को जीता था। अरूणियों में गर्भ रूप में वर्तमान अग्नि तनूनपात कहे जाते है। उत्पन्न होने पर उनका नाम 'नाराशरा' हो जाता है जब वे आकाश में अपना तेज फैलाते हैं, तब वे 'मातरिश्वा' कहलाते हैं। अग्नि के शीघ्रगमन पर वायु की उत्पत्ति होती है। मरणधर्मा ऋत्विजों ने अमर अग्नि को जन्म दिया और जैसे पुत्रोंत्पत्ति पर लोग हर्ष-सूचक शब्द करते हैं, वैसे ही दस अंगुलियों ने शब्द किया। सनातन एवं सात होताओं वाले अग्नि विशेष शोभा पाते हैं। जब वे अग्नि धरती माता की गोद में उत्तर वेदी रूपी स्तनों पर शोभित होते हैं, तो शिशु के समान शब्द करते हैं। अरणि काठ से उत्पन्न होने के कारण कभी सोते नहीं हैं। कुशिकगोत्रीय

ऋषि हव्य धारण करके अग्नि की स्तुति के मन्त्र पढ़ते हैं एवं अपने-अपने घरों में अग्नि प्रज्ज्वलित करते हैं।

इन्द्र

सूक्त 29 : हे इन्द्र! सोम निचोड़ने वाले तुम्हारे मित्र ब्राह्मण तुम्हारे लिए सोम निचोड़ते हैं। हे इन्द्र! तुम्हारे लिए दूरवर्ती स्थान भी दूर नहीं है। अतः अपने घोड़ों से हमारे यज्ञ में आओ। हे इन्द्र! तुम ऐश्वर्यवान्, शत्रुविजयी और शत्रुभयंकर हो। तुमने अकेले ही वृत्र आदि राक्षसों का नाश किया था। तुम्हारी आज्ञा पर पृथ्वी-आकाश स्थिर रहते है। तुम्हारा अश्वयुक्त रथ शत्रुओं की ओर बढ़े और वज्र शत्रुओं की ओर बढ़े और वज्र शत्रुओं को मारे। जिस मनुष्य को तुम शक्ति देते हो, वह अप्राप्त वस्तुओं को भी प्राप्त कर लेता है। हे इन्द्र! बढ़ते वृत्र को मार डालो। बल नामक असुर तुम्हारे डर से पहले ही छिन्न-भिन्न हो गया। तुमने ही सूर्य के प्रतिदिन गमन की दिशाएं निश्चित की हैं। इन्द्र ने ही नदियों में जल भरा है, गायों में स्वादिष्ट दूध भरा है। हे इन्द्र! राक्षस, शत्रु मार्ग रोक रहे हैं, तुम शत्रुओं को मारो। इन्हें जड़ से समाप्त करो और हमारे यज्ञ को पूरा करो। हमें अश्वों के स्वामी एवं अविनाशी बनाओ और संतानयुक्त धन दो। हमारी बड़वानल के समान बढ़ी अभिलाषाओं को पूर्ण करो। तुम्हारी यह स्तुति कुशिक गोत्रीय ब्राह्मणों के द्वारा की गयी है। तुम बादलों को फाड़कर हमें जल दो, हमें गायें दो, अन्न दो। इन्द्र को हम रक्षा के लिए बुलाते है।

सूक्त 30 : हे इन्द्र! अग्नि ने तुम्हारे यज्ञ के लिए किरण रूपी बहुत-से पुत्र उत्पन्न किये हैं। तुमसे सम्बन्धित सोम की आहुतियों के कारण इन किरणों की प्रवृत्ति महान है। वृत्र वध के समय इन्द्र से मरुद्गण मिल गये थे। वृत्र के मरने पर मरुतों ने उससे निकलती ज्योति को सूर्य रूप में जाना। अंगिरागोत्रीय ऋषियों ने गुफा में बन्द गायों का पता लगा लिया और गायों को निकाल लाए। इन्द्र ने उनके इस कर्म को देख उनका आदर किया। सरमा नाम की देवाताओं की कुतिया को इन्द्र ने बहुत से भोज्यपदार्थ एवं बहुत-सा अन्न दिया था। उत्तम पदार्थों के प्रतिनिधि इन्द्र युद्ध में सदा आगे रहते हैं और उत्तम पदार्थों को जानते हैं। इन्द्र ने मरुतों के साथ यज्ञ के निमित्त गायों को बनाया। इन्द्र की सम्पूर्ण शक्तियां स्वभाव-सिद्ध है। हे इन्द्र! मैं तुम्हारी मित्रता एवं तुम्हारे दान की कामना करता हूं। तुम्हारे लिए मैं उत्तम हव्य पहुंचाता हूं। हे मधवा! तुम हमारे रक्षक हो जाओ। इन्द्र ने हम मित्रों को विशाल खेत एवं बहुत-सा सोना और बहुत-सी गायें दी हैं। इन्द्र ने ही जल, सूर्य, उषा, धरती, आकाश को उत्पन्न किया है। वे मधुरता युक्त सोम को अग्नि, वायु व सूर्य से शुद्ध कराते हैं। हे इन्द्र! मेरी प्रिय स्तुतियों के स्वामी बनो। मैं तुम्हारी पूजा करता हुआ तुम प्राचीन को नवीन बनाता हूं। वृत्र-नाशक गोस्वामी इन्द्र हमें गायें दें एवं यज्ञ-विनाशक लोगों को समाप्त करें। उत्साहपूर्ण, सकल विश्व के नेता, राक्षस-नाशक इन्द्र को हम रक्षा के लिए बुलाते हैं।

सूक्त 31: हे इन्द्र! गाय के दूध से मिश्रित और दोपहर के यज्ञ में तैयार किये गए इस सोम को मरुतों के साथ पियो, यह रमणीय सोम तुम्हारे लिए ही तैयार किया गया है और तुम्हारे हर्ष के लिए ही है। मरुत तुम्हारी स्तुति करते हुए तुम्हारा ही ओज बढ़ाते हैं, वे तुम्हारे बलरूप हैं। मरुतों ने ही वृत्र का रहस्य इन्द्र को बताया था। हे इन्द्र! तुम मरुतों को साथ ले आकाश के जल को धरती पर लाओ। हम असीम महिमावान् इन्द्र की पूजा करते हैं। इन्द्र ने जन्म लेने के पश्चात ही सोम पिया था, उन्होंने अहि नामक राक्षस को मारा था। जैसे दोनों तटों वाले लोग नाव को पुकारते है वैसे ही मेरे मातृकुल एवं पितृकुल दोनों कुलों के लोग दुःख से पार जाने के लिए इन्द्र को पुकारते हैं। हे बहुतों के द्वारा बुलाए गये इन्द्र! तुम्हें सागर अथवा पर्वत कोई नहीं रोक सकता। देवों की प्रार्थना पर तुमने बड़वानल का भी निवारण किया था। हम इन्द्र को रक्षा के लिए बुलाते हैं।

सूक्त 32 : विश्वामित्र ने कहा-जैसे घुड़साल से छूटी दो घोड़ियां तेजी से दौड़ती हैं जैसे बछड़ों को चाटने की इच्छुक दो गायें शीघ्रता से दौड़ती हैं। वैसे सतलुज और व्यास नदियां पर्वतों की गोद से निकलकर समुद्र से मिलने दौड़ती हैं। हे इन्द्र! द्वारा प्रेरित नदियों! तुम दौड़ती हुई शोभित होती हो। नदियां बोली-इन्द्र द्वारा प्रेरित हम दोनों इन्द्र के दिये जल से तृप्त होती हुई इन्द्र द्वारा निर्मित सागर से मिलने जाती है-सदा जाती रहेगी, तुम हमें किस अभिलाषा से पुकार रहे हो? विश्वामित्र बोले- "हे नदियों! मैं कुशिक का पुत्र विश्वामित्र सोम तैयार करने जा रहा हूं तुम्हारी स्तुति करता हूं। थोड़ी देर को रुक जाओ, मेरी रक्षा करो। ' नदियां बोलीं-"इन्द्र ने नदियों को रोकने वाले वृत्र को वज्र से मारा और हमें बहाया, उसी की आज्ञा से हम बह रही हैं। हमारा-तुम्हारा जो संवाद हुआ है, उसे मत भूलना। भविष्य के यज्ञों में भी हमारी स्तुति करना। हम तुम्हें नमस्कार कर रही हैं।" विश्वामित्र बोले - "मैं बैलगाड़ी और रथ के साथ तुम्हें पार करना चाहता हूं तुम सरलता से पार करने योग्य हो जाओ। " नदियां बोला- "क्योंकि तुम दूर से आये हो, अत: जैसे पुत्र को दूध पिलाते हुए माता झुकती है, वैसे हम झुकी जाती हैं, तुम पार हो जाओ।" विश्वामित्र ने कहा- "तुम्हारी आज्ञा पायें हुए हम तुम्हें पार करते हैं, मैं तुम्हारी सभी जगह स्तुति करूंगा।"

सूक्त 33 : इन्द्र ने दिवस को अपने तेजों से बढ़ाया। धरती और आकाश को सब ओर तृप्त किया। मैं अन्नप्राप्ति के लिए इन्द्र की स्तुति करता हूं। इन्द्र ने छिपे हुए शत्रु का वध किया और गायों को उससे छुड़ाया।

सूक्त 34 : इन्द्र ने दिवस को उत्पन्न करते हुए अंगिराओ का साथ देते हुए शत्रुओं को जीता तथा सूर्य को प्रकट किया और स्तुतिकर्ताओं को उषा का ज्ञान कराया। इन्द्र ने शक्तिशालियों को शक्ति के द्वारा तथा दस्युओं को माया के द्वारा जीता। इन्द्र ने मानवों को

घोड़े, गाय, वनस्पतियों, औषधियों और स्वर्ण का दान किया और आर्यों का पालन किया। हम इन्द्र को रक्षा के लिए बुलाते हैं।

सूक्त 35 : हे इन्द्र! ! तुम हरिनामक अपने घोड़ों को जोतकर हमारे पास आओ, 'हम स्वाहा' के साथ तुम्हें सोम भेंट करेंगे। तुम हरे रंग वाले घोड़ों को यहां छोड़ दो, वे घास खाएं और तुम प्रतिदिन भूने जौ खाओ। तुम अन्य यजमानों को छोड़, यहां आओ। हम तुम्हारे घोड़ों को भी तृप्त करेंगे। तुम यहां आकर कुशा पर बैठो और दुग्धमिश्रित सोम अग्नि रूपी जीभ से मरुतों के साथ पियो तथा हव्य ग्रहण करो। हम इन्द्र को रक्षा के लिए बुलाते हैं।

सूक्त 36 : हे इन्द्र! जैसे तुमने प्राचीन यज्ञों में सोमपान किया था, वैसे हो हमारे इस यज्ञ में आओ और प्राचीन तथा नवीन सोम को पियो। इन्द्र सोम, स्तुतियों और हव्य से बढ़ते है। इन्द्र की गाएं बहुत हैं तथा बहुत दुधारू हैं। जैसे तालाब में जल भरता है, वैसे इन्द्र के पेट में सोम भरता हुआ चला जाता है। इन्द्र ने पहले दोपहर के यज्ञ में सोम पिया फिर देवों के लिए भाग बांट लिया। हे इन्द्र! हमें धन दो, वीर पुत्र दो। हम इन्द्र को रक्षा के लिए बुलाते हैं।

सूक्त 37: हे इन्द्र! स्तोता तुम्हारे मन और आंखों को मेरे अनुकूल बनाएं तथा मुझे इन्द्र का वह बल मिले, जिससे उन्होंने वृत्र-वध किया था। इन्द्र की हम स्तुति करते और यज्ञ में बुलाते हैं। हम शत्रुनाश के लिए उन्हें बुलाते हैं। इन्द्र! तुम आओ और सोम पियो। हे इन्द्र! गंधर्व, पितर, देव, असुर एवं राक्षसों की इन्द्रियां तुम्हारी ही हैं। हे इन्द्र! समीप या दूर से या अपने उत्तम लोकों से यहां आओ।

सूक्त 38 : हे स्तोता बढ़ई जैसे लकड़ी को सुधारता है, उसी प्रकार तुम इन्द्र की स्तुति सुधार कर कहो। मैं उन लोगों के विषय में जानना चाहता हूं जो किये गए यज्ञों के द्वारा पूर्वकाल में स्वर्ग गये हैं। पूर्वकाल में लोग मन के संयम एवं शुभ कर्मों की सहायता से स्वर्ग गये हैं। इन्द्र ने जल को बनाया। हे इन्द्र! और वरुण! सोम से तीनों सवनों के यज्ञ को अलंकृत करो। जो यजमान कमावर्षी इन्द्र के निमित्त धेनु से हव्य रूप दुग्ध दुहते हैं, वे स्वर्ग प्राप्त करते और कवि बनते हैं। हे इन्द्र! और वरुण! तुम स्तोता का कल्याण करो। हम इन्द्र को रक्षा के लिए बुलाते हैं।

सूक्त 39 : हे जगत स्वामी इन्द्र! स्तोताओं की स्तुतिका तुम्हारे पास पहुंचे। सूर्योदय से पूर्व की गई इन्द्र की स्तुति इन्द्र को जगाती है। अंगिरागोत्रीय ऋषियों के साथ इन्द्र पणियों द्वारा रोकी गयी गायों वाले स्थान में जब गये, तो वहां अन्धकार में सूर्य को देखा। इन्द्र ने सर्व प्रथम गायों को प्राप्त किया और मायावी असुर को दाहिने हाथ में पकड़ लिया। रात्रि से उत्पन्न होते ही सूर्य रूपी इन्द्र ने प्रकाश का वरण किया। हे इन्द्र! हम पाप से दूर रहे। भयहीन स्थान में रहे। हम रक्षा के लिए इन्द्र को बुलाते हैं।

सूक्त 40 : हे इन्द्र! निचोड़े गये बुद्धिवर्धक सोम को पियो और हमारे यज्ञ को बढ़ाओ। हे इन्द्र! समीपवर्ती, मध्यवर्ती अथवा दूरवर्ती से यहां यज्ञ में आओ, हम तुम्हें बुलाते हैं।

सूक्त 41 : हे इन्द्र! अपने हरि नामक घोड़ों की सहायता से हमारे इस यज्ञ में आओ। कुश बिछे हुए हैं। होता बैठ चुके हैं, सोम निचोड़ने के पत्थर एक-दूसरे से मिल गये है, स्तुतियां की जा रही हैं, तुम सोम पीने और पुरोडाश ग्रहण करने आ जाओ। जैसे गाएं बछड़ों को चाटती है वैसे ही हमारी स्तुतियां तुम्हें चाटती हैं। लम्बे बालों वाले एवं पसीने से भीगे हुए घोड़े तुम्हें सुखदायक रथ में बैठाकर यहां लाएं।

सूक्त 42 : हम स्तोत्रों और उक्थों के द्वारा इन्द्र को सोमपान के लिए यहां बुलाते हैं। निचोड़े गये एवं दूध मिले हुए सोम को पीने के लिए हरिनामक अश्वों वाले रथ में बैठकर इन्द्र यहां आएं, कुशों पर बैठे और सोम पान करें, तथा हमारी स्तुतियों, स्तोत्रों, उक्थों को स्वीकारें। इन्द्र हमारे शत्रुओं का नाश करें, हमें धन, पुत्र, गौ दें। हम रक्षा के लिए इन्द्र को बुलाते हैं।

सूक्त 43 : हे इन्द्र! मुझे लोगों का रक्षक, सबका स्वामी, ऋषि तथा सौभाग्यपूर्ण बनाओ। श्येन नामक पक्षी तुम्हारे लिए सोम लाया है। इस सोम का मद हो जाने पर तुम शत्रुओं को गिराते हो और मेघों को भेदते हो। इन्द्र को हम रक्षा के लिए बुलाते है।

सूक्त 44 : हे इन्द्र! तुम सोमाभिलाषी होकर उषा की पूजा करते एवं सूर्य को प्रकाशित करते हो और हमारी अभिलाषाओं को जानते हुए हमारी सम्पत्तियां बढ़ाते हो। द्यावा पृथ्वी इन्द्र के घोड़ों को पर्याप्त भोजन देते हो। क्योंकि इन्द्र आकाश-पृथ्वी के मध्य में ही विचरण करते हैं। इन्द्र ने कमनीय, श्वेतवर्ण, दूध मिले हुए सोम को आवरणरहित किया है।

सूक्त 45 : हे इन्द्र! जैसे तुम सागरों को भरते हो, वैसे इस यजमान को पुष्ट करो। जैसे गायें जौ को प्राप्त करती हैं, वैसे तुम सोम को प्राप्त करो। जैसे पिता पुत्र को अपनी सम्पत्ति का भाग दे, वैसे तुम हमें सत्पुत्र दो। हे इन्द्र! तुम महान कीर्तिशाली हो, हमें शोभन अन्न दो।

सूक्त 46 : हे इन्द्र! तुम्हारे वीर कर्म महान हैं। तुम हमारे शत्रुओं का नाश करो और अपने भक्तों को दृढ़ करो। हे इन्द्र! धरती-आकाश तुम्हारी कामना से सोम को धारण करते हैं और अध्वर्यु उसे शुद्ध करते हैं।

सूक्त 47 : हे मरुतों के स्वामी इन्द्र! तुम एक दिन पहले निचोड़े गये सोम के स्वामी हो। युद्ध में सहायता के लिए तुमने मरुतों को लिया। उन्होंने तुम्हें पराक्रमी बनाया और तुमने वृत्र-वध किया। वे मरुद्गण आज भी तुम्हें प्रसन्न करते हैं। उन्हीं के साथ मिलकर तुम सोम पियो। हम इन्द्र को रक्षा के लिए बुलाते हैं।

सूक्त 48 : हे इन्द्र! जिस दिन तुमने जन्म लिया, उसी दिन माता ने तुम्हें अपने दूध से पहले सोम पिलाया। इन्द्र अपने शरीर को इच्छानुसार बनाते हैं। उन्होंने अपनी शक्ति से त्वष्टा

असुर को हराया एवं चमसों में रखे सोम को चुराकर पिया। हम इन्द्र को रक्षा के लिए बुलाते हैं।

सूक्त 49: धरती-आकाश एवं देवों ने शोभनकर्मा पापनाशक इन्द्र को जन्म दिया। ब्रह्मा ने इन्द्र को जग-स्वामी बनाया। इन्द्र सूर्य के जन्मदाता हैं। वे कर्मफल के रूप में प्राप्त अन्न का विभाग करते हैं।

सूक्त 50 : हे इन्द्र! हमारी धनाभिलाषा को गायों, घोड़ों एवं धन से पूरा करो। हमें प्रसिद्ध बनाओ। स्वर्ग-सुमुख के अभिलाषी कुशिक -गोत्रीय ऋषियों ने यह स्तुति की है।

सूक्त 51 : मानवों के धारणकर्ता, मरणरहित इन्द्र को हमारे स्तुति-वचन सन्तुष्ट करें। जल के स्वामी, जगत-नेत्र, तेजस्वी इन्द्र के पास हमारी स्तुतियां पहुंचें। हे विश्वामित्र! शत्रुओं की पराजित करने वाले इन्द्र की स्तुति करो। एकमात्र पुरातन प्रसिद्ध इन्द्र को हमारा नमस्कार। स्वर्ग, औषधियां, जल, मनुष्य, वन इन्द्र के निमित्त ही धनों की रक्षा करते है। हे इन्द्र! हमारे हवि को स्वीकारो, हम तुम्हारी सेवा करते हैं। हे इन्द्र! तुम्हारे जन्म लेते ही सब देवों ने तुम्हें महान् युद्ध के लिए विभूषित किया।

सूक्त 52 : हे इन्द्र! भुने हुए जौ वाले, दही मिले सत्तुओं से युक्त पुरोडाश-सहित एवं उक्थमन्त्रों के उच्चारणपूर्वक प्रातःकाल के यहां में दिये गए सोम का तुम सेवन करो। हे इन्द्र! हमारी सुन्दर स्तुतियों का सेवन उसी प्रकार करो, जैसे कामी पुरुष सुन्दर नारी की सेवा करता है। हे इन्द्र! दोपहर के यज्ञ में हमारे द्वारा प्रस्तुत पुरोडाश को ग्रहण करो। इस सांयकालीन यज्ञ में पुरोडाश ग्रहण करो। हम स्तुतियों से तुम्हारी सेवा करते हैं। हे सूर्यसहित इन्द्र तुम पुरोडाश खाओ, सोम पियों।

सूक्त 53 : हे इन्द्र! तुम बड़े रथ-द्वारा शोभन धन एवं पुत्र-सहित अन्न लाओ। यज्ञ में कुछ समय सुखपूर्वक रहो, यहां से मत जाओ। हम स्तुतियों के द्वारा तुमको उसी प्रकार पकड़ते हैं जैसे शिशु पिता का वस्त्र पकड़ता है। हे अध्वर्यु! हम दोनों स्तुति करेंगे। हमारा उक्थ प्रशंसनीय हो। हे इन्द्र! यहीं ठहर कर सोम पियो अथवा अपने घर जाओ। दोनों जगह तुम्हारा प्रयोजन है। यहां सोम है, वहां कल्याणी स्त्री है घर जाने के लिए रथ पर बैठो, यहां रहो, तो अपने रथ के घोड़े खोल दो, उन्हें खाने-पीने दो। जब विश्वामित्र ने सुदास का यज्ञ कराया, तब इन्द्र ने कुशिकगोत्रीय ऋषियों के साथ प्रेम का आचरण किया। हे पुत्रों मैं विश्वामित्र, इन्द्र की स्तुति करता हूं। यह स्तोत्र भरतवंशीय लोगों की रक्षा करें। हे इन्द्र! अनार्यों के देश में गायें तुम्हारे लिए कुछ न करेंगी, गायें हमारे पास लाओ। हे इन्द्र! कुल्हाड़ी को देख वृक्ष के समान शत्रु कपित हों, सेमल के फूल के समान अनायास उनके अंग गिर जाये। वे भोजन पकाने वाली हाड़ी के समान मुंह से फेन गिराये।

सूक्त 62 : हे इन्द्र!, वरुण! शत्रुओं से सताई तुम्हारी प्रजायें नष्ट न हो जायें, तुम्हारा वह यश कहां है, जिससे तुम मित्रों को अन्न देते हो। तुम हमें मनचाहा धन दो, वीर पुत्र दो। देव-पत्नियां हमारी रक्षा करें। होमा और भारती हमारी रक्षा करें। हे पूषा, हे बृहस्पति हमारे हव्य का सेवन करो, स्तुति स्वीकारो। सविता देव के तेज का हम ध्यान करते है, वे हमारी बुद्धि को प्रेरित करें। सोम देव हमारी आयु बढ़ाते हुए यहां में बैठें। हे मित्र, वरुण! तुम यहां में बैठो और सोम पियो।

विश्वेदेव :

सूक्त 54 : सब लोग यज्ञ में मंथन से उत्पन्न अग्नि का स्तोत्र बार-बार बोलते हैं। अग्नि स्तोत्र को सुनें। हे स्तोता तुम सब मिलकर धरती-आकाश की स्तुति करो। हे धरती-आकाश! हमें उन्नति देने में समर्थ होओ। अग्नि, धरती-आकाश को नमस्कार। मैं हवि से उनकी सेवा करता हूं। हे धरती! पुराने लोगों ने भी तुमसे वांछित वस्तुएं प्राप्त की थीं। सत्य बात को कौन जानता है, कौन करता है ' कौन मार्ग देवों के सामने जाता है? स्वर्ग को कौन-सा मार्ग जाता है ' कवि एवं सूर्य धरती-आकाश को सर्वत्र देखते हैं। धरती आकाश अन्तरिक्ष में अलग-अलग अपने स्थानों में ऐसे रहते है, जैसे पक्षी अपने-अपने घोसलों में अलग-अलग रहते हैं। धरती-आकाश समस्त वस्तुओं का विभाग करते हैं। हे धरती-आकाश! हम तुम्हारे इस स्तोत्र को बोलते हैं। देवता इस स्तोत्र को सुनें। त्वष्टा देव हमें अभिलषित फल दें। सरस्वती, मरुद्गण हमारे इस स्तोत्र को सुनें और वे तथा मरुद्गण हमें कल्याणकारी सुख दें।

सूक्त 55 : उषा जब समाप्त होती है, तब सूर्योदय होता है और फिर देवसंबंधी कार्य आरम्भ हो जाते हैं। यजमान देवी के समीप उपस्थित होते हैं। हे अग्नि! देवगण एवं पितर हमारे कार्य में विघ्न न डालें, सूर्य हमारी हिंसा न करें। अग्नि वेदी पर सोते है, काष्ठों एवं अरण्य में निवास करते हैं और धरती-आकाश रूपी माता-पिता जन्मते ही इन्हें धारण करते हैं। वे सूखे प्राचीन वृक्षों में वर्तमान हैं, नये वृक्षों में उत्पत्तिक्रम से रहते हैं तथा वनस्पतियों में अन्तर्भूत होते हैं। औषधियां अग्नि के सम्पर्क से गर्भवती होकर पुष्प-फलादि देती हैं। देवों का प्रमुख बल एक ही है। सूर्य पश्चिम दिशा में सोते हैं। उदयकाल में पूर्व दिशा में जागते और फिर आकाश में चलते हैं। यह सारा काम मित्र-वरुण का है। अग्नि ही सूर्य से आकाश में घूमते हैं और सब कर्मों के मूल कारण बनकर पृथ्वी पर रहते हैं।

सूक्त 56 : उत्पन्न और नष्ट होने वाले तीनों लोक एक-दूसरे के ऊपर स्थित हैं। उनमें स्वर्ग और अन्तरिक्ष तो गुहा में छिपे हैं, केवल धरती लोक ही दिखाई देता है। ग्रीष्म, वर्षा और हेमन्त तीन ऋतुएं संवत्सर का हृदय है। वसन्त, शरद एवं शिशिर तीन उसके रतन हैं। बहने वाले जल जल चार मास संवत्सर को प्रसन्न करते हैं। हे आदित्य! स्वर्ग लोक से

प्रतिदिन तीन बार आकर हम लोगों को धन दो। तुम हमें पशु, कनक एवं रत्नरूप तीन प्रकार का धन दो।

सूक्त 56 : इधर-उधर चरती हुई मेरी गायरूपिणी स्तुति को इन्द्र जानें और इस गाय को प्रशंसा करें। जिससे कि इस गाय से तुरन्त अभिलषित दूध दुहा जा सके। हे विश्वेदेव। इस वेदी पर आओ, जिससे हम तुम्हारे द्वारा दिया हुआ सुख पा सकें। औषधियां जल बरसाने वाले इन्द्र की शक्ति से ही धायरूप में प्रकट होती है।

अश्विनीकमार :

सूक्त 58 : उषा का पुत्र सूर्य उषा के भीतर विचरण करता है। अश्विनीकुमारों की स्तुति करने वाले उषोदय से पूर्व ही जाग जाते हैं। हे अश्विनीकुमारों! आसुरी बुद्धि को हम से बहुत दूर करो। हम तुम्हारे लिए हव्य लिये खड़े हैं, सामने आओ। हे अश्विनीकुमारों! तुम दोनों देवमार्ग से यहां आओ। तुम्हारे लिए मदकारक सोमपान तैयार है।

मित्र :

सूक्त 56 : स्तुति किये जाने पर मित्र देव सभी लोगों को खेती आदि के कामों में लगाते हैं। वे धरती और आकाश को धारण करते हैं। हे अध्वर्यु! मित्र के लिए घी मिला हुआ हव्य हवन करो। हे मित्र! नीरोग रहते हुए हम आदित्य की कृपादृष्टि में रहें। जिन मित्र ने अपनी महिमा से अन्तरिक्ष को हरा दिया है, उन्हीं ने धरती को भली प्रकार अन्नों से पूर्ण किया है। दिव्य गुण वाले मनुष्यों में जो व्यक्ति कुश-छेदन करता है, उसे मित्र देव कल्याणकारी धन देते है।

ऋभुगण :

सूक्त 60 : हे ऋभुओं! तुम्हारे कर्मों को सब लोग जानते हैं। तुमने जिस शक्ति से चमस के चार भाग किए, जिस बुद्धि से गाय को तुमने चर्मयुक्त किया एवं जिस ज्ञान से तुमने इन्द्र के हरि नामक घोड़ों को बनाया, उन्हीं कर्मों से तुमने देवत्व पाया है। हे ऋभुओं! तुम इन्द्र के साथ एक रथ में बैठकर यज्ञ में सोमपान के लिए आओ एवं यमजानों की स्तुतियों को स्वीकारो। हे सुधन्वा के पुत्रों तुम्हारे शोभन कर्मों और शक्ति की सीमा जानना सम्भव नहीं है।

उषा :

सूक्त 61 : हे अन्न- धन युक्त उषा! तुम स्तोता की स्तुतियों को स्वीकारो। हे मरणरहित सोने के रथ वाली उषा! तुम सूर्यकिरणों से प्रकाशित बनो। धन की स्वामिनी उषा अन्धकार

को नष्ट करती हुई सूर्य की पत्नी बनकर चलती है। सत्ययुक्त उषा के उसके दिव्य-तेज के कारण जानते हैं। वह धरती-आकाश को विविध रूपों से भर देती है।

चतुर्थ अध्याय

अग्नि :

सूक्त 1 : हे अग्निदेव! इन्द्रादि देव तुम्हें युद्ध को प्रेरित करते हैं, यजमान देवों को बुलाने को प्रेरित करते हैं। देवों ने तुम्हें यज्ञ में उपस्थित रहने को जन्म दिया है। हे अग्नि! तुम अपने भाई वरुण को स्तोताओं के प्रति अभिमुख करो। उसी प्रकार जैसे-घोड़े पहियों को लक्ष्य की ओर ले जाते हैं। तुम हमारे ऊपर होने वाला, वरुण देव का क्रोध दूर करो और हमारे सब पापों को दूर करो। अग्नि उसी प्रकार नितान्त पूज्यनीय हैं, जैसे-गाय चाहने वाले को दुधारू गाय। अग्नि के तीन प्रसिद्ध जन्मों-अग्नि, वायु और सूर्य की सभी अभिलाषा करते हैं। अग्नि का पिता एवं पालनकर्ता आकाश है। यजमान के घरों में आकाश की मूल पृथ्वी पर अग्नि उत्पन्न होते हैं। बिना सिर-पैर वाले अग्नि अपने शरीर को छिपाकर बादलों के घर आकाश में बिजली रूप से रहते हैं। अंगिराओं ने छिपी गाएं प्राप्त करने के लिए अग्नि की ही स्तुति की थी। अगिराओं ने स्तुति के शब्दों को पहले जाना फिर बाद में 21 छन्दों का ज्ञान प्राप्त किया। फिर उषा की स्तुति की तब सूर्य के तेज से उषा उत्पन्न हुई। उषा की प्रेरणा से रात्रि का अन्धकार नष्ट हुआ। तब सूर्य सत असत कर्मों को देखते हुए पर्वत पर उदय हुए। फिर प्रकाश हो जाने पर अंगिराओं ने गौओं को पाया। अग्नि यज्ञ-योग्य देवों की माता के समान पोषक एवं सभी मनुष्यों के अतिथि के समान पूज्यनीय हैं। ऐसे अग्नि सुखदाता हों।

सूक्त 2 : मरणरहित, सत्ययुक्त, यजमान को स्वर्ग भेजने वाले और तेजस्वी अग्नि उत्तर वेदी में स्थापित किये गए हैं। हे सत्यरूप अग्नि! मैं तुम्हारे अन्न-जल बरसाने वाले घोड़ों की स्तुति करता हूं। तुम यज्ञ में अर्यमा, वरुण, इन्द्रादि देवों को बुलाओ। यह यज्ञ लगातार चलने वाला, धनपूर्ण और उपदेशकर्ताओं से युक्त हो। जो मनुष्य पसीना बहाकर मेहनत करके जीविका पैदा करता है, तुम उसकी रक्षा करते हो। जो तुम्हें अपने घर में स्थापित करता है, उसका पुत्र आस्तिक एवं दानी हो। जो स्तुति करता एवं हव्य तुम्हें प्रदान करता है, उसकी दरिद्रता दूर करो, उसे हिंसकों का कष्ट न छू सके। जैसे-घोड़ों को पालने वाला कोमल और कठोर पीठ वाले घोड़ों को अलग-अलग छांट देता है वैसे ही हे अग्नि! तुम मनुष्यों के पुण्य और पाप को अलग-अलग कर देते हो। जैसे-कारीगर रथ तैयार करता है, अंगिरा तथा यजमान तुम्हें उसी प्रकार अरणि- मंथन से उत्पन्न करते हैं। तुम्हारे स्तोता यज्ञादि-द्वारा अपना मनुष्य-जन्म उसी प्रकार निर्मल कर रहे हैं, जैसे लोहार धौंकनी द्वारा लोहे को निर्मल करता है। हे अग्नि! हम तुम्हारी सेवा करते हुए शुभ कर्म करने वाले बनें।

सूक्त 3 : हे यजमानों! वज्र के समान ध्रुव एवं सुनहरी प्रभा से युक्त अग्नि की हवि से सेवा करो। जैसे--पत्नी अपने समीप पति को स्थान देती है, इसी प्रकार उत्तर वेदी में अग्नि! आपको स्थान दिया गया है। हे अग्नि! अमृत के कारण, बाधारहित एवं मधुर जल से भरी हुई नदियां यज्ञ की प्रेरणा से इस प्रकार बहती रहती हैं जैसे-आगे बढ़ने के लिए प्रेरित घोड़ा बढ़ता रहता है। हे उत्तम धन वाले महान् रक्षक एवं हव्य से प्रसन्न अग्नि! तुम अपनी रक्षा से हमें उन्नत बनाओ। हमारे पापों और विघ्नों का नाश करो। तुम स्तुतियों से प्रसन्न-मन बनों। हे शूर! स्तोत्रों के साथ हमारे अन्न को स्वीकार करो। ये मन तुम्हें बढ़ाएं। हम बुद्धिमान लोग तुम्हें लक्ष्य करके विद्वानों के द्वारा बनाई गयी समस्त स्तुतियां बो रहे हैं।

सूक्त 4 :हे अग्नि! जैसे शिकारी जाल फैलाता है, वैसे ही तुम भी अपना भयनाशक तेज फैलाओ। अपने तेज से तुम राक्षसों का नाश करो। हे अग्नि! तुम अपनी ज्वालाओं, चिनगारियों और उल्काओं को सब ओर फैलाओ और शत्रुओं को जलाओ। जो हमसे शत्रुता रखता है, उसे सूखी लकड़ी के समान जला दो। हे अग्नि! तुम्हारी स्तुति करने वाला सौ वर्ष की आयु प्राप्त करें। हम तुम्हारी प्रतिदिन सेवा करते हैं। हमें धन, पुत्र, पौत्र दो। हे अग्नि! जो अतिथि का सत्कार करता है, तुम उसकी रक्षा करते हो। यह स्तोत्र हमें पिता गौतम से प्राप्त हुआ है। हे मित्रों द्वारा पूजनीय अग्नि! द्रोह एवं निन्दा करने वालों के अपयश से हमें बचाओ।

सूक्त 5 : हम अग्नि को किस प्रकार हव्य दें? जैसे-थूनी छप्पर को धारण करती है, वैसे अग्नि स्वर्ग को धारण करते हैं। हे होताओ वैश्वानर अग्नि की निन्दा मत करो। वे मेंधावी, मरणरहित एवं महान है। बन्धु-बान्धव-रहित नारी के समान यज्ञादि को त्याग कर जाने वाले; पति से द्वेष करने वाली स्त्रियों के समान दुराचारी, पापी, मानस तथा वाचित सत्यरहित लोग नरक को प्राप्त होते हैं। मैं वैश्वानर अग्नि को जानता हूं। धरती-आकाश रूपी माता-पिता के बीच में व्याप्त रहकर गाय के थन में छिपे हुए दूध को पीने के लिए वे जागृत हुए थे। वैश्वानर अग्नि की जीभ गोमाता के थन रूपी उत्तम स्थान में उपस्थित है। हे जात वेद अग्नि! तुम्हारी स्तुति से जो धन मिलेगा, उसके स्वामी भी तुम्हीं होगे। धरती और स्वर्ग में सबके धन तुम्हारे हैं। अग्नि की ज्वालाएं यज्ञशाला की ओर चमकती हैं और अग्नि इस प्रकार प्रकाशित होते हैं, जैसे अश्वादि धन से राजा प्रकाशित होता है।

सूक्त 6 : हे अग्नि! ऊंचे स्थान पर बैठो और यजमान की स्तुति को बढ़ाओ। अग्नि यज्ञों में उदित सूर्य के समान ऊपर को मुंह करते और धुएं को आकाश में इस प्रकार स्थापित करते हैं, जैसे धूनी अपने ऊपर बांस आदि को रखता है। घृताची (पात्र) घी से भरी हुई है, अध्वर्यु प्रदक्षिणा कर रहे है, यूप ऊंचा उठता है और अग्नि प्रज्ज्वलित हैं। अध्वर्यु अग्नि को प्रसन्न करने के लिए अपने स्थान से उठकर अग्नि-परिक्रमा कर रहा है। हे अग्नि! तुम्हारे लिए हमने

स्तोत्र बनाया है। उसी को होतागण बोलते हैं। यजमान तुम्हारे निमित्त यज्ञ करते हैं। हे अग्नि! तुम हमें धन प्रदान करो।

सूक्त 7 : भृगुवशी ऋषियों ने वनों में दावाग्नि रूप से दर्शनीय अग्नि को प्रज्ज्वलित किया था, वे ही यज्ञकर्ताओं के द्वारा वेदों में स्थापित किये गए हैं। दीप्तिमान् अग्नि प्रजाओं के कल्याण के लिए आते हैं। माता के समान जलों एवं वृक्षों में वर्तमान अग्नि को ऋत्विजो ने स्थापित किया। देवगण प्रातःकाल नींद त्यागकर अग्नि को प्रसन्न करते हैं। दीप्तिशाली अग्नि तुम्हारा मार्ग काला है। धुंआ तुम्हारे आगे-आगे चलता है। यजमान तुम्हें न पाकर तुम्हारी उत्पत्ति में कारण काष्ठ को तुममें रखते हैं, तब तुम शीघ्र उत्पन्न हो जाते हो। अग्नि अपनी लपटों से लकड़ियों को शीघ्र जला देते हैं, जलाते हुए वे वायु की शक्ति से सहायता लेते हैं। जैसे सवार घोड़े को शक्तिशाली बनाता है, वैसे अग्नि अपनी किरणों को शक्तिशाली करते हैं।

सूक्त 8 : हम अग्नि को बढ़ाते हैं। वे देवों को यज्ञ में लाएं। अग्नि यजमान को धन देते हैं। अग्नि स्वर्ग की सीढ़ियों को जानकर धरती-आकाश के मध्य चलते हैं। जो यजमान अग्नि को हव्य देकर प्रसन्न करते हैं, हम उन्हीं के समान बनें। अग्नि मानव-प्रजाओं के पाप नष्ट करते हैं।

सूक्त 9 : हे अग्नि! यजमान के पास कुशाओं पर बैठो। अग्नि सब देवों के दूत बने। अग्नि ही यज्ञों में होता-पोता बनते हैं, देव-पत्नी अध्वर्यु, गृहपति अथवा ब्रह्मा बनकर बैठते हैं। हे अग्नि! हमारे स्तोत्र को सुनो।

सूक्त 10 : हे अग्नि! हम तुमको स्तुतियों से बढ़ाते हैं, तुम हमारे यज्ञ के नेता हो। हमारे स्तोत्रों से तुम हमारे सामने आओ। हे अग्नि! तुम्हारा शरीर शुद्ध-पूत के समान पापरहित है। तुम्हारा तेज अर्यमा के समान चमकता है। हे अग्नि! तुम्हारे प्रति हमारी मित्रता एवं बन्धुत्व कल्याणकारी हो।

सूक्त 11 : हे अग्नि! तुम्हारा तेज दिन के समय चारों ओर प्रकाशित होता है, वह रात में भी दीखता है। ऋत्विज तुम्हें प्रसन्न करने को तुममें हवि डालते हैं। तुम यजमान के लिए पुण्यद्वार खोलो। हे अग्नि! देवों को बुलाने का काम, स्तुति एवं उक्थ तुम्हीं से पैदा होते है। यजमान को धन तुम्हीं देते हो। तुम्हारी कृपा से श्रेष्ठ पुत्र उत्पन्न होता है तथा धन और अश्व तुम्हीं देते हो। हे बल-पुत्र अग्नि! तुम अमति, पाप और दुर्मति हमसे दूर करो।

सूक्त 12 : हे अग्नि! जो यजमान तुम्हें वेदी में रखकर घी देती है, तीन बार हवि देता है, वह शत्रुओं को हराए। जो तुम्हारे लिए ईंधन लाता है और रात -दिन तुम्हें प्रज्ज्वलित करता है, वह पशु, सन्तान, धन प्राप्त करता है। हे अग्नि! यद्यपि हमसे अज्ञान के कारण तुम्हारे प्रति

कुछ पाप बन जाते हैं, फिर भी तुम हमें पापरहित बनाओ। हमारे पुत्र, पौत्रों को शान्ति एवं सुख दो। हे अग्नि! जैसे तुमने गौरी नामक अंधी-गाय को छुड़ाया था, उसी प्रकार हमें पाप से छुड़ाओ और हमारी आयु को बढ़ाओ।

सूक्त 13 : उषा के प्रकाश फैलने से पहले ही अग्नि बढ़ने लगते हैं। हे अश्विनीकुमारों! आओ, सूर्यदेव प्रकाश के साथ आ रहे हैं। सूर्य की जब किरणें ऊपर चढ़ती हैं, तब वरुण मित्रादि देव अपना कार्य आरम्भ करते हैं। जैसे धूल उड़ाता बैल गायों के पीछे चलता है, वैसे सात घोड़े सूर्य के रथ को खींचते हैं। सूर्य की किरणें फैले अन्धकार को नष्ट करती हैं। सूर्य कोई बाधा नहीं दे सकता।

सूक्त 14 : अग्नि उषा को देखकर बढ़ते है! संसार को प्रकाश देने के लिए सविता देव ऊपर उठते हैं और किरणें सब ओर फैल जाती हैं। उषा सोते हुए प्राणियों को जगाती है। उषाकाल के होने पर हे अश्विनीकुमारों! तुम्हारे घोड़े तुम्हें यहां लाएं। यहां आओ, और सोमपान करो।

सूक्त 15 : तेजस्वी एवं यहां योग्य अग्नि हमारे यज्ञ में लाये जाते हैं। दिन में तीन बार अग्नि यज्ञ में आते है। वे यजमान को धन देते हैं। हव्य ढोने में समर्थ, आकाश के पुत्र एवं सूर्यसम तेजस्वी अग्नि की यजमान प्रतिदिन सेवा करें।

इन्द्र :

सूक्त 16 : सत्य को धारण करने वाले इन्द्र हमारे पास आएं और स्तुति की गई हमारी इच्छा पूरी करें। हे इन्द्र! उशना के समान यजमान तुम्हारे लिए स्तुति बोलते हैं। इन्द्र ने अपने मित्र मरुतों की सहायता से जल बरसाया था। तुम्हारे वज्र ने जल को रोकने वाले मेघ को जल बरसाने की प्रेरणा दी थी। तुम लोकपालक बनकर सागर एवं आकाश को जल बरसाने की प्रेरणा दी। कुत्स ऋषि के पास तुम धन देने की इच्छा से गये थे। कुत्स ने अपने शत्रु के युद्ध करने की तुमसे प्रार्थना की। तुमने उनके शत्रु शुष्णा असुर एवं कुवम असुर को मारा और कुत्स के साथ एक रथ में बैठकर आए तथा इन्द्र-भवन में दोनों एक साथ बैठे। तब तुम्हारी पत्नी शची तुम दोनों का समान रूप देख, संशय में पड़ गयी। तुमने विप्र, मृगय, ऋजिश्वा असुरों को पराजित किया और शम्बर-असुर के नगरों को नष्ट किया। तुम सूर्य के समान तेजस्वी रूप वाले हो। हे इन्द्र! हमारे भी रक्षक बनना। तुमने वामदेव के यज्ञ की रक्षा की, हमारे यहां की भी रक्षा करना। हम पुत्र-पौत्रों से युक्त हों और अनेक वर्षों तक तुम्हारी स्तुति करें। इन्द्र के हम मित्र बने रहे। तुम हमारी अन्न-वृद्धि करो। हमने तुम्हारे लिए कई स्तुतियां की हैं

सूक्त 17 : हे इन्द्र! तुमने वृत्र को मारा और उससे ग्रसित नदियों को स्वतन्त्र किया। तुम्हारे जन्म के समय धरती-आकाश कांप उठ थे और मेघों ने बरसकर प्राणियों की प्यास बुझायी थी। तुमको जन्म देने वाले प्रजापति ने तुम्हारे जन्म पर अपने को उत्तम पुत्र वाला माना था। इन्द्र धन के ही नहीं, अपितु पशुओं आदि समस्त सम्पत्तियों के स्वामी हैं। इन्द्र संग्रामों में अद्वितीय हैं। जब वे क्रोध करते हैं, तो स्थावर-जंगम सब डर जाते हैं। इन्द्र ने अपने पिता प्रजापति के समीप से ही सब संसार को उत्पन्न किया और वे उनके पास से ही समस्त संसार का बल प्राप्त करते हैं। स्तोता उन्हें हवि देने को इसी प्रकार बुलाते है, जैसे-हवा बादलों को बुलाती है। इन्द्र ने सूर्य के चक्र नामक आयुध को रोका तथा एतष ऋषि की रक्षा की। जैसे कुएं से पानी निकालने के लिए मनुष्य पात्र को झुकाते हैं, वैसे हम भी इन्द्र से सुन्दर पत्नी, अमिट रक्षा और उनकी मित्रता पाने के लिए झुकते हैं। हे इन्द्र! जिस प्रकार जल नदी को पूर्ण करता है, उसी प्रकार तुम भी हमें अन्न- धन से पूर्ण करो। हम रथों के स्वामी तथा तुम्हारे सेवक बने।

सूक्त 18 : इन्द्र ने वामदेव से कहा- "देव-मनुष्य सब योनि से जन्म लेते हैं, तुम भी इसी मार्ग से जन्म लो। दूसरे मार्ग से जन्म लेकर माता की मृत्यु का कारण मत बनो।" वामदेव बोले-हम योनि से नहीं, तिरछे होकर माता की बगल से जन्म लेंगे। क्योंकि हमें बहुत से अद्भुत कार्य करने हैं।" इन्द्र ने कहा-यदि योनिमार्ग से नहीं निकालोगे, तो हमारी माता मर जायेगी। इन्द्र ने त्वष्टा के घर सोम पिया। अदिति इन्द्र को सैकड़ों मास और वर्ष गर्भ में धरे रही, इन्द्र ने यह प्रतिकूल कार्य क्यों किये अदिति ने यह सुनकर उत्तर दिया- 'हे वामदेव! जो उत्पन्न हो चुके हैं अथवा जो उत्पन्न होंगे, उनमें से किसी की समानता इन्द्र से नहीं हो सकती। अदिति ने इन्द्र को परमशक्तिशाली बनाया। उन्होंने पैदा होते ही धरती-आकाश को घेर लिया था। नदियों के बहने की गर्जना से इन्द्र की महानता का ही शब्द मानों गरजने लगा। वामदेव बोले- इन्द्र को ब्रह्म हव्य का पाप लगा है, उस विषय में क्या कहना है?' अदिति बोली- 'मेरे पुत्र इन्द्र ने बलपूर्वक वज्र चलाकर वृत्र को मारा और नदियों को बहाने का पुण्य कार्य किया। " वामदेव बोले - "हे इन्द्र! जब अदिति ने तुम्हें जन्म दिया, उसी समय कुषवा राक्षसी ने तुम्हें निगल लिया, जलों से ग्रस्त होकर तुम्हें सुख पहुंचाया। इन्द्र प्रसन्न होकर सूतिका गृह में ही उसको मारने लगे। व्यंस राक्षस ने तुम पर आक्रमण किया तथा तुम्हारी नाक और ठोड़ी पर चोट की। तुमने वज्र से उसका सिर काट लिया।

सूक्त 19 : हे इन्द्र! तुम स्तुति-पात्र, गुणी और सुन्दर हो। देव गण आकाश-पृथ्वी की रक्षा एवं वृत्रनाश के लिए तुम्हें ही बुलाते हैं। जैसे वायु जल को कुपित कर देता है, उसी प्रकार इन्द्र आकाश को अपने तेज से पूर्ण कर, कग्वेद जल को छिन्न-भिन्न कर देते हैं। शक्ति, की इच्छा करने वाले पर्वतों के इन्द्र पंख काट डालते हैं। हे इन्द्र! तुमने तुर्वीति और वय्य

राजाओं को अभीष्ट फल देने वाली धरती को जल-अन्न से युक्त कर दिया था। इन्द्र ने वृत्र को मार कर अनेक उषाओं एवं संवत्सरों को उसके बन्धन से छुड़ाया। इन्द्र ने कीड़ों से खाये गये अंधे अग्र पुत्र को बांबी से निकाला और उसके अंगों को पूर्ववत कर दिया। वामदेव ने उनका यथार्थ ही वर्णन किया है। हे इन्द्र! हमारी स्तुतियां स्वीकार कर हमें समृद्धि दो।

सूक्त 20 : हे अन्न के स्वामी इन्द्र! तुम प्रसन्न मन से हमारे पास आओ एवं हमारी कामना पूर्ण करते हुए सोमरस का पान करो। ऋषियों के द्वारा अनेक प्रकार से स्तुत इन्द्र की हम उसी प्रकार प्रशंसा करते हैं, जैसे कामी पुरुष स्त्री की प्रशंसा करता है। हे इन्द्र! जब से तुम पैदा हुए हो, तभी से तुमको कोई रोकने वाला नहीं हुआ और न तुम्हारे दिए हुए धनों को कोई नष्ट कर सकता है। हे इन्द्र! जिस प्रकार जल सरिता को पूर्ण करता है, उसी प्रकार तुम हमें अन्न से पूर्ण करो।

सूक्त 21 : हम लोगों की रक्षा के निमित्त इन्द्र मरुतों के साथ स्वर्ग, धरती, अन्तरिक्ष, जल, आदित्यमण्डल, दूरवर्ती स्थान अथवा जल के स्थान मेघ से यहां आए। समस्त लोकों का सम्मान करके यज्ञ के निमित्त गर्जना करने वाले स्तुति के योग्य इन्द्र को हम यज्ञ में बुलाते हैं। विश्व का भरण-पोषण करने वाले प्रजापित के पुत्र इन्द्र की शक्ति स्तोता यजमान की सेवा करती है।

सूक्त 22 : जो महान शक्तिशाली इन्द्र हमारे हव्य का सेवन करते हैं एवं उसकी अभिलाषा करते हैं, वे धन के स्वामी हैं और वे हमारे अन्न, स्तुतिसमूह, सोमरस एवं उक्थ को स्वीकार करते है। इन्द्र की उत्पत्ति के समय ही समस्त उन्नत प्रदेश, पर्वत, सागर, धरती और आकाश उनके भय से कांपने लगे थे। इन्द्र की प्रेरणा से ही वायु मनुष्यों को प्राणवान बनाती है।

सूक्त 23 : हे इन्द्र! हम यजमान शत्रुओं का पराभव करने वाली तुम्हारी मैत्री चाहते हैं। द्रोह करने वाले हिंसा कारी एवं उनको न मानने वाले राक्षसों को मारने के लिए इन्द्र अपने आयुधों को तेज करते हैं।

सूक्त 24 : मनुष्य इन्द्र को ही युद्ध में रक्षा के लिए बुलाते हैं।यजमान तपस्या के द्वारा अपने शरीर को क्षीण बनाते हुए इन्द्र को ही अपना रक्षक नियुक्त करते हैं। इन्द्र ही यजमान के धन की कामना को पूर्ण करते हैं। सोमरस की अभिलाषा करने वाले इन्द्र के लिए जो सोम निचोड़ता है, इन्द्र उसको धनी बनाते हैं।

सूक्त 25 : शत्रुओं को शीघ्र हराने वाले वीर इन्द्र अपने समीप आने वाले तथा सोमरस निचोड़ने वाले यजमान के पुरोडाश को तुरन्त स्वीकार कर लेते हैं। हवि के स्वामी अग्नि उस यजमान को सुख देते हैं एवं उसको ही दीर्घायु करते हैं जो यह कहता हैं कि मैं वज्रहस्त इन्द्र के लिए सोम निचोड़ूगां।

सूक्त 26 : इन्द्र कहते है मैं ही मनु था, मैं ही सविता हूं और मैं ही कक्षीवान ऋषि तथा उशना कवि हूं। मैंने ही सोम पीकर मतवाला होकर शम्बरासुर के निन्यानबे नगरों को ध्वस्त किया था। मैंने ही यज्ञ के अतिथियों का स्वागत सत्कार करने वाले दिवोदास को सौ नगर दिए थे।

सूक्त 28 : सोम की मित्रता पाकर उसकी प्रेरणा से इन्द्र ने वृत्र को मारा और जलों को प्रवाहित किया। हे सोम! तुम्हारे सहारे से ही इन्द्र ने सूर्य के रथ के एक पहिए को तोड़ डाला। तुमको पाकर ही इन्द्र ने शत्रुओं का संहार किया। इन्द्र-सोम! तुम दोनों शत्रुओं को बाधित करो और यजमान की पूजा स्वीकार करो।

सूक्त 29 : हे इन्द्र! हमारी स्तुतियां और सोम निचोड़ने वाले ऋत्विजों की पुकार सुनकर यज्ञ में आओ। हे स्तुति के योग्य इन्द्र! तुम्हारे द्वारा रक्षित हम तुम्हारे धन के पात्र बनें।

सूक्त 30 : हे इन्द्र! तुम्हारे समान संसार में कोई नहीं। प्रजाएं तुम्हारे पीछे ऐसे ही चले जैसे गाड़ी पहिए के पीछे जाती है। तुम्हारी सहायता से देवों ने शत्रुनाश किया। तुमने एतष ऋषि को बचाया और दनुपुत्र वृत्र का नाश किया। तुमने उस उषा को नष्ट किया, जो तुम्हें मारना चाहती थी। बुद्धि-बल से तुमने नदियों को धरती पर स्थापित किया। तुमने दास का वध किया और तुर्वशा तथा यदु को अभिषेक योग्य बनाया। तुमने और्व और चित्ररथ का वध किया। दिवोदास को तुमने सौ नगर दिए तथा दभीति के कल्याण के लिए राक्षसों को मारा। हे इन्द्र! पूषा एवं भग हमें उत्तम धन दे।

सूक्त 31 : हे इन्द्र! हम सूर्य के साथ तुम्हें यहां में बुलाते है। तुम बहुत-सा धन देने वाले हो। तुम्हारे रक्षा-साधन हमारी रक्षा करें। तुम यजमान को मित्रता, अविनाशी भाव एवं महानद धन दो। हमारे लिए उन गौशालाओं के द्वार खोलो, जहां गौए रहती हैं। हमारे यश को उत्कृष्ट बनाओ।

सूक्त 32: हे इन्द्र! अपने रक्षा साधनों -सहित यहां आओ। तुम यजमान की रक्षा करो, उसे धन दो। गौतम ऋषि ने तुम्हारी स्तुति करके धन पाया था। हमें भी पुत्र-पौत्र और धन दो। तुम हमारे पुरोडाश को ग्रहण करो। हम तुमसे सैकड़ों घोड़े और सोम-कलश मांगते हैं, स्वर्ण मांगते हैं, हमें थोड़ा मत दो, बहुत दो।

इन्द्र वरुण, वायु बृहस्पति

सूक्त 41, 46, 47, 48, 46, 50 : हे इन्द्र! वरुण! हमारी स्तुतियां तुम्हें रुचें। जो तुम दोनों को अपना भाई बनाता है, वह पापों का नाश करता है। तुम यजमान के सोमरस से तृप्त होओ। तुम हमारे शत्रु पर वज्र चलाओ। जैसे घास खाकर गाय हजारों धारों वाला दूध देती - वैसे हमारी हजारों इच्छाओं को तुम पूर्ण करो। हमें पुत्र, पौत्र, बड़ी आयु, शक्ति दो और हमारे

शत्रुओं का नाश करो। जैसे पुत्र पिता से प्रेम मांगता है, वैसे हम भी तुमसे तुम्हारा प्रेम मांगते हैं। हे वायु! तुम यज्ञ में आओ और सोम पियो। हे वायु! इन्द्र तुम्हारे सारथी है, वे भी यहां आए। तुम अपने स्वर्णिम रथ पर आओ। हे वायु! मैं व्रत से पवित्र होकर तुम्हारे लिए सोम लाया हूं तुम इसे ग्रहण करो। हमें बहुत-से अश्व दो। हे वायु! तुम इन्द्र के सहायक बनकर यहां उसके सहित आओ। धरती-आकाश तुम्हारे पीछे चलते है। निन्यानवे घोड़े तुम्हें यहां लाए। सौ तथा हजार घोड़े जोड़कर रथ में यहां शीघ्रता से आओ। हे इन्द्र!, बृहस्पति! तुम्हारी स्तुतियां बोली जा रही हैं, उन्हें सुनते हुए सोमपानार्थ यहां आओ हमें सौ घोड़े और हजार गायें दो। बृहस्पति ने दिशाओं को स्थिर किया है। वे देवों में सबसे आगे स्थापित है। जब बृहस्पति आकाश में उदित हुए, तो उन्होंने अन्धकार का नाश किया। उन्होंने बल नामक असुर को मारा। वही अपने शत्रुओं को हराता है, जो बृहस्पति की स्तुति करता है। हे बृहस्पति, हे इन्द्र! तुम हमें बढ़ाओ यज्ञ की रक्षा करो, बुद्धियों को जगाओ और हमारे शत्रुओं से युद्ध करो।

ऋभुगण :

सूक्त : 33 -हम ऋभुओं के पास अपनी स्तुतियों को दूत के समान भेजते हैं। जिस समय ऋभुओं ने परिचर्या के द्वारा अपने वृद्ध माता-पिता को युवा बनाया एवं अपने उत्तम कार्यों से शोभा प्राप्त की, उसी समय इन्द्र आदि देवों की मित्रता प्राप्त हुई। धीर ऋभुगण यजमान को गौ आदि सम्पत्तियों के द्वारा प्राप्त करते हैं। ऋभु इन्द्र के साथ मिलकर यहां में सोमपान करें। ऋभुओं ने ही चमस को चार भागो में बांटा। जब ऋभु सूने खेतों को वर्षा के द्वारा फसलों से भरा-पूरा कर देते हैं, उस समय जल एवं हरियाली ही दिखाई देती है।

सूक्त 34 : हे ऋभु, विभु, बाज एवं इन्द्र! तुम हमें रत्न प्रदान करने के लिए इस यज्ञ में आओ। हे सोम रूपी अन्न से सुशोभित ऋभुओं तुम देव श्रेणी में अपना जन्म जानकर देवों के साथ आनन्दित बनो। हे सोमपान से उत्पन्न मद वाले! स्तुति तुम्हें प्राप्त हो। तुम हमें, पुत्र-पौत्रों से युक्त धन दो। हे ऋभुओं! तुम यहां से चले मत जाना यहीं रहना और हमें अनिंदित धन देने के लिए इन्द्र मरुद्गण एवं अन्य देवों के साथ प्रसन्न रहना।

सूक्त 35 : हे सुधन्वा की सन्तान ऋभुओं हमारा सोमरस तुम्हारे पास ही जाय। हे अन्न के स्वामी ऋभुओं दिन की समाप्ति पर जो यजमान तुम्हारी प्रसन्नता के लिए सोमरस निचोड़ता है, तुम प्रसन्न होकर उसे पुत्र-पौत्रों से युक्त सम्पत्ति देते हो।

सूक्त 36 : वह प्रमुख एवं अन्न युक्त धन ऋभुओं के पास से हमारे पास आये। जिसे ऋभुओं ने वाजगण से मिलकर उत्पन्न किया था। हे ऋभुगण! तुम्हारे द्वारा धारण किया गया रूप दर्शनीय है। हमने तुम्हारे लिए ही यह स्तोत्र बनाया है, इसे स्वीकारों।

सूक्त 37 : हे सुन्दर ऋभुओं जिस प्रकार तुम दिवसों को शोभन बनाने के लिए मनुष्यों का यज्ञ धारण करते हो, उसी प्रकार देव-मार्गों द्वारा हमारे यज्ञ में आओ।

द्यावा-पृथ्वी :

सूक्त 38 : हे द्यावा-पृथ्वी तुम दोनों गमनशील, समस्त प्रजाओं की रक्षा करने वाली, शोभन गतिवाली एवं दधिका को धारण करने वाली हो। दधिका देव युद्ध की इच्छा करने वाले, वीर के समान दिशाओं को लांघने में तत्पर और हवा की तरह तेज चलने वाले हैं।

दधिक्रा :

सूक्त 36,40 : मैं दधिक्रा देव की स्तुति करता हूं। दधिक्रा देव अपने स्तोता को पापरहित बनाते हैं। दधिक्रा देव वेगवान, तेज उड़ने वाले एवं रक्षा करने वाले हैं। हे मित्र-वरुण! तुम मनुष्यों को प्रेरणा देने वाले अश्व रूपी दधिक्रा देव को धारण करते हो।

त्रसदस्यु :

सूक्त 42 : दुर्गह के पुत्र कुत्ता जब कैद कर लिये गए, तो सप्त-ऋषि राज्य के पालनकर्ता बने। उन्होंने पुरुकुत्स की पत्नी के कल्याण के लिए यज्ञ करके त्रसदस्यु को पाया। वह इन्द्र के समान शत्रुनाशक एवं आधा देव हैं। हे इन्द्र! एवं वरुण! सप्तर्षियों की प्रेरणा से पुराकुत्स की, पत्नी ने हव्य और स्तुतियों से तुम्हें प्रसन्न किया था। तब तुमने उसे शत्रुनाशक आधदेव त्रसदस्यु को प्रदान किया था।

अश्विनीकुमार :

सूक्त 43, 44, 45 : हे अश्विनीकुमारों! तुम दोनों गतिशील होकर सोम निचोड़ने वाले दिवसों में शीघ्र आओ! किस स्तुति से बुलाए जाने पर तुम हमारे यज्ञ में आओगे ' हे अश्विनीकुमारों! हमारी रक्षा करो। हे अश्विनीकुमारों! जैसे पुरुमीढ और अजमीढ के ऋत्विजों ने तुम्हारी स्तुति की है, हमारे ऋत्विज भी उसी प्रकार तुम्हारी स्तुति कर रहे हैं। हम जो स्तुति तुम्हारे लिए भेजते हैं, वह फलदायिनी हो। हे अश्विनीकुमारो! तुम अपने अश्वों से हमारे यज्ञ में उसी प्रकार आओ, जैसे मधुमक्खी शहद के पास जाता है।

उषा :

सूक्त 51, 52 : निश्चय ही सूर्य की पुत्री रूपा एवं दीप्तिशालिनी उषाएं यजमानों को गतिशील बनाने की समार्थ्य रखती हैं। वे पूर्व दिशा को घेरकर स्थित होती हैं और बाधा डालने वाले अंधकार का द्वार खोलती हुई दीप्तियुक्त एवं पवित्र बनकर चमकती हैं। हे! तुम अश्विनीकुमारों की सखी, किरणों की माता एवं धन की स्वामिनी हो।

सविता :

सूक्त 53, 54 : हे सविता देव! तुम सर्वप्रथम यज्ञयोग्य देवों के लिये अमरता का साधन सोम उत्पन्न करते हो। तुम यजमान को प्रकाशित करते हो तथा मनुष्यों को पिता, पुत्र और पौत्रों के क्रम से जीवन देते हो। सविता देव अपने महत्त्व द्वारा सबको पराजित करते हैं। वे तीनों अन्तरिक्षों, तीनों लोकों एवं अग्नि, वायु तथा आदित्य रूप तीन तेजस्वी तत्वों, तीन पृथ्वियों और तीन स्वरों को व्याप्त करते है।

विश्वदेव :

सूक्त 55 : हे वसुओं! तुममें रक्षा करने वाला कौन है? कौन दुःख दूर करने वाला है?तुम सभी रक्षक एवं दुःख नाशक हो। हम मित्रता प्राप्त करने के लिए अदिति, सिन्धु एवं स्वस्ति देवी की स्तुति करते हैं। पर्वत, मरूद्गण एवं वामदेव से हम अपनी रक्षा की प्रार्थना करते हैं। सविता, भग, वरुण, मित्र, अर्यमा एवं इन्द्र जिस धन के स्वामी हैं, यह सब धन हमें दें।

क्षेत्रपति, अग्नि आदि :

सूक्त 57, 58 : हम बन्धु-तुल्य क्षेत्रपति की सहायता से क्षेत्र को विजय करेंगे। हे क्षेत्रपति! हमें मधु टपकाने वाला, घी के समान पवित्र एवं मधुर जल दो। हे सौभाग्यवती सीत अर्थात् हलकी नौक! तुम धरती के नीचे आओ, हम तुम्हारी वन्दना करते हैं। हमारे हल सुख-पूर्वक धरती को जोतें। हलवाहे बैलों के साथ सुखपूर्वक चलें। बादल मधुर जल से धरती को सींचे।

पंचम अध्याय

अग्नि :

सूक्त 1 -7 : उषा के आने के पश्चात् अग्नि देव-सम्बन्धी यज्ञ के निमित्त प्रज्ज्वलित होते हैं। वे ऊपर को बढ़ते हैं और अन्धकार दूर करते तथा घृतपान करके प्रदीप्त होते हैं। फिर वे सात सुन्दर ज्वालाएं धारण करते हैं। यजमान अग्नि की स्तुति करते हैं। अग्नि अतिथि के समान पूज्य एवं हितकर है। अग्नि के द्वारा दिया हुआ सुख महान एवं कल्याणकारी है। हे अग्नि! तुम अपने रथ पर चढ़ो और देवों को यहां लाओ। हम मेधावी, पवित्र और युवा अग्नि के लिए स्तोत्र बोलते हैं।

हमने सुनहरी ज्वाला रूपी दांतों वाले, उज्जलवर्ण अग्नि को देखा और उसकी सर्वकामिनी स्तुति की, हमारी अभिलाषा जानने वाले अग्नि हमारे पशुओं को निकट लाए। हे अग्नि! तुमने भली प्रकार बंधे हुए शुन : शेष को हजारों रूप वाले यूप से छुड़ाया क्योंकि उसने तुम्हारी स्तुति की थी, तुम हमें भी बन्धनों से छुड़ाओ। अग्नि महान तेज से, चमकते हैं

और सब पदार्थों को प्रकट करते हैं-माया को नष्ट करते हैं तथा राक्षसों को नष्ट करने के लिए अपने ज्वालारूपी सीगों को पैंने करते हैं। हे अनेक रूप धारक अग्नि! जैसे बढ़ई रथ को बनाते हैं, वैसे हमने तुम्हारे लिए स्तुति बनायी है, तुम इसे स्वीकार करो। अग्नि यज्ञ करने वालों को सुख दें।

हे अग्नि! तुम पैदा होते ही वरुण अन्धकारनाशक) और मित्र (हितकारी) हो जाते हो। देवगण तुम्हारे पीछे चलते हैं।। हव्यदाता यजमान के इन्द्र तुम्हीं हो। तुम कन्याओं के लिए अर्यमा (नियमन करने वाले) हो, गोपनीय 'वैश्वानर' नाम धारण करते हो, पति-पत्नी को एकात्मा वाले बना देते हो, तब वे तुम्हें मित्र मानकर गाय के दूध से सींचते है। हे अग्नि! तुम प्राचीन होता हो, भविष्य में भी कोई ऐसा होता नहीं होने वाला। हम तुम्हारे द्वारा रक्षित होकर शत्रु को पीड़ित करेंगे। हमारे पापों को तुम नष्ट करो। जो हमारे काम में बाधक है, उसे नष्ट करो।

सूक्त 8 -15 : हे पुरातन अग्नि! तुम अन्नों के स्वामी, गृहपति एवं वरण करने योग्य हो। हे सत-असत के विवेचक एवं घी का आश्रय लेने वाले अंगिरा-पुत्र अग्नि! तुम प्रज्ज्वलित होकर यजमान के यज्ञ से प्रसन्न बनो। हे अग्नि! तुम अपनी शक्ति से ही अन्नों के स्वामी बनते हो, तुम्हें कोई पराजित नहीं कर सकता। देवों ने तुम्हें अपना दूत बनाया है। देवों तथा मानवों ने दीप्तिशाली अग्नि को नेत्र के समान धारण किया था। हे अग्नि! यजमान तुम्हें प्रज्ज्वलित करते हैं। तुम औषधियों द्वारा सींचे जाते हो और अन्नों को प्रकटकर विद्यमान रहते हो। भोजन का पाक करके मानवों का पोषण करने एवं यज्ञ को सुशोभित करने वाले अग्नि दोनों अरणियों से शिशु के समान जन्म लेते हैं। हे अग्नि! जैसे सांप के छोटे बच्चे को पकड़ना कठिन है, वैसे उसी प्रकार तुम्हें भी पकड़ना कठिन है। जैसे घास में छोड़ा पशु घास खाता है, वैसे तुम वनों को जला देते हो। जैसे लोहार धौंकनी के द्वारा आग भड़काता है, उसी प्रकार तीन स्थानों में रहने वाले अग्नि प्रदीप्त होते हैं। हे अग्नि! हमें - धन समृद्धि दो। हे अग्नि! तुम सूर्य के समान हमारा यज्ञ पूर्ण करो और हमें धन-अन्न दो। हे अग्नि! स्तोता तुम्हें बढ़ाते और अपना बल बढ़ाते है। गय ऋषि ने तुम्हें स्वयं जमाया था। हे अगिरावंशी ऋषियों के द्वारा स्तुति किये गए अग्नि! पुराने ऋषियों ने तुम्हारी स्तुति की थी। नये ऋषि भी कर रहे है। तुम हमें धन दो, स्तुति करने की शक्ति दो। एवं युद्धों में समृद्ध बनाओ।

सूक्त 16 -17 : दीप्तिमान अग्नि! की अर्चना करो। वे मनुष्यों के मित्र हैं। देवों को यज्ञ-हवि पहुंचाने वाले हैं धन देने वाले हैं। उनकी मित्रता पाने के लिए उनकी स्तुति करो। स्तुतियों से उन्हें शक्ति देते हैं। धरती-आकाश ने सूर्य के समान अग्नि को ग्रहण किया था। हे अग्नि! यज्ञ में आओ, युद्ध में हमें विजयी बनाओ। ऋत्विज अग्नि को यज्ञ में बुलाते हैं। वे उत्तम बुद्धि और शब्दों से अग्नि की स्तुति करते हैं। अग्नि की प्रभा से ही आदित्य प्रकाश वाला बनता है। हे अग्नि! हमें

शीघ्र वह धन प्रदान करो, जिसे तुम स्तोताओं को देते हो। संग्राम में हमारी समृद्धि के तुम कारण बनो। अग्नि यजमानों से हव्य की कामना करते हैं। हे अग्नि! । अत्रि के पुत्र हित के लिए तुम अपनी शक्ति दान करो। हम धनिकों के कल्याण के निमित्त स्तुतियों से तुम्हें बुलाते हैं। हे अग्नि! जो धनी तुम्हारी स्तुति के बाद मुझे पचास घोड़े देते हैं, तुम उन्हें सेवकों -सहित अन्न दो। जो अग्नि धरती की गोद में स्थित पदार्थों को देखते है, वे वव्रि ऋषि की अशोभन दशा को जानकर दूर करें। जो हव्यों-द्वारा तुम्हारे बल की रक्षा करते हैं, वे शत्रु की अगम्य नगरी में प्रवेश करते हैं। संसारी लोग स्तुतियों द्वारा अन्तरिक्ष की विद्युत अग्नि की शक्ति बढ़ाते हैं। हे अग्नि! प्रेरक वायु द्वारा यहां आओ और शत्रु-नाशक अपनी ज्वालाएं यहां लाओ। हे अग्नि! जो पशु आदि से समृद्ध तुम्हें हनि नहीं देते, वे अति हीन हो जाते है। हम पर तुम ऐसे कृपा करो, जिससे हम प्रतिदिन तुम्हारी रक्षा पाएं।

सूक्त 28 : प्रज्ज्वलित अग्नि आकाश में प्रकाश फैलाते हैं और उषा काल में विरत होकर शोभा पाते हैं। पुरोडाश-युक्त स्रुच् लेकर विश्ववारा पूर्वाभिमुख जाती है। हे अग्नि! तुम प्रज्ज्वलित होकर जल पर अधिकार करते हो। हे ऋत्विजों! हवन करो और अग्नि का वरण करो।

इन्द्र :

सूक्त 31 - 37 : जैसे ग्वाला पशुओं को हांकता है, वैसे ही इन्द्र भी शत्रुओं को भगाते हैं। हे इन्द्र! तुम निर्धनों को धन एवं पत्नीरहितों को पत्नी देते हो। वे अपने प्रकाश से अन्धकार को नष्ट करते हैं। हे इन्द्र! ऋभुओं ने तुम्हारे रथ को घोड़ों के जुतने-योग्य बनाया। अगिरा-वंशीय ऋषियों ने तुम्हें वृत्रहनन के लिए उत्तेजित किया। इन्द्र की प्रेरणा से मरुतों ने असुरों को मारा। इन्द्र ने शुष्णासुर की पत्नी को अपने अधिकार में किया। हे इन्द्र! अवस्यु के मित्र स्तोताओं ने स्तुतियां से तुम्हारा बल बढ़ाया।

हे इन्द्र! वर्षा में बंधे हुए मेघों को मुक्त करके जल बरसाओ। इन्द्र के शोषण करने वाले बल को कौन रोक सकता है। वे अकेले ही शत्रु की सम्पत्तियां छीन लेते है। धरती-आकाश इन्द्र के बल से ही चल रहे हैं। स्वर्ग इन्द्र के सम्मान में नीचा हो जाता है। धरती कामनापूर्ण नारी के समान इन्द्र को आत्मसमर्पण करती है। इन्द्र के सामने सब झुकते हैं। इन्द्र सज्जनों के पालनकर्ता एवं यशस्वी है। मैं संवरण ऋषि इन्द्र के लिए उत्तम स्तुति बोलता हूं। मुझ संवरण के स्तोताओं और मुझ पर इन्द्र कृपा करें। हे इन्द्र! जो यज्ञ नहीं करते, वे तुम्हारे जन नहीं हैं। जिस प्रकार भग के समीप योद्धा गये थे, तुम्हारी कृपा से संग्राम में हमारे पास भी ऐसे ही योद्धा आए। पुरुकुत्स त्रसदस्यु द्वारा दिये गए सफेद रंग के दस घोड़े, मरुताश्व के पुत्र विद्ध-द्वारा दिये गए लाल रंग के घोड़े और लक्ष्मण के पुत्र ध्वन्यक द्वारा दिये गए घोड़े मुझ संवरण ऋषि को ढोएं। ध्वन्यक द्वारा दिया धन मेरे घर में आए।

इन्द्र ने मृग राक्षस को मारने के लिए अपना वज्र उठाया था। जो इन्द्र के लिए सोम निचोड़ते हैं, वे दीप्तिशाली बनते हैं। जिस अयज्ञकर्ता के माता-पितादि का इन्द्र ने वध किया था, वे उससे दूर नहीं जाते, बल्कि उससे हवि-प्राप्ति की आशा करते हैं इन्द्र अपने भक्त को धन-स्वामी एवं गोशाला का अधिकारी बनाते हैं। हे इन्द्र! हम तुम्हारी स्तुति करते हैं।

सूक्त 38 -40 : हे इन्द्र! हमें धन दो। हे इन्द्र! तुम और मरुत् मनचाही गति में समर्थ हो। हे इन्द्र! हम तुम्हारे भक्त हैं। तुम हमें दक्ष का धन लाकर देते हो और हमें धनी बनाना चाहते हो। हे इन्द्र! तुम्हारे पास देने को विशाल सम्पत्ति है, उसे दोनों हाथों से दो। हमें उत्तम एवं सारपूर्ण अन्न दो। इन्द्र के निमित्त ये काव्य, वचन, उक्थ एवं स्तुतियां बनाई गयी हैं। अत्रिवंशी ऋषि उन्हें बोलते और तेजस्वी बनते हैं।

हे सूर्य! जब स्वर्भानु नामक असुर ने मायानिर्मित अन्धकार से तुम्हें ढक लिया था, तब सब लोक अन्धकारयुक्त हो गये थे। हे इन्द्र! तुमने उस माया को दूर कर दिया। तब अन्धकार से ढके सूर्य को अत्रि ऋषि ने प्राप्त किया। सूर्य ने अत्रि से कहा था-मैं तुम्हारा सेवक हूं। तुम मेरे मित्र हो, तुम और वरुण मेरी रक्षा करो। जब अत्रि और इन्द्र ने उसे अन्धकार और माया से छुड़ाया था और अन्तरिक्ष में स्थापित किया था।

सूक्त 41 : हे मित्र, हे वरुण! तुम स्वर्ग, धरती, आकाश में रहकर हमारी रक्षा करते हो, हे अर्यमा, आयु, इन्द्र, ऋभुओं हमारे नमस्कारों को स्वीकारो। हे अश्विनीकुमारों! हमारा रथ तीव्र गति से चलाओ। वायु, सूर्य, अग्नि, पूषा हमारे यज्ञ में आए। हे उषा एवं रात्रि! हमारे यज्ञ में आएं। मेघ हमारे अनुकूल हों। विद्युद्-अग्नि की स्तुति हम शोभन स्तोत्रों से करते हैं। भग से धन पाने के लिए हम कौन-सी स्तुति बोलें ' वायु हमारी स्तुतियां सुनें। वसुओं हमारी स्तुति सुनो। ऊर्जव्य राजा को पुष्ट करने देवगण हमारी रक्षा करें।

सूक्त 42 : हमारी स्तुतियां और हव्य भग, मित्र, वरुण, वायु एवं अदिति के पास पहुंचें। माता जैसे पुत्र को छाती लगाती है, वैसे अदिति हमारी स्तुति को प्यार से ग्रहण करें। भग, सविता,त्वष्टा, इन्द्र, ऋभुक्षा, वाज एवं पुरधि हमारे यज्ञ में आए। हे अन्तरात्मा! तुम सबसे पहले बृहस्पति की स्तुति करो। बृहस्पति हमें पशु,सन्तान, धन दें। हे मरुतों! जो यजमान सांसारिक भोगों के लिए ही क्लेश उठाता है, उसे अन्धकार में डालो। हे आत्मा! उन रुद्रदेव की स्तुति करो, जो औषधियों के स्वामी हैं। हमारा स्तोत्र पृथ्वी, अन्तरिक्ष, वनस्पतियों एवं औषधियों को प्राप्त हो। हे अश्विनीकुमारों! तुम हमें धन, वीरपुत्र एवं सौभाग्य दो।

सूक्त 43 : मीठे जल की नदियां जरा पास आएं। धरती-आकाश समस्त संग्रामों में हमारी रक्षा करें। हे वायु! यह सोम तुम्हारे लिए है। हमारी यह स्तुति अश्विनीकुमारों के पास दूत के समान जायें। अश्विनीकुमार स्तुति सुनकर सोम के पास इस प्रकार आयें, जैसे -धुरी के

पास कील जाती है। देवी सरस्वती ध्युलोक से यज्ञ में आएं। बृहस्पति को यज्ञशाला में बैठाओ। अग्नि हमारे यज्ञ में आएं। जैसे बालक का पोषण करने को तेल मालिश की जाती है, ऐसे ही अग्नि का पोषण स्तुतियों से किया जाता है। हे देवगण! हम असीम सुख प्राप्त करें।

सूक्त 44,48 : - हे अन्तरात्मा! जैसे प्राचीन पुरुष इन्द्र की स्तुति करके सफल मनोरथ हुए थे, वैसे ही तुम भी होओ। हे इन्द्र! सत्यलोक में तुम्हारा नाम है। यज्ञ में जाने को इच्छुक सूर्य निचले स्थान में भरे जल का शोषण करता है। देव अभिलाषा पूर्ण करने वाली दीप्ति से हमें धन, सन्तान-बल दे। उषा के स्वामी सूर्य हमें रक्षित घर एवं सुख दे। हमारा प्रधान स्तोत्र सूर्य को उसी प्रकार प्राप्त हो, जैसे सरिताऐं सागर के पास जाती हैं। सूर्य पदार्थों के भिन्न रूप के समान परिवर्तित रूप धारण करते हैं। सूर्य पदार्थों के भिन्न रूप के समान परिवर्तित रूप धारण करते हैं। हम जब स्तुति करते हैं, तो बादलों से जल बरसता है। हे मित्रों! आओ, स्तुति करें। इन्हीं स्तुतियों से मनु ने विशिशिप्र को जीता था और कक्षीवान ने वन में जल पाया था। सोम कूटने वाले पत्थरों से से निचुड़े सोम से ऋषियों ने इन्द्र की पूजा की थी। सात घोड़ों के स्वामी सूर्य हमारे सामने आएं। हे देवों! हम जल प्राप्त वाली स्तुति को बोल रहे हैं। ऋषियों ने इसी स्तुति के सहारे समय बिताया था। इनसे हम पापों को लांघे और रक्षित हो।

सूक्त 46 : भग एवं सविता यजमानों को धन देते हैं। अश्विनीकुमारों से मित्रता की कामना से हम प्रतिदिन उनके पास जाते हैं। हे अन्तरात्मा! सूर्य की प्रशंसा करो, उनकी स्तुति करो और उन्हें हव्य दो। इन्द्र, विष्णु, वरुण, मित्र, अग्नि हमारे दिवसों को कल्याणमय बनाते हैं। जिन यजमानों ने वसुओं को अन्न भेंट किया है, उन्हें महान तेज प्राप्त हो।

सूक्त 50 : सभी मनुष्य सवितादेव की मित्रता की याचना करें। हे सवितादेव! हमारी अभिलाषाएं पूरी करो। तुम सभी देवों और देव-पत्नियों को प्रेरित करो, वे वैरियों को हमसे दूर रखें। हे सवितादेव तुम्हारा रथ सबका पालन करने वाला है, यह हमें सुख दे। हम सुख, धन, अन्न पाने को स्तुति कर रहे हैं।

मरुद्गण :

सूक्त 52 - 57 : मरुद्गण यज्ञ के पात्र है एवं हवि पाकर प्रसन्न होने वाले हैं। वे गतिशील एवं भ्रमण करने वाले हैं, जल बरसाने वाले हैं, उनका तेज धरती-आकाश में व्याप्त है। वे मनुष्यों शत्रुओं से बचाते हैं। वे मेघ का भेदन करने के लिए आयुध चलाते हैं। बिजली उनके पीछे-पीछे चलती है। परुष्णी नामक नदी में रहने वाले मरुद्गण अपनी शुद्ध करने वाले हैं। मरुद्गण के चार नाम ये हैं-अभिमुख, प्रतिमुख, अनुकूल, प्रतिकूल। मरुद्गण हमारे यज्ञ को धारण करें। कुछ मरुद्गण छिपे हुए और कुछ प्रकट रहकर सबकी रक्षा करते हैं। हे ऋषि! मरुद्गणों की स्तुति करो। पृश्नि मरुद्गणों की माता और रुद्र उनके पिता हैं। उनकी संख्या उनचास

है। वे यज्ञ में आएं और धनादि दें। मरुद्गण नेता, मानवहितकारी एवं आसक्तिरहित हैं। हे मरुतों! हम तुम्हारी स्तुति करते हैं। हे मरुतों! तुम्हारे रथ को देख हम प्रमुदित होते हैं। मरुतों से भेदन किये गए बादल से जलधारा ऐसे निकलती है जैसे गाय के थनों से दूध की धारें। हे मरुतों! हमारे यज्ञ में यहां आओ। हे मरुतों! रसा, अतिनभा एवं कुभा नदियां तुम्हें यहां आने से न रोकें। वर्षा मरुतों पीछे-पीछे चलती है। हे मरुतों! हमें अन्न- धन दो। हम शत्रुओं को जीतें। हे ऋषि! मरुतों की स्तुति करो।

सूक्त 58 - 60 : आज हम मरुद्गणों की स्तुति करते हैं। हे होता! मरुतों की स्तुति करो, वन्दना करो। हे मरुतों! इस से तुम प्रसन्न होओ। हे यज्ञपात्र मरुतों! हमें शोभन एवं शक्तिशाली पुत्र दो। एक साथ बने रथचक्र के अरों के समान तुम एक साथ उत्पन्न हुए हो और सब बराबर के हो। जब तुम आते हो, वृक्ष टूट जाते हैं, बादल नीचे की ओर मुंह करके गरजता है। तुम्हारे आने से धरती उपजाऊ बनती है। पति-पत्नी में गर्भ धारण कराता है और तुम पृथ्वी को अपना गर्भ धारण कराते हो।

सूक्त 61 : हे मरुतों! हम तुम्हारी हवि करते है। मरुतों के भय से धरती कांपती है। तुम दूर हो, तो भी गति के द्वार पूजा कौन कर सकता है? मरुद्गण परस्पर प्रेम करने वाले शूरों के समान युद्ध करते हैं। तुम्हारे पौरुष का वर्णन कौन कर सकता है। शत्रुओं का नाश करने में मरुतों में न कोई छोटा है, न बड़ा और न कोई मध्यम; वे सभी तेज में बड़े हैं। जैसे पक्षी समस्त आकाश में गतिशील होते हैं वैसे ही तुम होते हो।धरती-आकाश हमारी वृद्धि के लिए वर्षा करें, उषा हमारी भलाई करें और मरुद्गण वर्षा करें।

मित्र एवं वरुण :

सूक्त 62 -66 : हम सूर्य के जलाच्छादित एवं शाश्वत है। हे मित्र, हे वरुण! तुम्हारा महत्व इसलिए प्रसिद्ध है कि उसके द्वारा सूर्य ने वर्षा के जलों को दुहा था। तुम सूर्य-किरणों को चमकीली बनाते हो। हे मित्र, हे वरुण! तुम अपने तेज से धरती -आकाश को धारण किए हुए हो। तुम्हारी कृपा से नदियां बहती हैं।तुम यज्ञ से धरती की रक्षा करो यजमान के पाप से रक्षा करो। तुम उषाकाल एवं सूर्योदय के पश्चात अपने रथ में बैठो और आओ हमें इच्छित धन एवं शत्रु को जीतने वाला बल दो। हे मित्र - वरुण! जिस यजमान की तुम यज्ञ में रक्षा करते हो, उसके लिए आकाश से मधुवर्षा होती है। हम तुमसे धन वर्षा एवं स्वर्ग प्राप्ति की प्रार्थना करते हैं। तुम हमारी स्तुति को सुनने यहां आओ और जल ओ। सूर्य तुम्हारी माया से ही आकाश में विचरण करता है, तुम बादल, वर्षा उसकी रक्षा करते हो। हे बुद्धिसम्पन्न। तुम वर्षा द्वारा यहां की रक्षा करते और संसार को सुन्दर बनाते हो।

सूक्त 67-72 : हे अदिति-पुत्र कुल, वरुण, अर्यमादेव! तुम यज्ञ के लिए हितकारक बल वाले हो। तुम जब यज्ञभूमि में आते हो, तो सुख देते हो। तुम यजमान को सच्चा मार्ग दिखाते हो

यजमान की रक्षा करते हो। पापी स्तोता को भी तुम धन देते हो। तुम स्तुति करने योग्य हो। हम तुम्हारी शरण हैं। हे ऋत्विजों! । मित्र, वरुण की स्तुति करो। वे यज्ञ में आएं। वे देवों में प्रशंसनीय हैं। वे दिव्य एवं पार्थिव धन देने में समर्थ हैं। वे यज्ञ को सींचते एवं यजमान को बढ़ाते हैं। वे आकाश से जल बरसाने वाले, मनचाहा फल देने वाले एवं अन्न के स्वामी तथा अन्नदाता हैं।

अश्विनीकुमार :

सूक्त 73-77 : हे अश्विनीकुमारों! तुम कहीं किसी लोक में हो, यहां यज्ञ में आओ। हे किसी से न रोके जाने वाले! मैं तुम्हारे समीप हूं और तुम्हें बुलाता हूं। तुम दोनों ने सूर्य को स्थिर बनाने के लिए अपने रथ का एक पहिया स्थिर कर लिया है। मैं जिस स्तोत्र से तुम्हारी स्तुति कर रहा हूं वह पूरा हो। तुम्हारी पत्नी सूर्य के रथ में बैठने पर दीप्ति सब ओर फैलाती है। तुम्हारे रक्षा-प्रयत्नों से ही हम जीवित रहे। बढ़ई जैसे रथ बनाता है, वैसे हमने स्तुतियां बनाई हैं, वे तुम्हें सुखकर हों। हे अश्विनीकुमार! तुम हमारी स्तुति सुनो। हम तुम्हें पाने की इच्छा करते हैं। पीर के यज्ञ में पहुंचो और जल बरसाओ। च्यवन ऋषि का बुढ़ापा तुमने ही दूर करके उन्हें युवा वधू के योग्य बनाया। तुम्हारा रथ यहां आए। तुम जहां कही हो, वहीं से यहां आओ। हमारा हव्य तुम्हें प्राप्त हो। हे अश्विनीकुमारों! हे मधुविद्या के ज्ञाता! स्तोता तुम्हारी स्तुति करता है। तुम मेरी पुकार सुनो। तुम पुकार पर च्यवन ऋषि के पास पहुंचे थे। तुम हमारे प्रति अभिलाषारहित न होना। उषाकाल हो गया है। अग्नि वेदी पर स्थापित है। तुम मेरी पुकार सुनकर यहां आओ।

सूक्त 78 : हे अश्विनीकुमारों! हे नासत्यो हंस जैसे निर्मल पानी के पास जाता है, तुम भी यहां उसी प्रकार हमारे यज्ञ में सोम के पास आओ। अत्रि ऋषि ने तुम्हारी स्तुति की थी और अग्निदाह से छुटकारा पाया था। हे अश्विनीकुमारों! । तुम अपने सुखदायक रथ के द्वारा हमारे यज्ञ में बाज पक्षी की अद्वितीय चाल द्वारा आओ।

उषा :

सूक्त 79 - 80 : हे उषा देवी! हमें जैसे पहले जगाया था, वैसे ही धन पाने के लिए अब जगाओ। तुमने सुनीथि का अन्धकार भगाया था, तुम हमारा भी अन्धकार मिटाओ। जो तुम्हारी स्तुति करते हैं, वे ऐश्वर्य सम्पन्न होते है। हम भी तुम्हारी स्तुति करते हैं और हव्य लेकर प्रस्तुत हैं तथा तुमसे धनप्राप्ति की कामना कर रहे हैं। हमें वीर संतान के साथ धन दो। हे स्वर्गपुत्री! तुम प्रकाश फैलाओ। सूर्य तुम्हें ताप न दे। हे उषा! धन दे सकती हो। मेधावी ऋत्विज उषा को जगाती है, उनके मार्गों को सरल है। वह अनश्वर धन को स्थायी करती है।

वह स्नात एवं अलंकृत नारी के समान हमारे सामने उपस्थित होती है। उषा कल्याणकारिणी नारी के समान हव्यदाता को सुखी बनाती है।

सविता :

सूक्त 81- 82 : सविता देव की स्तुति महान है। सविता होता के कार्य को जानते हुए उन्हें अपने-अपने कार्यों में लगाते है। वे विविध रूप धारण करते हैं तथा मानवों का कल्याण करते हैं। वे स्वर्ग को प्रकाशित करते और उषा के पश्चात् उदित होते हैं। अन्य देव 'सविता देव के पीछे चलते है। सवितादेव अपनी किरणों द्वारा पूषा को बनाते हैं। ऋषि सविता की स्तुति करते हैं। हे सविता देव! हम शत्रु-नाशक धन प्राप्त करें। सवितादेव के ऐश्वर्य को कोई नष्ट नहीं कर सकता। हे सवितादेव हमें पुत्र-पौत्र व धन प्रदान करो। हमारी दरिद्रता तुम नष्ट करो। हमारे अमंगल को दूर भगाओ और कल्याणों को हमारे पास लाओ। हम सविता की सेवा करते हैं।

पर्जन्य :

सूक्त 83 : हे स्तोता! पर्जन्य को अपना अभिप्राय बताओ, उनकी स्तुति करो और हव्यन्न से उनकी सेवा करो। पर्जन्य औषधियों में गर्भ धारण कराते हैं। वे वृक्षों और राक्षसों का नाश करते हैं। पर्जन्य बरसाने वाले बादलों को प्रकट कराते हैं। पर्जन्य हमें महान् सुख दें। हे मरूतों! वर्षा करो, जल धाराएं गिराओ। हे पर्जन्य! जल बरसाते हुए हमारे सामने आओ। चमड़े की मशक के समान बंधे मेघ को नीचे को खोलो और धरती आकाश को जल से गीला करो। जब तुम गर्जन करते हुए जल बरसाते हो, तो संसार प्रसन्न होता है। तुमने संसार के उपकार के लिए औषधियां उत्पन्न की है।

पृथिवी :

सूक्त 84 : हे पृथिवी! तुम समस्त प्राणियों को धारण करती हो और उन्हें प्रसन्न रखती हो। स्तोता स्तोत्रों से तुम्हारी प्रशंसा करते हैं। तुम केवल गरजने वाले बादल को दूर फेंकती हो। तुम्हारे ऊपर जब बादल जल बरसाते हैं, तब तुम अपनी शक्ति-द्वारा वनस्पतियों को धारण करती हो।

वरुण :

सुदत्त 85 : हे अत्रि! तुम वरुण के प्रति गम्भीर वचन बोलो। वरुण सूर्य के भ्रमण के लिए अन्तरिक्ष को विस्तृत करते हैं। वे घोड़ों में बल, गायों में दूध, हृदयों में यज्ञ-संकल्प, जलों में अग्नि, स्वर्ग में सूर्य एवं पर्वतों पर सोमलता उत्पन्न करते हैं। वे वर्षा से धरती को गीला करते हैं। वरुण ने अन्तरिक्ष में रहकर धरती-आकाश को डंडे से नापने के समान नापा

है। जैसे जलपूर्ण नदियां अकेले सागर को नहीं भर पातीं, वैसे हे वरुण! हमारे द्वारा किसी के भी प्रति किये गए अपराधों को नष्ट करो। हमने जान-बूझकर या बिना जाने जो अपराध किया है, वरुण उसे दूर करें। हम वरुण के प्रिय बनें।

इंद्र व अग्नि :

सूक्त : 86 - हे इन्द्र व अग्नि जैसे विद्वान् विरोधी के तर्क को काटता है, वैसे ही तुमसे रक्षित व्यक्ति शत्रुओं के धनी को काटते है। इन्द्र व अग्नि की हम स्तुति करते हैं। वे दोनों वज्र लेकर वृत्र का नाश करते हैं। हम उन दोनों की स्तुति करते हैं और संग्राम में अपने रथ को आगे बढ़ाने के लिए उनकी प्रार्थना करते हैं। हम उन दोनों से अश्व-धन प्राप्त करने के लिए प्रार्थना करते हैं और उन्हें सोम-हव्य देते हैं।

मरुद्गण :

सूक्त 87 : विष्णु के साथ उत्पन्न होने वाले एवयाम ऋषि की स्तुतियां मरुद्गण के पास जाएं। हे मरुतों! तुम्हारा बल कर्मफलदाता एवं अपराजेय है। तुम पर्वतों के समान स्थिर हो। मरुद्गण नदियों को प्रवाहित करते हैं। मरुतों का बल शक्तिशाली-वर्षा करने वाला ' तेजस्वी है। वे नियमबद्ध यज्ञ का ज्ञान कराने वाले हैं। वे शत्रुओं से हमारी रक्षा करें। रुद्रपुत्र मरुतों की गति महान हैं। हे मरुतों! तुम देवयाम ऋषि की स्तुति सुनने को आओ। हे मरुतों! जिस प्रकार योद्धा शत्रुओं को मारता है, उसी प्रकार तुम हमारे पापों को भगाओ। तुम यज्ञ-पूरणार्थ यहां आओ।

षष्ठ अध्याय

अग्नि :

सूक्त 1-7 : हे अग्नि! तुम देवश्रेष्ठ, देवों को यहां में बुलानेवाले, कामवर्षी, शत्रुओं को पराजित करने वाले एवं दर्शनीय हो; यजमान तुम्हारा धन पाने के लिए तुम्हारा अनुगमन करते हैं। आओ, वेदी पर बैठो। तुम स्तुति सुनकर मनुष्यों के माता-पिता बन जाते हो। हम स्तोत्र बोलते हुए तुम्हारे पास बैठे। तुम स्तोताओं को स्वर्ग का अधिकारी बनाओ। तुम्हारा कल्याणकारी अनुग्रह हमें प्राप्त हो। तुम हमें महान अन्न एवं प्रचुर- धन दो। हमारे पुत्र, पौत्रो को कल्याणकारी सौभाग्य दो। हे अग्नि! तुम समिधाओं और हव्य पर मित्र के समान टूटते हो। प्रजाजन हव्यों और स्तुतियों से तुम्हारी सेवा करते हूं। वर्षा प्रेरक सूर्य तुम्हारे पास जाते हैं। मनु के वंशज ऋत्विज तुम्हें यज्ञ में बुलाते हैं। तुमसे रक्षित यजमान पाप में के समान जो शत्रु हैं, उन पर आक्रमण है और वर्ष तक पुत्र, पौत्र तथा घर पाता है। हमें यज्ञ से समृद्ध करो। हमारे शत्रुओं को नष्ट करके हमें पापों से बचाओ और सुख दो। हे अग्नि यजमान चिरकाल

जीवित रहे एवं तेजस्वी रहे। वरुण के साथ मिलकर उसे पाप से बचाओ। यजमान चान्द्रायण आदि व्रतों के द्वारा शान्त बन गया। अग्नि काष्ठ पर फरसे के समान अपनी जिहा चलाकर उसे भस्म करते हैं।अग्नि वाण फेंकने के समान अग्नि अपनी ज्वालाएं आगे बढ़ाते है। दीप्त सूर्य के समान समान किरणें विस्तृत करते हैं। अपने तेज से शब्द करते है और बिजली के वाले समान चमकते हैं। हे देवों! को बुलाने वाले अग्नि! हमारा यज्ञ पूरा करो। हम हमें पापरहित अन्न दे। अग्नि हव्यों पर बैठकर यजमान को अन्नादि देते हैं। सूर्य जैसे अन्धकार का नाश करता है, वैसे अग्नि अन्धकार-नाश करते है। हे अग्नि! हमें पाप से छुड़ा, हम सन्तान पाकर सौ वर्ष जीवित रहे।

सूक्त 8-11 : हम वैश्वानर अग्नि की महिमा गाते हैं। अग्नि के लिए स्तुतियां सोमरस के समान उत्पन्न होती हैं। व्रती वैश्वानर व्रतों के पालक एवं व्रतों के रक्षक हैं, वे अन्तरिक्ष को नापते हैं और स्वर्ग को छूते हैं। अग्नि ने अन्तरिक्ष को चमड़े के समान फैलाया है। उन्होंने अन्तरिक्ष में मरुतों को धारण किया है। वायु देवों के दूत के रूप में वैश्वानर को सूर्य से लाएं हैं। हे जरारहित अग्नि! जैसे वज्र वृक्षों को गिराता है, वैसे हमारे शत्रुओं को गिराओ। हमें धन, सन्तान, अन्न को बल दो और उनकी रक्षा करो। हे त्रिलोक में अपराजेय अग्नि! स्तोताओं को बल दो और उनकी रक्षा करो। काली रात और उजला दिन अपनी प्रवृत्ति से धरती-आकाश को अलग करते हैं और अग्नि अन्धकार का नाश करते है। हम जगत का ताना-बाना और उससे बने कपड़े से परिचित नहीं, क्योंकि हम जानते हैं कि इस लोक के हैं, परलोक की बातें कैसे जानें? हां, अग्नि जगत के ताने-बाने को जानते हैं और सूर्य के रूप में ऊपर से जगत को देखते हैं। अग्नि की ध्रुव ज्योति प्राणियों में जठराग्निध्य में वर्तमान है। वैश्वानर के शब्द सुनने को हमारे कान, रूप देखने को आंखें, समझने के लिए बुद्धि उत्सुक है और मन वैश्वानर संबंधी चिन्ता में चंचल है। यज्ञो को शोभन बनाने वाले अग्नि की हे ऋत्विजों! स्तुति करो। हे अग्नि! तुम उन स्तोत्र को सुनो, जो स्तोता ममता भरी वाणी में बोलते हैं। एवं घी के समान तुम्हें भेंट करते करते हैं। अग्नि अपने हव्य देने वाले को गौ प्रदान करते हे। हे अग्नि! हम भरद्वाजवादियों पर कृपा करो। हमें धन-सन्ताने और दो। हम सौ वर्ष तक जिएं। हे अग्नि! शत्रु बाधक मरुतों के लिए हवन करो और यज्ञ में मित्र, वरुण, अश्विनीकुमारों तथा धरती-आकाश को भी लाओ। हे अग्नि! तुम स्विष्टकृत नामक शरीर का अपनी शुद्धिकर्मी ज्वाला से यजन करो। हे अग्नि! इस यज्ञ में अंगिरा स्तुतिकर्ता रहे हैं, और भरद्वाज छन्द का उच्चारण कर रहे हैं . यज्ञ में आओ। हे अग्नि! धरती-आकाश की हव्य से पूजा करो, उसी प्रकार जैसे अतिथि की पूजा की जाती है। हे अग्नि! हमें धन और बल दो।

सूक्त 12 : अग्नि दूर रहकर भी सूर्य के समान अपनी किरणों का विस्तार हो, अत: हमारा हव्य तीव्र गति से देवों तक पहुचाओ।अग्नि! बढ़कर सूर्य के समान प्रकाशित होते हैं

एवं वायु के समान सबसे द्रोह-रहित होकर औषधियों के प्रति द्रवित होते है। हे अग्नि! हमारी निन्दा से रक्षा करो, शत्रुनाश करो और शुभ सन्तान पाकर सौ वर्ष जिए।

सूक्त 16 : हे अग्नि! तुम समस्त यज्ञों को पूर्ण करने वाले हो। देवों और मानवी प्रजाओं ने तुम्हें होता बनाया है। हमारे यज्ञ में देवों का यजन करो। भरत ने तुम्हारी स्तुति की थी और अग्नि रका हव्यन्नो द्वारा यजन किया था। तुमने दिवोदास को जैसे उत्तम धन दिये थे वैसे मुझ भरद्वाज को भी दो। मुझ भरद्वाज की स्तुति सुनते हुए तुम यज्ञ में आओ। मनु ने तुम्हें यज्ञों का होता नियुक्त किया है, तुम देवों का यजन करो। हे अग्नि! शीश के समान सारे जगत को धारण करने वाले तुम्हारा अथर्वा ऋषि ने मंथन किया था और अथर्वापुत्र दध्यड् ऋषि ने तुम्हें प्रज्ज्वलित किया था। दिवोदास राजा के शत्रुओं का नाश करने वाले अग्नि की हम स्तुति करते हैं। हे अग्नि! यज्ञ में दीप्तिसम्पन्न एवं पवित्र कर्म वाले मित्र वरुण, आदित्य, मरुद्गण और धरती-आकाश का यजन करो। हे मन्त्रों के रचयिता अग्नि! अहित चाहने वालों से हमारी रक्षा करो। हे अग्नि! मुझ भरद्वाज को तुम विस्तृत सुख एवं चाहने योग्य धन दो। पृथ्वी माता के गर्भ के समान एवं अविनाशी वेदी पर प्रज्ज्वलित तथा हव्य-द्वारा भूलोकरूपी पिता का पालन करने वाले यज्ञवेदी पर बैठें और शत्रु-नाश करें। अर्ध्वयु अग्नि को ऐसे पकड़ते हैं जैसे बाघ अपने बच्चे को पकड़ता है।

सूक्त 48 : हे स्तोताओं! तुम स्तोत्रों से अग्नि की प्रशंसा करो। अग्नि युद्ध में हमारे रक्षक एवं पुत्रों के ऋणकर्ता हैं। हे गर्भ अग्नि! जल, पत्थर और अरणिरूप काष्ठ तुम्हें शक्तिशाली बनाते हैं।भरद्वाज के द्वारा दीपित हे अग्नि! हमें धन दो एवं जलों। हे मित्रों! तुम अग्नि रूपी दुधारू गाय के पास पहुंचो और नयी स्तुतियां बोलो। हे मरुतों! तुम भरद्वाज लिए सुख, दूध देने वाली गाय और खाने योग्य अन्न दो।

इन्द्र :

सूक्त 17- 19 : हे उग्र इन्द्र। अंगिरागोत्रिय ऋषियों की स्तुति सुनकर जिस सोमरस के उद्देश्य से पणियो-द्वारा चुरायी गयी गायें तुमने खोजी थीं, उसी सोमरस को पियो। हे इन्द्र! जिस सोम से प्रसन्न होकर, तुमनें अन्धकार को नष्ट करते हुए सूर्य एवं उषा को अपने-अपने पर स्थापित किया था, वही सोमरस तुम्हारे पीने को प्रस्तुत है। हे इन्द्र! तुमने कमजोर गायों गायों को दुधारू बनाया और गायों के बाहर जाने के लिए पर्वत में द्वार बनाएं तथा अंगिरागोत्रीय ऋषियों से मिल उन्हें बन्धनमुक्त किया, हे इन्द्र! तुम्हारा वज्र त्वष्टा बनाया है। हे इन्द्र! शक्तिशाली एवं बुद्धिमान तुम हम लोगों को बल, अन्न एवं धन प्रदान करो। हम भरद्वाज गोत्रीय ऋषियों को सेवकों और पुत्र, पौत्रों से युक्त करो और हमारी रक्षा करो। हम प्रभूत अन्न एवं सौ वर्ष की आयु प्राप्त करें।

सूक्त 20-28 : हे इन्द्र! हमें ऐसा पुत्र दो, जो संग्राम में शत्रुओं पर उसी प्रकार आक्रमण करें, जैसे सूर्य प्राणियों पर आक्रमण करते हैं। हे ऋतुजीवी इन्द्र! तुमने विष्णु से मिलकर वृत्र का वध किया। कुत्स से युद्ध करने वाले पणि अपनी सेनाओं के सहित तुम्हारी सहायता के कारण ही भागे। शुष्णासुर को परास्त कर तुमने उसका सब अन्न छीन लिया। इन्द्र ने सूर्य को प्राप्त करने के लिए अपने सारथी कुत्स से रथ आगे बढ़वाया। गरुड इन्द्र के लिए सोम लाए। इन्द्र ने नमुचि का सिर काटा एवं सूर्य के पुत्र निमि की प्राण-रक्षा की और ऋजिश्वा राजा को बाधारहित धन दिया। इन्द्र ने वेतसु, दशोरिंग, तूतुजि, नुग्र एवं इम, असुरों को द्योतन राजा के पास जाने को विवश था। तुमने यज्ञ-बाधको को मारकर पुरुकुत्स को धन दिया। हे इन्द्र! संग्राम में तुम्हारे कार्य प्रसिद्ध हैं। हे इन्द्र! श्रेष्ठ विभूतियां हव्यान्न के रूप में तुम्हें प्राप्त होती हैं। प्राचीन ऋषियों ने हे इन्द्र! ! यज्ञ करके तुम्हारी मित्रता प्राप्त की। मुझ अर्वाचीन भरद्वाज की स्तुतियां भी सुनो। हे भरद्वाज! हमारी मित्रता के लिए वरुण, मित्र, मरुदगण, पूषा, विष्णु, सर्वप्रमुख-अग्नि, सविता, औषधियों एवं पर्वतों को अपनी स्तुतियों से प्रसन्न करो। हे मार्गनिर्माता हे विद्वान् इन्द्र! तुम सुगम और दुर्गम दोनों प्रकार के मार्गों में हमारे आगे चलो। हे इन्द्र! अपनेश्रमरहित, महान एवं वाहनकुशल अश्वों के द्वारा हमारे लिए अन्न लाओ। जो एक मात्र इन्द्र विपत्तियों में बुलाने योग्य हैं।उन्हें हम इन स्तुतियो के द्वारा बुलाते है। नौ महीने वाला यज्ञ करने वाले, बुद्धिमान अंगिरादि ने इन्द्र को अन्न का स्वामी बनाकर स्तुतियां की थीं। हे स्वयं शक्तिशाली इन्द्र! तुमने अनेक धारों वाले वज्र- द्वारा मायावी वृत्र को नष्ट किया। हे तेजस्वी! तुमने उसी वज्र से शत्रुनगरियो को तोड़ा। हम प्राचीन ऋषियों के समान अति नवीन स्तुतियों द्वारा अतिशय एवं प्राचीन इन्द्र का यश बढ़ाते हैं। हे बहुतो के द्वारा बुलाए गए, यज्ञ के विधाता एवं यज्ञ-पात्र इन्द्र! तुम हमारे समीप आओ। हे इन्द्र! जब सोम निचुड़ जाता है, स्तोत्र बोलने लगते हैं, स्तुतियां होने लगती है, तब तुम रथ में घोड़े जोड़ते हो और यज्ञ में आते हो। तुम युद्ध में यजमान की रक्षा करते हो। सरलतम के बाधक दुस्युओं को काटते हो। इन्द्र तीनों काल में होने वाले यज्ञों में है। हे इन्द्र! प्रसन्नतापूर्वक हमारा पुरोडाश स्वीकार करो। दूध, दही, मिश्रित सोम पियो। भरद्वाज ऋषि ने सोमरस निचुड़ जाने पर हव्यरूप धन वाले यजमान के स्वामी इन्द्र की स्तुति इस प्रकार की है, जिससे इन्द्र स्तुतिकर्ता के सन्मार्ग प्रेरक एवं धन के दाता बनें।

सूक्त 29 : इन्द्र के हाथ में महान मानवहितकारी धन है, वे सोने के रथ पर चढ़ते हैं और उनकी भुजाओ में किरणें समाई हुई हैं। ऐसे इन्द्र की हम स्तुति करते है। हे इन्द्र! तुम्हारी शक्ति अनन्त है। स्तोता शक्ति पाने के लिए हवि से तुष्ट करते हैं।

सूक्त 30 : जरारहित इन्द्र के बल की हम स्तुति करते है। इन्द्र गोलाकार सूर्य को प्रतिदिन देखने योग्य बनाते हैं। पर्वत, जल, धरती, और आकाश सब इन्द्र की आज्ञा के वशवर्ती है।

सूक्त 31 : इन्द्र के नाम से मेघ जल बरसाते हैं। उन्होंने अनेक असुरों को धराशायी किया है। हे शक्तिशाली योद्धाओं वाले इन्द्र! तुम महान रण के लिए अपने भयानक रथ पर बैठो और हमारी रक्षा के लिए सामने आओ।

सूक्त 32 : हिसंको को हराने इन्द्र सदा उद्धृत बल से नित्य चलने वाले तेज से मिलकर सूर्य के दक्षिणायन होने पर जल को स्वतन्त्र करते है।

सूक्त 33 : हे इन्द्र! तुम दस्यु तथा आर्यों दोनों प्रकार के शत्रुओं का नाश करते हो। हे इन्द्र! लकडहारा ' वनों को काटता है, उसी प्रकार तुम संग्राम में अपने तीखे बाणों से शत्रुओं को काटते हो।

सूक्त 34 : सेवाकर्म एवं स्तुति वचन इन्द्र को बाधा नहीं, पहुंचा सकते। इन्द्र की वृद्धि करती हुई स्तुतियां सामने जाकर उन्हें उत्साहित एवं प्रसन्न करती हैं।

सूक्त 35 : हे इन्द्र! हमारी स्तुतियां तुम्हें कब पाएंगी? मुझ स्तोता को तुम हजार लोगों का पोषण करने गाएं कब दोगे? मेरे स्तोत्रों को धन से युक्त कब करोगे? तुम यज्ञकर्मों अन्न से सुशोभित कब करोगे?

सूक्त 36 : हे इन्द्र! यह बात सत्य है कि तुम्हारे सोमपान से उत्पन्न प्रसन्नता सबको हितकारक होती है। तीनों लोक में स्थित तुम्हारी सम्पत्तियां भी लोगों का हित करती हैं। तुम अन्न देने वाले एवं देवों को बल धारण कराने वाले हो।

सूक्त 37 : हे उग्र इन्द्र! तुम्हारे रथ में जुड़े हुए घोड़े तुम्हारे सर्वपूज्य रथ को मेरे सामने लाएं। गुण वाले स्तोता तुम्हें बुलाते हैं। हम आज तुम्हारे साथ प्रसन्न होते हुए उन्नति करें।

सूक्त 38 : अतिशय विचित्र इन्द्र हमारे सोमरस को पिए एवं अपने से संबंधित हमारी महती एवं दीप्तिशाली स्तुति को स्वीकार करें। इन्द्र देवकर्म करने वाले यजमान की यज्ञ में प्रशंसा-योग्यस्तुति एवं हवन स्वीकार करें।

सूक्त 36 : हे इन्द्र! हमारे नशीले,वीरतीप्रेरक, दिव्य, बुद्धिमानों के द्वारा प्रशंसित प्रसिद्ध एवं प्रसन्नताकारक सोम को पियो एवं हमें गाएं तथा धन दो।

सूक्त 40 : हे इन्द्र! यह सोम तुम्हारा नशा बढ़ाने के लिए निचोड़ा गया है। तुम इसे पियो। अपने मित्ररूप घोड़ों को रथ में जोतो एवं यात्रा के बाद उन्हें छोड़ दो। तुम स्तोताओं के बीच बैठकर स्तुतियां गाओ एवं अपने स्तोता को अन्न दो।

सूक्त 41 : हे इन्द्र! तुम क्रोधरहित यज्ञ में आओ। तुम्हारे निमित्त ही पवित्र सोमलता को निचोड़ा गया है।गाएं जिस प्रकार गोशाला में प्रवेश करती हैं, उसी प्रकार सोमरस कलश में रखा है। हे यज्ञपात्रों में श्रेष्ठ इन्द्र! तुम यहां आओ।

सूक्त 42 : हे अध्वर्युगण पीने के इच्छुक सब कुछ जानने वाले, अधिक गतिशील, यज्ञों में उपस्थित रहने वाले सबसे आगे चलने वाले एवं युद्ध के नेता इन्द्र को तैयार पवित्र सोमरस भेंट करो।

सूक्त 43 : हे इन्द्र! जिस को पीकर उसके उत्पन्न मद के द्वारा तुमने दिवोदास के कल्याण के लिए असुर को मारा था, वही सोमरस तैयार है, पीयो।

सूक्त 44 : हे यजमानों! हम कल्याण के निमित्त भक्तों पर अनुग्रह करने वाले, शक्ति के स्वामी, सभी शत्रुओं को हराने वाले, यज्ञकर्म के नेता, अतिशय दाता एवं सबको देखने इन्द्र की स्तुति करते हैं।

सूक्त 45 : ऋषि लोगों ने कहा था कि शत्रु-सेना को हराने वाले वीर इन्द्र के दोनों हाथों में सभी प्रकार ही सम्पतियां हैं। हे स्तोताओं! घास जैसे गाय को सुखद होती है, उसी प्रकार निचुड़ जाने पर सोमरस इन्द्र को सुखद होता है।

सूक्त 46 : हे विचित्र! हे हाथ में वज्र धारण करने वाले! वज्र के स्वामी, शत्रुनाशक, महान एवं सज्जनपालक इन्द्र! युद्ध में शत्रुओं को जीतने वाले को तुम जिस प्रकार बहुत-सा अन्न देते उसी प्रकार तुम हमारी स्तुतियों से प्रसन्न होकर' हमें गाएं, रथ एवं रथ में कुशल घोड़े दो।

सोम. पृथ्वी आदि :

सूक्त 47 : सोमपायी इन्द्र के कोई ठहर नहीं सकता। सोमरस पीने पर वाणी को तेज करता है और बुध्दि को बढ़ाता है। सोम ने धरती का विस्तार एवं स्वर्ग को दृढ़ किया है, वह आकाश को धारण करता है। सोम ने औषधि, जल और गौ में रस धारण कराया है। हे इन्द्र्! हमें दुःखों और शत्रुओं से पार करो, धन दो और हमारी रक्षा करो। हमें सुखी बनाओ एवं दीर्घ जीवन दो। हमारी अभिलाषाएं पूरा करो और हमें कल्याण दो। इन्द्र देवों के प्रतिनिधि बनकर भिन्न-भिन्न रूप धारण करते हैं। इन्द्र का एक रूप अपना है और एक आम देवों का होता है ये विभिन्न रूप धारण करते हैं। वर्षा करने वाले इन्द्र ने उदब्रज नामक स्थान में दासों, शंबर एवं बर्ची को मारा था। हे दुदुभि! धरती और आकाश को शब्द पूर्ण कर दो। हमें ओज और बल दो तुम शत्रुओं को बाधा पहुंचाते हुए शब्द करो चराचर तुम्हारे शब्द को जानें। तुम शत्रुओं को रुलाओ। हे अध्वर्यु! स्वर्ग एवं धरती के सार रूप अंश से बने, वनस्पति के दृढ़ अंश के निर्मित, जल की गति से युक्त, गाय के चमड़े से ढके एवं इन्द्र के वज्र के समान दृढ़ रथ को लक्ष्य करके यहां करो।

विश्वेदेव :

सूक्त 46 - 52 : स्तुतियों से मैं शोभनकर्मा देवों की प्रशंसा करता हूं। मित्र, वरुण, अग्नि यहां आए और मेरी स्तुतियां सुनें। यज्ञ में केतु अग्नि का यहां करने को मैं यजमान को प्रेरणा देता हूं। रात-दिन की जोड़ी हमारी स्तुतियां सुनकर प्रसन्न हों। हमारी स्तुति वायु के सामने

उपस्थित हो। हे वायु। तुम स्तोता की धन से पूजा करो। हे अश्विनीकुमारो! तुम स्तोता के पुत्र-पौत्रों की अभिलाषा पूर्ण करो। हे पर्जन्य एवं वायु! जल बरसाओ। हे मरुतों! स्तोता को धनसम्पन्न करो। सरस्वती! हमारे यज्ञकर्म को पूरा करो। स्तोता सभी मार्गों के स्वामी सूर्य के सामने स्तुतियों -सहित उपस्थित हो। पूषा हमें सोने के सींग वाली गाएं दें स्तोत्रों से लोक-पालक रुद्र की वृद्धि हो। विष्णु में दिव्य स्थान पर वास करें। हे विश्वेदेव! देव यज्ञ करने वालों को सहारा दो।

हे देवों! मैं सुख पाने के लिए अदिति, मित्र, वरुण, अग्नि, अर्यमा, सविता और अन्न सभी देवों को बुलाता हूं। हे सूर्य! सब देवों को अनुकूल बनाओ। हे स्वर्ग और धरती! हमें अधिक बल दो। हे मरुद्गण! इस समय यहां आओ। हे स्तोता! इन्द्र की स्तुति करो, वे हमें अन्न दें। हे जल! तुम चराचर के उत्पन्न-कर्ता एवं माता से भी अधिक सुख देने वाले हों। सविता हमारे यज्ञ में भली प्रकार आए। हे अग्नि! आज इस में देवों को लाओ। मैं तुम्हारी रक्षा में पुत्र, पौत्रों वाला बनूं। हे अश्विनीकुमारों! हमें अंधकार से छुड़ाओ। रुद्र, सरस्वती, विष्णु, ऋभुक्षा, वाज हमें सुखी। पर्जन्य अन्न बढ़ाएं।

सूर्य, मित्र, वरुण का तेज सबके ऊपर है। सूर्य तीनों लोकों को जानते हैं। हम अदिति, मित्र, वरुण और अर्यमा की स्तुति करते हैं। हे आदित्यों! मैं अदिति की शरण में जाता हूं। हे अदिति! हमें सुख दो! मैं देवों को नमस्कार करता और पापों को दूर करता हूं। वरुण, मित्र, इन्द्र, भग, अदिति-हमें उत्तम सुख दे। हे सोम! हम तुम्हारी मित्रता की करते है। हे देवों! हमारे मार्गों को सुगम बनाओ। हम उस सुगम मार्ग को पा गये हैं, जिस पर चलने से शत्रुनाश होता और धन मिलता है।

पूषा :

सूक्त 53 - 58 : हे पूषा हम तुम्हें अन्नलाभ एवं यज्ञपूर्ति के लिए सामने करते हैं। तुम दान न देने वाले को दान की प्रेरणा दो। तुम लौह-दण्ड के द्वारा प्राणियों को घायल करो, उनके मन में दान प्रेरणा दो, उन्हें वश में करो। लौह-दण्ड से तुम लोभियों के हृदयों को करो और यज्ञ को गाय, घोड़ा, अन्न एवं सेवक देने वाला बनाओ। हे पूषा हमें ऐसे विद्वान् से मिलाओ, जो सरल मार्ग की शिक्षा दे। पूषा का चक्ररूप आयुध कभी भोथरा नहीं होता। जो पूषा की सेवा करता है, धन पाता है। पूषा गायों और घोड़ों की रक्षा करें। स्तोत्र सुनने वाले पूषा से हम धन मांगते हैं। हे पूषा हम यज्ञकर्म करते हुए अहिंसित रहे। हे पूषा! तुम हमारे यज्ञ के रक्षक बनो, तुम सभी स्तोताओं के मित्र हो। इन्द्र के भाई पूषा हमारे हों। जो पूषा को घी मिले हुए जौ के सत्तू देता और स्तुति करता है, उसे किसी की स्तुति नहीं करनी पड़ती। पूषा देव शत्रुओं को मारते हैं। पूषा की रक्षा पापरहित एवं धनयुक्त होती है, इन्द्र सोम पीते है और

पूषा जौ का सत्तू पसंद करते हैं। पूषा के रथ को बकरे तथा इन्द्र के रथ को घोड़े खींचते हैं। हम इन्द्र पूषा की कृपा की सहायता चाहते हैं। हे पूषा! तुम्हारा शुक्ल रूप दिन और रूप रात्रि है तुम सूर्य के समान तेजस्वी हो। हे पूषा! तुम सूर्य के दूत चलते हो। पूषा धरती के बन्धु अन्न के स्वामी, धनसम्पन्न, शक्तिशाली एवं शोभन गति वाले हैं।

इन्द्र व अग्नि :

सूक्त 56 - 60: हे इन्द्र! हे अग्नि! हम तुम्हारे वीरतापूर्ण उन कार्यों का स्मरण करते हैं कि देव-शत्रु मारे गये और तुम दोनों अक्षुण्ण रहे। तुम दोनों के पिता एक ही हैं, धरती तुम दोनों की माता हैं। हम अपनी रक्षा को दोनों को बुलाते हैं। युद्ध करने वाले युद्ध में तुम दोनों को छोड़ना नहीं चाहते। हमें शत्रु-सेना दुखी कर रही है, दूर भगाओ। दिव्य और पार्थिव धन तुम दोनों के हैं। हमें आयु को पुष्ट वाला धन दो। तुम दोनों सोम पीने यज्ञ में आओ। जो इन्द्र, अग्नि की करते हैं वे बल से शत्रुओं को हराते एवं धन के स्वामी बनते हैं। इन्द्र अग्नि ने संसार को दिशाओं, सूर्य, उषाओं, जलों और गायों से युक्त किया है। तुम दोनों दोष-रहित अन्न लेकर हमारे यज्ञ में आओ। मैं इन्द्र और अग्नि को बुलाता हूं जिनके वीरतापूर्ण कार्यों का वर्णन ऋषियों ने किया है। जो मनुष्य को लक्ष्य करके अग्नि में हवन करता है, इन्द्र उसके लिए जल बरसाते हैं।

सरस्वती :

सूक्त 61 : सरस्वती ने हव्य देने वाले वर्ध्यश्व को दिवोदास नामक पुत्र दिया था। इन्होंने पणि को नष्ट किया था, इनके दान महान हैं। ये अपने किनारों को इस प्रकार तोड़ती जैसे कमल की जड़ खोदने वाला कीचड़ को बिखेर देता है। यज्ञ के द्वारा रक्षा के निमित्त सरस्वती की मैं सेवा करता हूं। सरस्वती अन्नों-द्वारा रक्षा करें, हमें धन दें तथा शत्रुओं से हमारा छुटकारा कराएं। सरस्वती का बल अनन्त, अपराजित एवं गतिशील है। हमारी सबसे अधिक प्रिय तथा गंगा सात बहनों वाली सरस्वती हमारी स्तुतियां सुनें सरस्वती निंदकों से रक्षा करें। सरस्वती सर्वश्रेष्ठ जल वाली मानी जाती है। प्रजापति ने इसे गुण वाली बनाया है

अश्विनीकुमार :

सूक्त 61 - 63 : मैं भुवन-स्वामी अश्विनीकुमार की मंत्रों से स्तुति करता हूं। वे रात्रि की समाप्ति पर धरती को ढकने वाले अन्धकार दूर करते हैं। हे अश्विनीकुमारो! तुम यजमान के दरिद्र घर को समृद्ध बनाते हो। तुम हव्यदाता के शत्रुओं को गहरी नींद में सुला दो। हे होता अग्नि! युवा अश्विनीकुमारों का यज्ञ करो। अश्विनीकुमारों ने तुग के पुत्र भृज्यु की रक्षा की। उन्हें सागर से बाहर निकाला। हे आदित्यो, वसुओं, मरुतों! अश्विनीकुमारों के सेवक के प्रति जो

देवों का क्रोध है, उसे राक्षसस्वामी को मारने के प्रयोग करो। अश्विनीकुमार जहां कहीं रहते हैं, वही हव्य-सहित स्त्रोत उन्हें प्राप्त हों। हे अश्विनीकुमारों! मेरे बुलाने पर आओ। स्तोता स्त्रोत बोल रहा है, पत्थरों से निचोड़ा सोम निचुड़ रखा है, उसे ग्रहण करो। हे अश्विनीकुमारी! तुम्हारा धन बहुत है। हमें गाएं एवं धन दो। हे अश्विद्वय! पुरापंथा राजा ने तुम्हारे स्तोताओं को बहुत घोड़े दिये थे। तुम्हारे स्तोता मुझ भरद्वाज को भी ऐसी ही दक्षिण दें।

उषा :

सूक्त 64- 6 5 : चमकती हुई उषाएं पानी की लहरों के समान उठती हैं। उषाएं सभी मार्गों को सुन्दर एवं सुगम बनाती हैं। हे उषा! तुम्हारी कल्याणी एवं चमकीली किरणें आकाश से गिर रही हैं। लाल रंग चमकीली किरणें सुभगा उषा को वहन करती हैं। जैसे अस्त्र फेंकने वाला शत्रु को दूर भगाता है, वैसे ही उषा अन्धकार को दूर भगाती हैं। स्वर्ग की पुत्री उषा हमें अभिलषित धन दें। हे उषा! तुम्हारे अप्रकट होने पर चिड़िया अपने घोंसलों से उड़ती और अन्न पैदा करने वाले मनुष्य अपने घरों से निकलते हैं तुम हव्यदाता को धन देती हो। उषा चमकीली किरणों के द्वारा रात्रि के अन्त में तारों एवं अन्धकार को तिरस्कृत करती हुई दिखायी देती है। हे उषा! तुम हव्यदाता को कीर्ति, बल, अन्न और रस देती तथा उसे धन-स्वामी एवं गतिशील बनाती हो। मुझ सेवक को पुत्र, पौत्र युक्त अन्न एवं रत्न दो। हे उषा! पुराने लोगों के समान हमारा भी अन्धकार दूर करो।

मरुद्गण :

सूक्त 66: विद्वान् स्तोता के सामने मरूतों का गतिशील रूप शीघ्र प्रकट हो। वह मर्त्यलोक में वनस्पति के रूप में प्रकट है। मरुत जलती हुई अग्नियों के समान प्रकाशित होते हैं और इच्छानुसार तिगुने बढ़ते हैं। मरुत् रुद्र के पुत्र हैं। अन्तरिक्ष उन्हें धारण करता है मरुतों की माता पृश्नि उन्हें गर्भ में धारण करती है। मरुद्गण सबके अन्तःकरण में रहकर पापों को नष्ट करते हैं। रुद्रपत्नी मध्यमा वाणी मरुतों में रहती है। मरुतों का कोई बाधक नहीं है। हे अग्नि! मरुतों को हवि दो। वे अपने बल से शत्रुओं को पराजित करते हैं। उनसे पृथ्वी भी कांपती है। शीघ्रगामी, दीप्तिशाली, शत्रु कंपाने वाले मरुद्गण अपराजेय है। मैं स्त्रोतों के द्वारा मरुद्गण की सेवा करता हूं।

मित्र व वरुण :

सूक्त 66 : हे मित्र व वरुण! मैं स्तुतियों से तुम्हें बढ़ाता हूं। परस्पर आसमान एवं उत्तम नियन्ता तुम दोनों रस्सी के मनुष्यों को बांध लेते हो। मेरी स्तुति हव्य के साथ तुम्हारे पास जाती है। हे मित्र व वरुण! हमें सुखकारक घर दो। स्त्रोतों और हव्यान्न-द्वारा बुलाए गये तुम

दोनों आओ। तुम दोनों को अदिति ने गर्भ रूप में धारण किया था। देवों तुम्हारे महत्त्व की स्तुति की थी और तुमसे बल धारण कराया था। उसी से तुमने धरती-आकाश को पराजित किया है। तुम स्वयं अपराजेय हो। बुद्धि वाले लोग तुमसे जल की याचना करते है। हे रक्षक मित्र व वरुण! जिस स्तुतियां बोली जाती हैं और यजमान यज्ञ में शत्रुपराजयकारी सोमरस प्रस्तुत करते हैं, उस समय तुम घर देने आते हो और तुम्हारा दिया हुआ घर नष्ट होता।

इन्द्र व वरुण व विष्णु :

सूक्त 68 - 69 : हे इन्द्र व वरुण! शूरवीर, महान् दानी, अति बली शत्रुजेता एवं सेनाओं के स्वामी हो। तुममें से वज्र-द्वारा वृत्र को मारता है और दूसरा स्तोताओं के उपद्रवों की रक्षा करता। हे इन्द्र व वरुण! तुम स्तोता को जैसा धन-अन्न देते हो, वैसा हमें भी दो। हमारा बल शत्रुओं से अपराजित रहे। जैसे नाव से जलों को पार किया जाता वैसे तुम्हारे द्वारा हम पापों से पार किये जाए। तुम दोनों सोम पीने के लिए आओ। यह सोम-अन्न यहां यज्ञ में तुम दोनों को पीने के लिए ही रखा है। इन्द्र व विष्णु! मैं तुम दोनों को हवि देता हूं और तुम्हारे स्त्रोत पढ़ता हूं। यज्ञ में आओ और हमें उपद्रव-रहित धन दो। स्तोताओं के स्त्रोत और हमारे सोम तुम तक पहुंचे,तुम दोनों हमारे जीवन को उपयोगी बनाते हो और प्रशंसा के पात्र हो। तुम दोनों सागर एवं कलश के रूप में सोम के आधार हो। तुम कभी हारते नहीं। तुमने जिसे जिस स्थान पर स्थापित किया, उसने वह स्थान पाया। तुमने असुरों से स्पर्धा की और उन्हें हरा दिया।

द्यावा-पृथ्वी

सूक्त : 70 -हे धरती-आकाश! तुम जलयुक्त, प्राणियों के आश्रय स्थल एवं बहुत शक्ति वाले हो। तुम उत्तम कर्म करने वाले को धन देते हो। हमें मानव हितकारी शक्ति दो। जो तुम्हें हव्य देता है, वह कामनाएं फलित कराता है। तुम दोनों जल से व्याप्त और जल की वृद्धि करने वाले हो। यज्ञ करने के निमित्त विद्वान तुमसे सुख की याचना करते है। तुम दोनों हमें धन, विशाल-यश, अन्न एवं वीरता दो और मधु से सींचो। हे पिता आकाश एवं माता पृथ्वी! तुम सबको जनने वाले हो और परस्पर रमण करते हुए सबको सुख देने वाले हो।

सविता :

सूक्त 71 : शोभन कर्म वाले सविता अपनी सुनहरी बांहों को दान के लिए उठाते हैं। वे लोक को धारण करने को अपने हाथ उठाते हैं। हम उन्हीं से दान पायें। जो सभी प्राणियों को स्थित करते और जन्म देते हैं, वे हमारे घर की रक्षा करें। तुम नवीन सुख के कारण बनते हुए यजमान को सुख एवं रक्षा दो और बहुत-सा अन्न दो। वे धरती-आकाश के स्थान पर पहुंचें।

इन्द्र. सोम, बृहस्पति, रुद्र, वर्म आदि :

सूक्त 72 : हे इन्द्र, सोम! तुमने भूतों को बनाया, सूर्य और जल की खोज की तथा निन्दकों के भी अन्धकार का नाश किया है। तुम उषा को प्रकाशित करो, सूर्य को उदित करो, अन्तरिक्ष एवं स्वर्ग को स्थिर करो और पृथ्वी को प्रसिद्ध बनाओ। तुम नदियों के जल को प्रेरित करो और उस जल से समुद्र को भर दो। तुम मानवों में कल्याणकारी बल भरो। अंगिरा के पुत्र, यज्ञ के पालक बृहस्पति कामनापूरक बनकर धरती-आकाश में गर्जन करते हैं। वे स्तुति करने वाले को यहां में स्थान देते हैं, अन्धकार दूर करते हैं। युद्ध में शत्रुओं को जीतते हैं और अमित्रों को हराते हैं। वे किसी से न जीते जाते हुए यज्ञ कर्म के द्वारा स्वर्ग को भोगने की इच्छा करते हैं। हे सोम व रुद्र! हमारे यज्ञ प्रत्येक घर में तुम्हें व्याप्त करें। हे सात रत्नों को धारण करने वाले! तुम और पशुओं के कल्याणकारी बनो। हमारे घर में व्याप्त रोग एवं दरिद्रता को दूर करो और हमें धन, अन्न दो। हमारे शरीर को लाभ पहुंचाने वाली औषधियों तुम धारण करो और हमारे पाप को दूर करो। हमें सुखी बनाओ और वरूणपाश से छुड़ा, हमारी रक्षा करो।

सप्तम अध्याय

अग्निः

सूक्त 1 : अग्नि अरणि से उत्पन्न होते हैं। पूजनीय अग्नि को भयों से बचाने के लिए वसिष्ठ-पुत्री ने घर में रखा। हे अग्नि! तुम कल्याण के लिए यज्ञशाला में चमको। जहां ऋत्विज बैठते हैं, वहां अग्नि चमकते हैं। हे अग्नि! हमारी स्तुति सुनकर हमें ऐसा धन दो, जिसे शत्रुबाधित न कर सके। जूहू दीप्त अग्नि के पास जाती है। अग्नि ने राक्षसों को जलाया था, वह हमारे पापों, रोगों को जलाएं। हे अग्नि! हमारे स्त्रोतों को यज्ञ में आओ। तुम्हारे स्तोता शत्रु-माया को पराजित करें। हे अग्नि! हमें धन, सन्तान, घर, पशु दो। हमें दुर्बुद्धि प्राप्त न हो। हमें पूर्णायु सन्तान दो। हमारी सन्तान के सहायक बनो और सदा कल्याण दो।

सूक्त 2 : हे अग्नि! हमारी समिधा! स्वीकार करो। तुम ऊंचे उठकर सूर्य से मिल जाओ। हम अग्नि को महिमा का वर्णन स्तुतियों से कर रहे हैं। हे अध्वर्यु! तुम अग्नि को पूजो। बर्हि को हव्य के साथ तुम अग्नि में हवन करो। अध जूहू एवं उपभृति को घी से नदी के समान सींचते हैं। निशा-दिवस कामधेनु गायों के समान कल्याण के निमित्त हमारा आश्रय लें। भारती, सरस्वती यज्ञ में पधारें और कुशों पर बैठें। हे त्वष्टा हमें पुत्रोंत्पादक वीर्य प्रदान करो। हे वनस्पति! आओ, और देवों को हव्य प्रेरित करो। हे अग्नि! देवों के साथ यज्ञ में आओ। अदिति यज्ञ में आएं और कुशों पर बैठें।

सूक्त 3 : हे देवों! तुम अग्नि देव को यज्ञ में अपना दूत बनाओ। अग्नि घास खाते एवं हिनहिनाते घोड़ों के समाप्त पेड़ों पर स्थित रहते हैं। उनकी ज्योति वायु के सहारे प्रकाशित होती है। फिर उनकी धूम-रहित ज्वालाएं उठती है और धुंआ आकाश में जाता है। अग्नि अपनी ज्वालाओं को काष्ठों में जौ आदि के समान प्रविष्ट करते है। अग्नि को यज्ञशाला में दिन-रात प्रज्ज्वलित करते हुए लोग उनकी पूजा करते हैं। हे अग्नि! जिस प्रकार हम तुम्हें गव्य और घी आदि मिला हव्य देते है, उसी प्रकार तुम हमारी रक्षा करो। हे अग्नि! हमें धन, पुत्र दो और कल्याणसाधनों के द्वारा हमारी रक्षा करो।

सूक्त 4 : हे हव्य-वाहकों! अग्नि को शुद्ध हव्य दो। अग्नि तरुण बनें। अग्नि मानवों के कल्याण के लिए ऐसे दीप्त होते हैं कि शत्रु उनकी दीप्ति को सहन नहीं कर पाते। मरणरहित अग्नि मरणधर्मा जीवो में विद्यमान हैं, वे हमारी रक्षा करें। अग्नि अमृत और उत्तमवीर्य वाला धन दे सकते हैं। हे अग्नि! हम नित्य धन के स्वामी हों। हे अग्नि! तुम हमें पाप से बचाओ, हमें अभिलषित धन दो। तुम कल्याण-साधनों से सदा हमारी रक्षा करो।

सूक्त 5 : हे स्तोताओं! अग्नि की स्तुति करो। जो अग्नि धरती-आकाश में गतिशील हैं, वे वैश्वानर उत्तम हम से बढ़ते हैं। हे वैश्वानर! जब तुमने पुरु के नगरों को जलाया था, तब प्रजाएं बिखरकर भाग गयी थीं। हे वैश्वानर! तुम प्रजास्वामी, धननेता और उषा-दिवसों के केतु हो। तुमने वसुओं को बल धारण कराया है। आकाश में तुम सूर्य रूप से उत्पन्न होकर वायु के समान सबसे पहले सोमरस पीते हो। हे वैश्वानर! हमें धन, कीर्ति, अन्न एवं सुख दो।

सूक्त 6 : मैं वैश्वानर अग्नि की स्तुति करता हूं वन्दना करता हूं। वे शत्रु-नगरों को नष्ट करने वाले हैं। देवता यज्ञ के केतु रूप, दीप्तिमान, सुखकर एवं धरती-आकाश के राजा अग्नि की स्तुति करते हैं। अग्नि ऐसे प्राणियों को दूर भगायें जो यज्ञ न करने वाले, हिंसक, श्रद्धारहित एवं नीच हैं। मैं उन अग्निदेव की स्तुति करता हूं जो अन्धकार में पड़ी प्रजाओं को प्रसन्न करते हैं, धनस्वामी है और युद्धाभिलाषियों का दमन करने वाले हैं। जिन्होंने सूर्य-पत्नी उषा को उत्पन्न किया है और बलासुर द्वारा रोकी गयी प्रजाओं को कर देने वाली बनाया है। सूर्योदय पर वैश्वानर अग्नि धरती-स्वर्ग एवं अन्तरिक्ष का अन्धकार हर लेते हैं।

सूक्त 7 : हे राक्षसपराजेता हे अग्नि! हम तुम्हें देव-दूत बनाते हैं। तुम देवों में वृक्षों के जलाने वाले के रूप में प्रसिद्ध हो। हे देवमित्र! तुम धरती पर ऊंचे लताकुंजों को शब्दयुक्त करो। हे अग्नि! जब तुम जन्म लेते हो, तभी यज्ञ का भली प्रकार अनुष्ठान किया जाता है, कुशा बिछते हैं, स्तुतियां बोली जाती हैं और धरती-आकाश बुलाए जाते हैं। विद्वान् यज्ञयुक्त अग्नियों को घर में स्थापित करते है। अग्नि अन्न-द्वारा विश्व को पालते हैं। हे बलपुत्र हम वसिष्ठगोत्रीय ऋषियों को अन्न दो, रक्षा करो एवं हमारा कल्याण करो।

सूक्त 8 : अग्नि उषा के आगे जलते हैं, स्तुतियों से प्रज्ज्वलित होते हैं और घृत-द्वारा उनका रूप बनाया जाता है। काले मार्ग वाले अग्नि धरती पर उत्पन्न होकर औषधियों के द्वारा बढ़ते हैं। हे अग्नि! हम ऐसे धन के स्वामी कब बनेंगे, जो शत्रु-हिंसित न हो। हे अग्नि! तुम स्तुत होकर अपना शरीर बढ़ाओ। सौ गायों का विभाग करने वाले और हजार गायों से युक्त वसिष्ठ ने यह अग्निस्त्रोत बनाया है। हे अग्नि! वसिष्ठगोत्रीय ऋषियों को तुम अन्न शीघ्र प्राप्त कराओ और हमारा कल्याण करो।

सूक्त 9 : अग्नि उषाओं के बीच जागते हैं और यजमानों को धन देते हैं। उन्होंने हमारे लिए दुधारू गायों को खोजा है। वे जल-गर्भ के रूप में औषधियों में प्रविष्ट होते हैं। हे अग्नि! तुम हमें रत्न देने के लिए सरस्वती, मरुद्गण, अश्विनीकुमार और अन्य देवों को प्रेरित करते हो।

सूक्त 10 : अग्नि उषा के तेज का आश्रय लेते हैं, यज्ञकर्मों को प्रेरित करते हैं। और यज्ञभिलाषाओं को जगाते हैं। अग्नि सबको द्रवित करते हैं। धन की याचना करती हुई स्तुतियां अग्नि के सम्मुख जाती हैं। हे अग्नि! तुम वसुओं के साथ मिलकर इन्द्र को एवं रुद्रों के साथ मिलकर महारुद्र को हमारे कल्याण के लिए बुलाओ।

सूक्त 11 : हे यज्ञ विज्ञापक अग्नि! तुम महान हो। तुम्हारे बिना देव प्रसन्न नहीं होते। होता बनकर यहां यज्ञ में कुशा पर बैठो। ऋत्विज तुम में दिन में तीन बार हव्य डालते हैं। तुम देवों का भजन करो और हमें शत्रुओं से बचाओ। वसु अग्नि के यज्ञ-कर्म की सेवा करते है। हे अग्नि! हमें कल्याण साधनों से समृध्द करो।

सूक्त 12 : हम अग्नि के समीप नमस्कार के साथ गमन करते है। पापों को पराजित करने वाले अग्नि यज्ञशाला में सुख का विषय बनते हैं। हे अग्नि! तुम्हीं वरुण व मित्र हो। तुम्हारे धन हमें सुलभ हों, तुम कल्याणकारी उपायों के द्वारा हमारी रक्षा करो।

सूक्त 13 : हे मित्रों! मैं कानमापूरक को हवि एवं स्तुति समर्पित करता हूं। हे अग्नि! तुमने देवों को शत्रुओं से छुड़ाया था। तुम सूर्य से जन्म लेने वाले हो। गोपाल जैसे पशुओं को देखता है, उसी प्रकार रक्षा करने के लिए जब तुम प्राणियों को देखते हो, तब उनका कल्याण होता है। तुम हमारी रक्षा करो।

सूक्त 14 : वष्सिठगोत्रीय ऋषि समिधाओं के द्वारा अग्नि की सेवा करते हैं। हम भी हव्यों और स्तुतियों से अग्नि की सेवा करेंगे। हे अग्नि! तुम हमारे घृत का सेवन करो। यज्ञ में आओ और कल्याण-साधनों से हमारी रक्षा करो।

सूक्त 15 : हे अध्वर्यु! अग्नि के मुख में हवि डालो। अग्नि प्रत्येक घर में स्थित होते हैं। जो अग्नि को स्तोत्र समर्पित करते हैं, अग्नि उन्हें धन दे। अग्नि की दीप्ति या सन्तान-युक्त धन के समान आंखों को सुखकर होती है। अग्नि हमारे हव्य और स्तुतियों को स्वीकार करो। हे अग्नि हमने तुम्हें स्थापित किया है। तुम्हारी हजार अक्षरों वाली स्तुति तुम्हें प्राप्त हो। हे जगस्वामी तुम और भग हमें धन दो, हमारे शत्रुओं को जलाओ, हमारी रक्षा के लिए लौह-नगरी बनाओ और पाप तथा शत्रु से हमारी सतत रक्षा करो।

सूक्त 16 : मैं स्तुति के द्वारा मरणरहित अग्नि को बुलाता हूं। हे अग्नि वसिष्ठगोत्रीय ऋषियों की हवि तुम्हारे पास जाय। हे अग्नि! तुम हमारे यज्ञ में गृहपति, होता, पोता और विशिष्ट ज्ञान वाले हो। तुम यजमान को रत्न दो और होता का धन बढ़ाओ, तुम्हारे स्तोता सर्वप्रिय बनें, स्तोताओं को तुम धन दो और उन्हें पाप से बचाते हुए उनकी रक्षा करो-उनका पालन करो। हे यजमान! घृत से स्रुच भरो, सोमरस से पात्र भरो और सोमरस का दान करो, अग्नि देव तभी तुम्हें कृपा देंगे।

सूक्त 17 : हे अग्नि! समिधाओं से प्रज्ज्वलित हो, देवों को यज्ञ में लाओ। उन्हें स्तोत्रों और हवियों से तुम प्रसन्न करो। हे अग्नि! हमें सब सम्पत्तियां दो।

इन्द्र :

सूक्त 18 : हे इन्द्र! तुम अपनी पत्नियों के साथ राजा के समान शोभा पाते हो। हे विद्वान् हे कवि! इन्द्र! स्तोताओं को स्वर्ण आदि धन, गायों एवं अश्वों से भली प्रकार सम्पन्न बनाओ। हम तुम्हारे अभिलाषी हैं। तुम धन-प्राप्ति के लिए हमारा संस्कार करो। हे इन्द्र! तुम्हें गाय के समान दुहने के लिए वसिष्ठ ने यह स्तोत्र बनाया है। हम इस स्तोत्र का पाठ तुम्हें प्रसन्न करने के लिए कर रहे हैं।

सूक्त 19 : जो तीखे सीगों वाले एवं भयानक बैल के समान अकेले ही सारे शत्रुओं को भगा देते है एवं जो यज्ञ न करने वाले बहुत-से लोगों के घरों को छीन लेते है वे ही इन्द्र अतिशय सोम निचोड़ने वाले को अतिशय धन देते हैं।

सूक्त 20 : शक्तिशाली एवं ओजस्वी इन्द्र अपना वीर्य प्रकाशित करने के लिए ही उत्पन्न हुए है। मानवहितकारी इन्द्र जो कर्म करना चाहते हैं, वह अवश्य करते हैं। रक्षासाधनों के साथ यज्ञ-भवन में आने वाले वे ही इन्द्र हमें महान पाप से बचाएं।

सूक्त 21 : दिव्य एवं गाय के दूध दही से मिला हुआ सोमरस पवित्रता के साथ सम्पन्न किया जा चुका है। यजमानों ने कुशाएं बिछा दी है। हे इन्द्र! तुम यहां सोमरस पीने के लिए हमारी स्तुतियों को सुनकर आओ।

सूक्त 22 : हे इन्द्र! मैं वसिष्ठ तुम्हारी प्रशंसा के रूप में जो बातें कहता हूं उन्हें भली प्रकार समझो एवं उन्हें स्वीकार करो। हे इन्द्र! मुझ सोमपानकर्ता की पुकार सुनो, मेरी स्तुति को समझो और मेरे सहायक बनो।

सूक्त 23 : ऋषियों ने सब स्तुतियां अन्न पाने के लिए ही की हैं। हे वसिष्ठ! तुम भी स्तोत्र एवं हव्य के द्वारा इन्द्र की पूजा करो। जिस इन्द्र ने अपनी शक्ति से समस्त लोकों को विस्तृत किया है, वह मुझ अपने समीपगामी की प्रार्थना सुनें।

सूक्त 24 : हे इन्द्र! तुम्हारे सवन के लिए स्थान बनाया गया है। हे बहुतों के द्वारा बुलाए गए इन्द्र! तुम मरुतों के साथ सवन में आओ और हमारी रक्षा के साथ-साथ हमारी वृद्धि करो। हे इन्द्र! तुमने हमारे मन को ग्रहण कर लिया है, हमारी स्तुतियां भी ग्रहण करो।

सूक्त 25 : हे इन्द्र! मैं तुम्हारे समान महान व्यक्ति के यज्ञकर्म में लगा हूं। मैं तुम्हारे समान रक्षक की रक्षा में हूं। हे बली एवं उग्र इन्द्र! मेरे लिए घर बनाओ। हे इन्द्र! तुम मुझे शत्रु-हनन में समर्थ बनाओ। मैं अतिशय सुरक्षित होकर अन्न प्राप्त करूं।

सूक्त 26 : प्रत्येक मन्त्र-समूह के पाठ के समय सोम रूधनस्वाकी इन्द्र को प्रसन्न करता है। प्रत्येक स्तोत्र के समय निचोड़े गए सोम इन्द्र को प्राप्त करते हैं। परस्पर मिलित एवं समान उत्साह वाले ऋत्विज इन्द्र को अपनी रक्षा के लिए उसी प्रकार बुलाते हैं, जिस प्रकार पुत्र पिता को बुलाते हैं।

सूक्त 27 : हमने धन-स्वामी एवं दानशील इन्द्र को मरुतों के साथ बुलाया है। वे हमारी रक्षा के लिए शीघ्र अन्न दें। जो इन्द्र स्तोताओं को सम्पूर्ण धन देते है, वे ही मनुष्यों को उत्तम धन दें।

सूक्त 28 : हे इन्द्र! जिस समय तुम ऋषियों के स्तोत्रों की रक्षा करते हो, उस समय तुम्हारी महिमा स्तुतिकर्ता को व्याप्त करें। हे उग्र इन्द्र। जिस समय तुम अपने हाथ में वज्र पकड़ते हो, उस समय कर्म के द्वारा भयंकर बनकर शत्रुओं को असहनीय हो जाते हो।

सूक्त 29 : हे महान एवं शक्तिशाली इन्द्र। तुम स्तुतियों को सुनते हुए अपने घोड़ों की सहायता से शीघ्र हमारे पास आओ। तुम इस यज्ञ में भली प्रकार प्रमुदित बनो एवं हमारी स्तुतियों को सुनो।

सूक्त 30 : हे बुलाने योग्य इन्द्र! लोग युद्ध में शरीर-रक्षा एवं वीर्य-प्राप्ति के लिए तुम्हें बुलाते हैं। तुम सब मनुष्यों के सेनापति होने योग्य हो। तुम अपने तीक्ष्ण आयुध वज्र के द्वारा हमारे शत्रुओं को हमारे वश में करो।

सूक्त 31 : हे स्वामी इन्द्र! तुम हमें कठोर वचन बोलने वाले, निन्दा करने वाले एवं दानहीनों के वश में मत कर देना। हे इन्द्र! तुम कवच के समान हमारे रक्षक, सब जगह प्रसिद्ध व हमारे आगे युद्ध करने वाले हो।

सूक्त 32 : हे सेवकों! तुम सोम वाले यज्ञ को नष्ट मत करो, उत्साही बनी एवं महान् शत्रुनाशक इन्द्र से धन पाने के लिए पुरोडाश शीघ्र पकाओ तथा इन्द्र के जो प्रियकर्म है उन्हें करो। शीघ्र काम करने वाला व्यक्ति जीतता है, घर में निवास करता है एवं पुष्ट होता है। देव उसी का साथ देते हैं।

विश्वेदेव :

सूक्त 34 : हमारी दीप्त स्तुति देवों के पास जाय। जल स्तुति सुनते हैं। जल इन्द्र को तृप्त करते हैं। हे मनुष्यों! यज्ञमार्ग में आओ। हे सेवको! पाप-नाशक यज्ञ को धारण करो। यज्ञ के बल से सूर्य उदित होता है, पृथ्वी प्राणियों का भार वहन करती है, यहां भी भार वहन करता है। हे मनुष्यों! देवों को लक्ष्य करके उज्ज्वल कर्म करो। वरुण राष्ट्रों के राजा है और नदियों को रूप देने वाले है। हे स्तोताओं! अग्नि को अपना मित्र बनाओ। जैसे सूर्य पृथ्वी को तप्त करता है, वैसे ही राजा शत्रु को बाधा पहुंचाते हैं। त्वष्टा हमें पुत्र दे। देवपत्नियां हमें धन दें। आकाश-पृथ्वी और वरुण-पत्नी हमारा स्तोत्र सुनें। पर्वत, जल देवपत्नियां, औषधियां हमारे धन का पालन करें। इन्द्र, वरुण, मित्र, अग्नि जल और औषधियां हमारे स्तोत्र को सुने। हे देवों! कल्याण-साधनों से हमारी रक्षा करो।

सूक्त 35 : इन्द्र एवं अग्नि, इन्द्र-वरुण, इन्द्र और सोम एवं इन्द्र व पूषा अपने रक्षा साधनों से हमें शांति दें। भग एवं नराशंस, पुरंध्रि एवं सम्पत्तियां, धाता एवं वरुण तथा यमयुक्त सत्यवचन, अर्यमा, अन्नों के साथ धरती द्यावापृथ्वी, अग्नि, मित्र-वरुण, अश्विनीकुमार, अन्तरिक्ष, औषधियां, वृक्ष, इन्द्र, वसु, आदित्यों के साथ वरुण, रुद्रों के साथ रुद्र, वसुओं के साथ इन्द्र, सोम एवं स्तुति समूह, सोमपाषाण एवं यज्ञ, यूप, औषधि एवं यज्ञदेवी-ये सब हमें शांति दें। सविता, उषाएं, बादल, विश्वेदेव, सरस्वती, सत्यपालक देव, ऋभु, अज एकपाद, अहिर्बु धन्य हमें शांति दे।

सूक्त 36 - 37 : हमारा स्तोत्र सूर्यादि देवों के पास जाय। हे मित्र, वरुण! मैं नवीन स्तुति तुम्हें सुनाता हूं। वरुण सबके स्वामी और अपराजित हैं तथा मित्र सबको अपने-अपने कामों में लगाते हैं। हे इन्द्र! जो तुम्हारे घोड़ों की स्तुति करता है, तुम उसके यज्ञ में आओ। मैं अर्यमा देव को भी यज्ञ में बुलाता हूं। कर्म करते हुए हम रुद्र की मित्रता चाहते हैं। रुद्र अन्नदाता हैं। नदियां अभिलाषापूर्ण करने में समर्थ एवं शोभन धाराओं वाली हैं। मरुद्गण हमारे यज्ञ और पुत्र की रक्षा करें। सरस्वती हमारे अतिरिक्त किसी को न देखें। वे हमारे धन को बढ़ाएं। हे स्तोताओं। तुम यज्ञ

में पूषा, भग और वाज को बुलाओ। हे ऋभुओं! यज्ञ में आओ और दूध दही तथा सत्तू मिलाकर सोम पियो। हम हव्यान्त भेंट करने वालों को नाशरहित रत्न दो। हे इन्द्र! तुम्हारे दोनों हाथ धनपूर्ण हैं। तुम अन्न के साथ स्तोता के घर आओ देवी निर्ऋति स्वामी बनने के लिए इन्द्र को व्याप्त करती है। इन्द्र अन्न को पचाने वाला बल देते हैं। हे सविता! स्तुतियोग्य धन तुम्हारे पास से हमारे समीप आये। इन्द्र हमारी सदा रक्षा करें। हे सविता! तुम हमारी सदा रक्षा करो।

सविता :

सूक्त 38 : सूर्य निश्चय ही स्तुतियोग्य हैं। वे स्तोताओं को रमणीय धन देते हैं। हे सविता! उदय हो। हमारी अभिलाषा पूर्ण करने के लिए स्तोत्र सुनो। तुम असीमित प्रभा उत्पन्न करने वाले हो। सवितादेव अपने रक्षासाधनी से हमारी रक्षा करें। अदिति देवी सविता की स्तुति करती हैं, वरुण और अर्यमा उनकी स्तुति करते हैं। सेवानिपुण यजमान धरती के मित्र सविता की सेवा करते हैं। अहिर्बुधन्य हमारा स्तोत्र सुनें। सरस्वती हमारा पालन करें। स्तोता भगदेवता को बार-बार बुलाता है और उनसे रत्न मांगता है। वाजी नामक देव हमें सुख देने वाले हों। हे वाजी नामक देवों! धन के लिए होने वाले प्रत्येक युद्ध में हमारी रक्षा करो।

विश्वेदेव :

सूक्त 36 -40 : अग्नि मुझ स्तोता की स्तुति सुनें। पूर्व की ओर मुख करने वाली उषा यज्ञ में जाती है। वसुगण इस यज्ञ में रमण करें। हे वसुओं मरुतों! तुम अपना मार्ग हमारे सामने करो। हे अग्नि! मित्र-वरुण, इन्द्र, अग्नि, अर्यमादि देवों को हमारे यज्ञ में बुलाओ। हम देवों को स्तुति के साथ हव्य देते हैं। वे उपभोग-भोग्य अन्न हमें दें। वसिष्ठगोत्रीय ऋषियों ने धरती और आकाश की स्तुति की है, वरुण, मित्र, अग्नि की भी स्तुति की है। वे कल्याणसाधनी से हमारी रक्षा करें। हे देवों! तुम्हारे मन-द्वारा सम्पादित होने वाला सुख हमें प्राप्त हो। सविता जो धन हमारे पास भेजेंगे, हम उसी के स्वामी होंगे। मित्र, वरुण, आकाश, पृथ्वी, इन्द्र और अर्यमा हमें प्रशसित धन दें। हे मरुतों! जिसकी तुम रक्षा करते हो, वह बलवान हो जाता है। अग्नि, सरस्वती और देवगण जिसको यज्ञ की प्रेरणा देते हैं, उसको अपार धन मिलता है। वरुण, मित्र और अर्यमा हमारे यज्ञ को धारण करते हैं।

सविता :

सूक्त 45 : शोभारत्नों से युक्त, अपने तेज से अन्तरिक्ष को भेदने वाले सवितादेव मानवहितकरी घनों को हाथों में धारण करते है। वे प्राणियों को स्थापित करते और कर्मों में लगाते हैं, वे यहां आए। दान के निमित्त फैलाई हुई अपनी विशाल भुजाएं सवितादेव, अन्तरिक्ष में फैलाएं। हम उनकी महिमा की प्रशंसा करते हैं। वे हमारे लिए सब ओर से धनों को प्रेरित करते हैं। वे हमें मानवों के भोग में आने वाला धन दे।

रुद्र :

सूक्त 46 : हे स्तोताओं! तुम दृढ़ धनुष वाले, शीघ्रगामी वाणों वाले, अन्तयुक्त, अपराजित रुद्र की स्तुति करो। हे रुद्र! हमारी प्रजाएं तुम्हारी स्तुति करती हैं। उनकी रक्षा करते हुए तुम हमारे घर आओ। हे रुद्र! अन्तरिक्ष की बिजली हमें अप्रभावित करें। तुम्हारी हजारों औषधियां हमें मिले। हे रुद्र! तुम हमारा त्याग मत करना। हम तुम्हारे क्रोध के पात्र न हों। तुम कल्याण-साधनों से हमारी रक्षा करो।

जल :

सूक्त 47 -46 : हे जलरूप देवी अध्वर्युओं ने तुम्हारी सहायता से इन्द्र के पीने के लिए जो सोम तैयार किया था, इस समय हम भी उस सोमरस का सेवन करेंगे। तुम्हारे सोमरस की अपानपात अग्नि रक्षा करें। हे अध्वर्यु! सिन्धु के लिए घी से मिले हव्य का हवन करो। जल सबको शुद्ध करते हैं, सदा गतिशील हैं। वे अन्तरिक्ष के मध्य जाते हैं। इन्द्र ने उन्हें स्वच्छन्द किया था। वे जल हमारी रक्षा करें। अन्तरिक्ष को, नदी को, खोदकर निकाले गये और अपने आप समुद्र की ओर गतिशील जल हमारी रक्षा करें। जलरूपी देवियां हमारी रक्षा बारे, जिनमें राजा वरुण रहते हैं और वैश्वानर अग्नि जिनमें प्रविष्ट होते हैं वे जल हमारी रक्षा करें।

आदित्य :

सूक्त 50 - 52 : हम आदित्यों के रक्षासाधनों से कल्याणकारी एवं शांतिदायक घर प्राप्त करें। आदित्य हमारी स्तुति को सुनकर यजमान को अपराध एवं दरिद्रतारहित करें। आदित्य, अदिति, मित्र, वरुण एवं अर्यमा प्रसन्न हों। वे हमारी रक्षा करें। हे आदित्यों! हम अखडनीय हों। हे वसुओं! मनुष्यों के पालक बनो। हे मित्र, वरुण! तुम्हारी सेवा करते हुए हम धन को भोगें। हे धरती-आकाश! तुम्हारी कृपा से हम विभूतिसम्पन्न हो मित्र-वरुण हमें सुख दे, हमारी रक्षा करें। अंगिराओं ने जो सवितादेव से धन पाया था, वही धन हमें मिले।

द्यावापृथ्वी :

सूक्त : 53 मैं द्यावापृथ्वी की स्तुति नमस्कारों से करता हूं। वे देवों की जन्मदात्री हैं। प्राचीन कवियों ने उन्हें स्तुति करते हुए सबसे आगे रखा था। हे स्तोताओं तुम नवीन स्तुतियां द्वारा द्यावापृथ्वी को यज्ञ में आगे स्थापित करो। हे द्यावापृथ्वी। तुम देवों के साथ यज्ञ में हमें धन देने आओ।

वास्तोष्पति :

सूक्त : 54 - 55 -हे वास्तोष्पति हमें जगाओ और हमारे घर को सुन्दर तथा रोगरहित बनाओ। हम तुमसे धन मांगते हैं, हमें धन दो और हमारे मनुष्य, पशुओं का कल्याण करो।

हम तुम्हारे मित्र होकर घोड़ों और गायों के स्वामी एवं वृद्धावस्थारहित हो। हम तुम्हारे सुखकारक स्थान से संगत हों। हमारे प्राप्त-अप्राप्त धन की रक्षा करो। हे रोग-नाशक वास्तोष्पति हमारे सुखदायक बनकर बढ़ो। हे श्वेत एवं पीले रंग के कुत्ते! तुम इस संयम सोओ। हे सारमेंय! तुम चोरों -लुटेरों के पास जाओ। तुम सुअर को विर्दीण करो। तुम्हारी माता सोएं। तुम्हारे पिता सोएं और बन्धु-बांधवे सोएं। जो स्त्रियां आंगन में सोने वाली, सवारी पर सोनेवाली, चारपाई पर सोने वाली हैं, हम सबको सुला देंगे।

मरुत् :

सूक्त 56 : मरूद्गणो के जन्म को कोई नहीं जानता, ये स्वयं जानते हैं। पृश्नि ने इन्हें अन्तरिक्ष में जन्म दिया। मरुतों के द्वारा प्रजा शत्रुओं को हराए, उसके धन पुष्ट हो और वह शोभन पुत्रों वाली हो। हे मरुतों! तुम्हारा तेज उग्र और बल अधिक हो। हे मरुतों! तुम्हारे प्यारे नामों को हम पुकारते हैं। तुम शुद्धों के लिए हम शुद्ध-यज्ञ करते हैं। जैसे वर्षा करने वाले मेघों के साथ बिजली शोभित होती है, वैसे मरुद्गण अपने आयुधों से शोभित होते है। हे मरुतों! स्तोता को धन दो, शत्रु उरप धन को नष्ट न करें। मरुद्गण हमें सुखी करें। हे मरुतों! हम तुम्हारे दान की सीमा के बाहर न रहे, हे रुद्रपुत्र मरुतों! जिस समय युद्ध में शत्रु हम पर क्रोध कर रहे हो, उस समय तुम हमारी रक्षा करना तुम हमारे पुत्र को शक्तिशाली बनाओ।

हे मरुतों! अन्तरिक्ष में उत्पन्न तुम्हारे तेज विशेष रूप से गतिशील होते हैं। तुम जलों को बढाओ और गृहस्वामियों के यज्ञ-भाग का सेवन करो। हे मरुदगण! तुम धनी और निर्धन दोनों को प्रेरणा देते हो। तुम्हारे दान की सीमा नहीं है। हमें भी असीम धनों के स्वामी बनाओ।

सूक्त 57 : मरुद्गण जल बरसाते हैं एवं उग्र होकर सब जगह जाते हैं। ये जितना दान करते हैं, उतना दान और कोई देवता नहीं करता। हे मरुतों! तुम्हारा आयुध हमसे पृथक रहे। हे मरुतों! तुम हमारे यज्ञ-कर्म से प्रसन्न होकर हमारा हव्य भक्षण करो। तुम निन्दा रहित, शुद्ध एवं दूसरी को पवित्र करने वाले हो।

सूक्त 58 : मरुद्गण देवस्थान स्वर्ग में सबसे अधिक बुद्धिमान हैं। वे अपनी महिमा से द्यावापृथ्वी को भी मग्न कर देते हैं। हे मरुतों! तुम्हारा जन्म तेजस्वी रुद्रों से हुआ है। हे मरुतों! तुम हव्यधारण करने वालों को बहुत-सा धन देते हो। मैं अभिलाषापूरक रुद्र की स्तुति करता हूं। जिन पापों से मरुद्गण नाराज होते हैं, रुद्र हमारे उन पापों से हमें दूर करें।

सूक्त 59 : हे मरुतों! तुम, अग्नि, वरुण, और मित्र जिसे अच्छे मार्ग पर ले जाते हो, उसे सुख ही देते हो। हे मरुतों! जिसे तुम धन देते हो, उसे युद्ध में भी तुम्हारी रक्षा अविजित बनाती है। हे मरुतों! जिसे तुम धन देते हो, उसे युद्ध में भी तुम्हारी रक्षा अविजित बनाती है। हे मरुतों! हमारे कुशों पर बैठो। हमारे समीप आओ और हमें धन दो। हम शुभ सिर वाले और पुष्टि

बढ़ाने वाले त्र्यंबक का यज्ञ करते है। हे रुद्र देव! जैसे डंठल से बेर टूटता है, वैसे हमें मृत्यु बन्धन से मुक्त करो, अमृत से नहीं।

सूर्य आदि

सूक्त 60 : हे सूर्य देव! तुम उदय होते ही हमें सब देवों के मध्य पापरहित कर दो, तो हम मित्र, वरुण के लिए भी निष्पाप हो जाएंगे। सूर्य सब स्थावर वर्तमान प्राणियों के पालनकर्त्ता हैं तथा मानवों के पापपुण्यों को देखने वाले है। मित्र, वरुण और अर्यमा पाप के नाशक, सुख-कारक एवं अपराजित हैं। ये अपनी शक्ति से ज्ञानरहित को भी ज्ञानी बना देते है और यज्ञकर्ता के पास पहुंचकर उसके पापों को नाश करते हैं। अर्यमा, मित्र और वरुण हव्यदाता यज्ञमान को रक्षा साधनों से मुक्त एवं कल्याणकारी सुख देते हैं।

मित्र व वरुण

सूक्त 61 : हे द्योतमान मित्र और वरुण! तुमने विस्तृत पृथ्वी तथा गुण एवं रूप के कारण आकाश की परिक्रमा की है। तुम दोनों सत्य पर चलने वाले का सदा पालन करते हो। हे ऋषि! तुम मित्र व वरुण की प्रशंसा करो। उनकी शक्ति धरती व आकाश को अलग-अलग धारण करती है। हे मित्र और वरुण! तुम्हारे यज्ञ में यह पूजा रूपी स्तुति हो गयी है। इसे स्वीकार करके हमारे सभी दुःखों को नष्ट करो एवं अपने कल्याण-साधनों के द्वारा सदा हमारी रक्षा करो।

सूक्त 62 : हे सूर्य! इन स्तोत्र रूपी गतिशील अश्वों के द्वारा तुम ऊपर उठते हुए हम सबके सामने गमन करो। तुम मित्र, वरुण, अर्यमा एवं अग्नि के पास जाकर हमें निरपराध बताना। हे मित्र व वरुण! अपनी भुजाएं फैलाओ एवं हमारे जीवन के लिए उस भूमि को जल में सींचो, जिस पर हमारी गाएं चरती है। तुम हमें मनुष्यों में श्रेष्ठ बनाओ।

सूक्त 63 : मनुष्यों को अपने-अपने कामों में लगाने वाले, पूज्य, ज्ञापक -एवं जल देने वाले सूर्य सबको गतिशील करने के लिए ही उदित होते हैं। मरणरहित देवों ने सूर्य के लिए अन्तरिक्ष में मार्ग बनाया। वह मार्ग उड़ते हुए गिद्ध के समान अन्तरिक्ष का अनुगमन करता है।

सूक्त 64 : हे मित्र, वरुण एवं अर्यमा! तुम शोभन दाता देवों के पास जाकर हमारी बात कहो। हम देवों के द्वारा रक्षित होकर उनके द्वारा दिये गए ध्यान से प्रसन्न हो।

सूक्त 65 : मैं सूर्योदय हो जाने पर सूर्य एवं वरुण को बुलाता हूं। इन दोनों का बल कभी क्षीण होने वाला नहीं है। ये दोनों संग्राम में सभी शत्रुओं को जीतने वाले हैं। हे मित्र वरुण! जैसे नाव से जल पार किया जाता है, वैसे हम तुम्हारे यज्ञ से दुःखों से पार हों।

आदित्य आदि

सूक्त 66 : मित्र व वरुण हमारे घर एवं शरीर के रक्षक हैं। वे शोभन बलयुक्त एवं प्रकृष्ट तेज वाले हैं। वे हिंसादि से रहित यज्ञों के स्वामी हैं। इन्होंने ही मास, दिवस संवत्सर एवं रात्रि तथा ऋचाओं की रचना की है।

अश्विनीकुमार :

सूक्त 67 - 68 : हे मधु-विद्या के ज्ञाता कुशल अश्विनीकुमारों जब तुम्हारी अभिलाषा से सोमरस निचुड़ जाता है, तब मैं धन की इच्छा से तुम्हारी स्तुति करता हूं। तुम हमारी सरला, अपराजिता एवं धन चाहने वाली बुद्धि को लाभ के लिए उचित बनाओ। तुम यज्ञ कर्मों में हमारी रक्षा करो। हमारा वीर्य क्षीणता रहित एवं सन्तानोत्पत्ति के योग्य हो। हे अश्विनीकुमारों! यह शोभन बुद्धि वाला स्तोता उषा से पहले ही जागकर सूक्तों के द्वारा तुम्हारी स्तुति करता है। इसकी तुम अपने कल्याण-साधनों से रक्षा करो।

सूक्त 69 : हे अश्विनीकुमारों! युवा अश्वों वाला तुम्हारा रथ आए। वह रथ द्यावा-पृथ्वी को धारण करने वाला, सुनहरी, पहियों में जल धारण करने वाला, अन्न ढोनेवाला और हव्य युक्त यजमानों का नेता है।

सूक्त 70 : हे सबके प्रिय अश्विनीकुमारों! तुम हमारे यज्ञ में आओ। धरती पर यज्ञवेदी ही तुम्हारा स्थान कहा गया है। जिस प्रकार तेज चलने वाला घोड़ा अपने स्थान पर शान्त रहता है, उसी प्रकार सुखदायक पीठ वाला तुम्हारा घोड़ा तुम्हारे पास रहे।

सूक्त 71 : हे अश्विनीकुमारों! उषाएं अन्धकारों का नाश करती हैं। स्तोता तुम्हारी स्तुति विशेष रूप से करते हैं। सवितादेव ऊंचे तेज को धारण करते हैं एवं समिधा के द्वारा प्रज्ज्वलित अग्नि की स्तुति की जाती है।

सूक्त 72 : हम देवों की अभिलाषा से स्तुतियां बोलते हुए अन्धकार के पार जाएं। हे अनेक कर्मों वाले परम विशाल, पहले उत्पन्न हुए एवं मरण-रहित हे अश्विनीकुमारों! स्तोता तुम्हें बुलाता है।

सूक्त 73 : हव्य-वहन करने वाले, राक्षसनाशक, पुष्ट-शरीर वाले एवं मजबूत हाथों वाले दोनों अश्विनीकुमार हमारी प्रजा के समीप आएं। हे अश्विनीकुमारों! तुम प्रसन्नता-कारक अन्न से मिलो। हमारी हिंसा मत करो एवं कल्याण साधकों के साथ आओ।.

सूक्त 74 : हे निवासदाता अश्विनीकुमारों! स्वर्ग चाहने वाले लोग तुम्हें बुलाते हैं। हे कर्मरूपी धन के स्वामी अश्विनीकुमारों यह यजमान तुम्हें रक्षा के लिए बुलाता है। तुम जल का दोहन करो तुम्हारे पास उपभोग-योग्य धन है, उसे स्तोता को दो।

उषा :

सूक्त 75 : उषा ने अन्तरिक्ष में उत्पन्न होकर प्रकाश फैलाया एवं अपने तेज से अपनी महिमा प्रकट करती हुई आई। उषा ने सबसे अप्रिय शत्रु रूपी अन्धकार को दूर' भगाया एवं प्राणियों के व्यवहार के लिए गन्तव्य-मार्गों को प्रकट किया।

सूक्त 76 : सबके नेता सवितादेव विनाश रहित एवं सर्वजन हितकारी-ज्योति का आश्रय लेकर ऊंचे उठते हैं। वे देवकर्मो के लिए ही उत्पन्न हुए हैं। उषा ने सर्वदेवों का नेत्र बनकर सारे लोक को आविष्कृत किया है।

सूक्त 77 : यौवन प्राप्त नारी के समान उषा समस्त जीवों को संचार के लिए प्रेरित करती है और सूर्य के पास प्रकाशित होती है। अग्नि अब मनुष्यों द्वारा प्रज्ज्वलित करने योग्य हो रहे हैं एवं अन्धकार मिटाने वाला प्रकाश फैला रहे हैं।

सूक्त 78 : हे उषा! तुमसे पहले उत्पन्न एवं तुम्हारा ज्ञान कराने वाले प्रकाश दिखाई दे रहे हैं। तुम्हें प्रकट करने वाली किरणें सब ओर फैल रही हैं। हमारे सामने वर्तमान ज्योति युक्त एवं विशाल रथ के द्वारा तुम हमारे लिए उत्तम धन लाओ।

सूक्त 76 : मनुष्यों का हित करने वाली उषा अन्धकार मिटाती है। मानवों की पौत्रों, श्रेणियों को जगाती है एवं उत्तम तेज वाली किरणों के द्वारा सूर्य का सहारा लेती है। सूर्य अपने दिव्य-तेज से धरती-आकाश को ढक लेता है।

सूक्त 80 : यह वही उषा है, जो नवयौवन धारण करती हुई एवं अपने तेज के द्वारा छिपे हुए अन्धकार को नष्ट करती हुई सबको जगाती है। उषा लज्जाशील युवती के समान सूर्य के आगे-आगे चलती है।

सूक्त 81 : हे स्वर्गपुत्री उषा! शीघ्रतापूर्वक कर्म करने वाले हम तुम्हें जगाएं। हे धनस्वामिनी उषा! तुम विशाल धन के समान ही यजमान के लिए रत्न एवं सुख का वहन करने वाली हो।

इन्द्र व वरुण :

सूक्त 82 : हे इन्द्र! एवं वरुण! तुमने बलपूर्वक जल के द्वार खोले हैं। तुमने आकाश में वर्तमान सूर्य को चलने के लिए प्रेरित किया है। तुमने अपनी शक्ति से लोक के समस्त प्राणियों को बनाया है। हे अभिलाषा पूरकों! सब देवों ने तुम्हें तेज के साथ बल प्रदान किया है।

सूक्त 83 : हे इन्द्र एवं वरुण! तुमने आयुधों के द्वारा वश में न होने वाले मेंद को मारा एवं राजा सुदास की रक्षा की। हे इन्द्र व वरुण! धरती की सब फसलें ध्वस्त दिखाई दे रही हैं।

सैनिकों का कोलाहल अन्तरिक्ष में फैल रहा है मेरे विरोधी समीप आ गए हैं। तुम अपने रक्षा-साधनों के द्वारा आओ और मेरी रक्षा करो।

सूक्त 84 : हे इन्द्र व वरुण! हमारे घर में होने वाले यज्ञ को शोभन बनाओ एवं हमारे स्तोताओं की स्तुति को उत्तम करो। तुम्हारे द्वारा प्रेरित धन हमारे पास आए। तुम अपने स्पृहणीय रक्षा-साधनों के द्वारा हमें बढ़ाओ।

सूक्त 85 : हे इन्द्र! एवं वरुण! मैं तुम्हारे उद्देश्य से अग्नि में सोम की आहुति डालता हूं और उषा देवी के समान प्रदीप्त अवयव वाली एवं राक्षसों से असंपृक्त स्तुति अर्पित करता हूं। तुम दोनों मेरी युद्ध में रक्षा करना।

वरुण:

सूक्त 86 : वरुण के जन्म, उनकी महिमा से स्थिर होते हैं। वरुण ने विस्तृत धरती-आकाश को धारण किया है। महान आकाश और दर्शनीय नक्षत्रों को दो बार प्रेरणा दी है तथा धरती को विशाल बनाया है। हे वरुण! हमारी पैतृक द्रोह-भावना को हमसे अलग करो। हमारे शरीर के द्वारा किए गये अपराधों से हमें अलग करो। तुम हमें पाप से छुड़ाओ।

सूक्त 87 : वरुण ने सूर्य के लिए अन्तरिक्ष में मार्ग दिया व सागर का जल सरिताओं को प्रदान किया। घोड़ा जिस प्रकार घोड़ी के समीप जाता है, उसी प्रकार शीघ्र गमन के लिए वरुण ने दिन से रातों को अलग किया। हे वरुण! तुम्हारे द्वारा प्रेरित वायु जगत की आत्मा है वायु यन्न प्रकार विश्व का भरण करता है।

सूक्त 88 : हम ध्रुवभूमि पर निवास करते हुए वरुण की स्तुति बोल रहे हैं। वरुण हमारे सभी पाशों (बन्धनों) को छुड़ाएं। हम टुकड़े न होने वाली धरती पर रहते हुए वरुण के रक्षा-साधनों का भोग करें। हे देवों! तुम कल्याण साधनों के द्वारा हमारी रक्षा करो।

सूक्त 89 : हे स्वामी वरुण! मुझे सुखी बनाओ एवं मुझ पर दया करो। हे वरुण! मैं असमर्थता के कारण ही कर्तव्य कर्म नहीं कर पाया हूं। हे वरुण! हम मनुष्य देवों के प्रति जो द्रोह करते हैं अथवा अज्ञान के कारण तुम्हारे जिस यज्ञ कर्म को भूल जाते हैं, तुम हमारे उन पापों के कारण हम को मत मारना।

वायु :

सूक्त 90 : हे सबके स्वामी वायु! तुम्हें जो उत्तम आहुति देता है, जो तुम्हें सोमरस देता है, उसे तुम सभी मनुष्यों में प्रसिद्ध बनाते हो। वह प्रसिद्ध होकर धन का पात्र बनता है। हे वीरवायु! तुम्हारे लिए अध्वर्यु शुद्ध एवं मधुर सोम रस भेंट कर रहे हैं। वायु को धरती-आकाश ने धन के लिए ही उत्पन्न किए है। अत: स्तोता धन पाने के लिए, वायु की स्तुति करते हैं।

सूक्त 91: शोभन बुद्धि वाले श्वेत वर्ण वायु यज्ञ करने वाले अधिक अन्न के स्वामी एवं धन-सम्पन्न व्यक्तियों की सेवा करते हैं। हे पवित्र सोमरस को पीने वाले इन्द्र व वायु! तब तक तुम्हारे शरीर की गति है, जब तक बल है एवं जब तक ऋत्विज ज्ञान रूपी बल से दीप्तिशाली हैं, तब तक तुम हमारे द्वारा दिये जाते हुए सोमरस को पियो।

सूक्त 92 : हे वायु! यज्ञशाला में स्थित हव्य दाता यजमान का यज्ञ पूर्ण करने के लिए जिन घोड़ों के द्वारा तुम उसके सामने जाते हो, उन्हीं की सहायता से हमारे यज्ञ में आओ। हमें शोभन अन्न वाला धन तथा वीर पुत्र और गायों, अश्वों के रूप में अद्वितीय ऐश्वर्य प्रदान करो।

इन्द्र व अग्नि :

सूक्त 63 - 64 : हे सबके द्वारा स्तुति किये जाने योग्य इन्द्र व अग्नि! तुम शत्रुनाश करो। तुम दोनों एक साथ उन्नति करते हुए, बल द्वारा बढ़ते हुए एवं अधिक धन के स्वामी होकर हमें शत्रु विनाशक स्थूल अन्न प्रदान करो। तुम उस शत्रु-सेना का विनाश करो, जो युद्ध का प्रयत्न करते हुए हमारे सैनिकों को मार रही है। हे इन्द्र! व अग्नि! तुम दुष्ट विचारों एवं बुरे ज्ञान वाले, शक्तिशाली तथा हमारी सम्पत्ति का अपहरण करने वाले मनुष्य को आयुध-द्वारा इस प्रकार नष्ट करो, जैसे घड़ा फोड़ा जाता है।

सरस्वती :

सूक्त 65 - 66 : यह सरस्वती नदी लोहे के द्वारा बनी नगरी के समान सबको धारण करती है और प्राणधारक जल के साथ बहती है। जैसे सारथी सबको छोड़कर आगे निकल जाता है, उसी प्रकार यह नदी सब नदियों से श्रेष्ठ एवं आगे निकली हुई है। इसी नदी ने नहुष को धन प्रदान किया था। ऐसी सरस्वती हमारी स्तुति सुने और हमारे प्रति दयालु हो। तुम स्वयं वृद्धि को प्राप्त होती हुई हमें भी समृद्ध करो।

इन्द्र, बृहस्पति, विष्णु आदि

सूक्त 67-100 : हे मित्रों! हम अभिलाषापूरक बृहस्पति के प्रति पापरहित बनें। वे हमें उसी प्रकार धन लाकर दें, जैसे पिता दूर देश के पुत्र के लिए धन लाता है। जिस यज्ञ में धरती के नेता इन्द्र के लिए हर बार सोमरस निचोड़ा जाता है, उस यज्ञ को इन्द्र प्रसन्नतापूर्वक पूर्ण कराते है। हे अध्वर्यु! जिस प्रकार गौर मृग दूरस्थित जल को जानकर तेजी से उसके समीप जाता है, उसी प्रकार इन्द्र भी सोम को पीने के लिए तेजी से आते हैं, तुम उनके लिए सोम तैयार करो। हे विष्णु! शब्द, स्पर्श आदि पंचतन्मात्राओं से अतीत तुम्हारा शरीर जब वामन अवतार के समान बढ़ता है, तब तुम्हारी महिमा कोई नहीं जान सकता। हम तुम्हारे दो लोकों - धरती-आकाश-को तो जानते हैं, पर तुम्हारे तीसरे परलोक को तो तुम्हीं जानते हो। हे विष्णु! तुम हम पर ऐसी कृपा करो, जो दोषहीन और सबका हित करने वाली हो। तुम हम पर ऐसी

कृपा करो, जिससे हम बहुतों को प्रसन्न करने वाला धन पाएं। हे विष्णु! मैं तुम्हारे लिए वषट् शब्द बोलता हूं तुम मेरे हव्य को स्वीकार करो।

पर्जन्य :

सूक्त 101 : हे स्तोताओं! पर्जन्य के लिए स्तुतियां बोलो। पर्जन्यदेव, औषधियों, गायों, घोड़ियों तथा स्त्रियों में गर्भ धारण करते है। उन्हीं पर्जन्यदेव को हव्य दो। हे ऋषि! पर्जन्य के लिए उन्हीं तीन वचनों को बोलो, जिनके अग्र भाग में ओम् है। पर्जन्य अपने साथ रहने वाली बिजलीरूपी अग्नि को उत्पन्न करते हैं और बार-बार शब्द करते हैं। पर्जन्य का एक रूप बच्चे देने में असमर्थ बूढ़ी गाय के समान है और दूसरा रूप गाय के समान दूध रूपी जल उत्पन्न करने वाला है। वे इच्छानुसार रूप बदलने वाले हैं। पर्जन्य से ही सब लोक स्थित हैं। वे सब लोकों में जल बरसाते हैं और उनमें जड़-जंगम की आत्मा स्थित है।

मण्डूक :

सूक्त 103 : व्रत करने वाले स्तोता की तरह एक वर्ष तक सोने के बाद मेंढक बादलों के प्रति प्रसन्नताकारक वाणी बोलते हैं। वे सूखे चमड़े के समान एक वर्ष तक तालाब में सोए पड़े रहते हैं, फिर जल बरसने पर बछड़े वाली गायों के समान शब्द करने लगते हैं। तब वे शब्द करते हुए एक-दूसरे के पास इस तरह जाते हैं, जैसे खिलखिलाता हुआ बालक दूसरे खिलखिलाते हुए बालक के पास जाता है। वे एक-दूसरे के शब्दों का अनुकरण इस प्रकार करते हैं, जैसे शिष्य गुरु के शब्दों का अनुकरण करता है। ऐसे विभिन्न प्रकार से बोलने वाले मेंढक हमें सम्पत्ति दे, वे हमारी आयु वृद्धि करें।

इन्द्र, सोम आदि

सूक्त 104 : हे इन्द्र! हे सोम! तुम राक्षसों को कष्ट दो और उन्हें नष्ट करो। तुम पाप की प्रशंसा करने वाले राक्षसों को भली प्रकार नष्ट करो, उन्हें जलाओ, मारो फेंको। हे इन्द्र! सोम! अन्तरिक्ष में चारों ओर आयुधों को भेजो, इससे राक्षस चुपचाप भाग जाएंगे। हे देवों! जो राक्षस हमें दिन-रात मारना चाहता है, उसे तुम नष्ट करो। हे अग्नि! क्या मैं झूठे देवों की भक्ति करता हूं? अथवा फल न देने वाले देवों का उपासक हूं? फिर तुम मुझसे क्रुद्ध क्यों हो? जो राक्षस मुझ अराक्षस को राक्षस कहता है, उसे इन्द्र अपने महान आयुधों से नष्ट करें। हे मरुतों! तुम प्रजाओं में अनेक प्रकार से स्थित होओ। जो राक्षस रात में पक्षी बनकर नीचे उतरते हैं, अथवा जो प्रचलित यज्ञ में बाधा डालते हैं, उन्हें तुम पकड़ो और पीस डालो। हे इन्द्र! अन्तरिक्ष से अपना वज्र चलाओ। तुम अपने पर्वों वाले वज्र के द्वारा पूर्व, पश्चिम, दक्षिण और उत्तर दिशा में वर्तमान सब राक्षसों को नष्ट करो। हे सोम! तुम एवं इन्द्र प्रत्येक को भली प्रकार देखो एवं जागो। तुम राक्षसों के ऊपर अपना वज्र रूप आयुध फेंको। हे इन्द्र! नर राक्षस को

नष्ट करो, मादा राक्षसी को भी नष्ट करो। विनाश रूपी खेल खेलने वाले राक्षस धड़ के रूप में पड़े हो। वे उगते सूर्य को भी न देख सके।

अष्टम अध्याय

इन्द्र :

सूक्त 1 - 2 : हे स्तोताओं! तुम इन्द्र के अतिरिक्त और किसी की स्तुति मत करो। सोमरस निचुड़ जाने पर तुम सब एकत्र होकर इन्द्र की स्तुति करते हुए बार-बार स्त्रोत बोलो। हे इन्द्र! ये लोग यद्यपि अपनी रक्षा के लिए तुम्हारी भली-भांति स्तुतियां करते है, किन्तु हमारा यह स्तोत्र तुम्हारी सदैव वृद्धि करने वाला हो। हे इन्द्र! तुम्हारी कृपा से हम शाखाहीन वनों के समान संतानहीन न हो। देवों और मनुष्यों के बीच में एकमात्र इन्द्र ही सोमरस पीने वाले हैं। नेताओं के द्वारा धोया गया, कपड़ों की सहायता से निचोड़ा गया एवं मेष के बालों से पवित्र किया गया सोमरस नदी में स्नान किए हुए घोड़े के समान शोभित है, वह सोमरस इन्द्र के लिए ही है, अन्य के लिए नहीं।

सूक्त 3 : हे इन्द्र! हम तुम्हारी कृपा से अन्नों के स्वामी बने। तुम शत्रु का पक्ष लेकर हमें मत मारना। सोमरस पीने के बाद जब इन्द्र के सारे शरीर में नशा चढ़ता है, तब वे यजमान की शक्ति एवं उसके ओज को बढ़ाते है। हे इन्द्र! मैं तुम्हारी उस शक्ति को मांगता हूं जिससे तुमने भृगु को धन दिया और पुरुष की रक्षा की थी।

सूक्त 4 : हे इन्द्र! यद्यपि तुम पूर्व, पश्चिम, उत्तर, दक्षिण दिशाओं में रहने वाले सभी स्तोताओं के द्वारा बुलाए जाते हो, किन्तु तुम हमारी पुकार को सुनकर यहीं आओ, अन्यत्र न जाना। हे इन्द्र! तुम्हें यह सोम भली प्रकार मत्त करें और तुम हमें धन, बल, पशु तथा समृद्धि दो।

सूक्त 6 : वर्षा करने वाले मेघ के समान महान शक्ति वाले इन्द्र पुत्रतुल्य स्तोता की स्तुतियों से बढ़ते हैं। घोड़े इन्द्र को जिस समय वहन करते हैं, उस समय विद्वान् स्तोता स्तोत्रों के द्वारा इन्द्र की स्तुति करते हैं। इन्द्र के क्रोध से भयभीत सभी प्रजाएं इन्द्र को इस प्रकार प्रणाम करती हैं, जैसे नदियां त्रिगर के सामने झुककर प्रणाम करती है। द्युलोक, अन्तरिक्ष एवं धरती इन्द्र की अपनी शक्ति से व्याप्त नहीं कर सकते।

सूक्त 12 : हे इन्द्र! तुम अपने कर्तव्य को जानते हो। तुम मनचाहा फल देने वाले हमारे उस सोम को जानो, जिससे तुम अन्नोंकामना पूर्ण करते हो। सूर्य के समान इन्द्र धरती-आकाश को वर्षा से बढ़ाते हैं। जिस प्रकार अग्नि वनों को जलाते है उसी प्रकार इन्द्र यज्ञ-बाधक राक्षसों को नष्ट करते हैं।

सूक्त 13 : इन्द्र विस्तृत व्योम रूप देवस्थान में देवों को बढ़ाते हैं। वे यज्ञ-कर्म पूरा करने वाले, यशस्वी और अद्वितीय बलधारी हैं। इन्द्र की सत्य प्रशस्तियां नीचे बहने वाले पानी के समान विहार करती हैं। हमारी स्तुति के द्वारा भी इन्द्र की सच्ची प्रशंसा होती है। इन्द्र की मरुत् रूपी प्रजाएं शत्रुओं का नाश करती हुई धरती-आकाश की सेवा करती हैं।

सूक्त 14 : यज्ञ ने इन्द्र् को बढ़ाया था क्योंकि इन्द्र ने द्युलोक में जाकर मेघ को सुलाते हुए धरती को स्थिर किया था। हे इन्द्र! तुम उक्थों एवं स्तुतियो से बढ़ते हो और स्तोताओं का कल्याण करते हो।

सूक्त 15 : हे इन्द्र! स्तोता पहले के समान आज भी तुम्हारी स्तुति करते हैं। स्वर्गलोक तुम्हारी शक्ति एवं धरती तुम्हारा यश बढ़ाती है। तुम्हारा बल तुम्हारे कर्मों एवं वज्र को तेज करता है। हे इन्द्र! तुमने जिस मद के कारण आयु एवं मन के हेतु प्रकाश पिंडों को दीप्त किया था। उसी मद से प्रसन्न होकर तुम इस यज्ञ के कर्ता के रूप में शोभित हो।

सूक्त 16 : हे स्तोताओं! स्तुतियों के द्वारा इन्द्र की स्तुति करो। इन्द्र के प्रति भेंट किये गए उक्थ एवं हव्यान्त उसी प्रकार शोभित होते हैं, जैसे जल की तरंगें सागर में शोभित होती हैं। मन्त्र द्रष्टा एवं साधारण जन इन्द्र को यजुर्वेद के पूजायोग्य मन्त्रों, सामवेद के गाने योग्य मन्त्रों एवं गायत्री छन्द में लिखित स्तुतियों से बढ़ाते है।

सूक्त 17 : हे इन्द्र! यह माधुर्यपूर्ण सोम तुम्हारे शोभन-दानवाले शरीर के लिए अत्यन्त स्वाद वाला हो। यह तुम्हारे हृदय को सुखकारक हो। यह स्त्री के समान ढका हुआ बनकर तुम्हारे पास जाए। हे इन्द्र! कुण्ड पाद्य नामक यज्ञ तुम्हारा स्थापक है। ऋषियों ने इस यज्ञ में मन लगाया है।

सूक्त 21 : हे बांधवो वाले इन्द्र! बान्धवहीन हम तुम्हारे पास मित्रता के लिए आए हैं। हम तुम्हारे अभिमुख होकर इस स्तोत्र से तुम्हारी स्तुति कर रहे हैं। तुम्हारी रक्षा पाकर हम सुरक्षित हो जाएंगे। हम तुम्हारी मित्रता एवं भोज्य दोनों को जानते हैं। हम जानते हैं कि तुम धनवान को ही अपनी मित्रता के लिए नहीं स्वीकार करते, बल्कि अपने मित्रों को ही धनवान बनाते हो।

सूक्त 24 : हे इन्द्र! तुम अपनी शक्ति के कारण ही प्रसिद्ध हुए हो और वृत्र को मारने के कारण ही लोग तुम्हें वृत्रहर कहने लगे हैं। जैसे लोग गायों के साथ गोशाला में जाते हैं, वैसे ही हम स्तुतियों और हव्यों के साथ तुम्हारे पास आए हैं। तुम रक्षा के साथ हमारी अभिलाषाएं पूरी करो।

सूक्त 32 : हे ऋषियों जब इन्द्र अपनी कहानी सुनकर प्रसन्न हो जायें, तब तुम उनके सामने ऋजीष वाले सोम का वर्णन करना। हे महान इन्द्र! मेघ के जलाव रोधक स्थान में

छेदकर और यह वीरतापूर्ण रक्षा का भली प्रकार यत्न करने वाले इन्द्र को लोक-रक्षा के लिए बुलाते हैं।

सूक्त 33 : जिसका दाहिना, बायां दोनों हाथ सुन्दर है, जो स्वामी, शोभनकर्म कर्त्ता एवं हजारों कर्म करने वाले हैं, तथा जो सैकड़ों सम्पत्तियों वाले और यज्ञ में स्थिर हैं, ऐसे इन्द्र की, हे स्तोताओं! अपनी अभिलाषापूर्ति के लिए स्तुति करो।

सूक्त 34 : हे इन्द्र! देवताओं में स्तुति-योग्य, देवों को बुलाने वाला एवं मनुष्यों द्वारा गृह में स्थापित अन्न तुम्हें वहन करें। हे दीप्त हवि वाले इन्द्र! तुम द्युलोक का शासन करते हो, इसलिए द्युलोक में जाओ।

सूक्त 36 : हे इन्द्र! तुम हव्य अन्न द्वारा देवों की तथा बल द्वारा अपनी रक्षा करते हो। हे सज्जन पालक तथा बहुकर्म वाले इन्द्र। देवों द्वारा सोमरस के अपने निश्चित भागों को तुम समस्त शत्रुओं एवं वेगों को पराजित करके पियो।

सूक्त 37 : हे यज्ञस्वामी इन्द्र। तुम इस भवन के एकमात्र राजा के रूप में सुशोभित हो। तुम अपने समान रक्षा-साधनों द्वारा ब्राह्मणों की रक्षा करो हमारे इस मध्याह्न काल के यज्ञ में तुम सोमरस का पान करो।

सूक्त 38 : यज्ञ के नेता एवं समान रूप से स्तुत इन्द्र और अग्नि! तुम दोनों यज्ञ में सम्मिलित होओ एवं यज्ञ के निमित्त निचोड़े गये सोमरस के ओर आओ।

सूक्त 40 : हे इन्द्र व अग्नि! हम तुमसे धन की याचना नहीं करते, हम तो सबके नेता एवं सबसे अधिक शक्तिशाली इन्द्र का यज्ञ करते हैं। इन्द्र कभी अन्न के लिए और कभी यज्ञ को प्राप्त करने के लिए घोड़े पर चढ़कर आते हैं। इन्द्र एवं अग्नि सभी शत्रुओं को मारें।

सूक्त 45 : युवा इन्द्र जिनके मित्र हैं, वे ऋषि मिलकर अग्नि को भली प्रकार जलाते हैं एवं कुशाएं बिछाते हैं। इन ऋषियों की समिधाएं बड़ी हैं। यज्ञ बहुत हैं और यज्ञ महान हैं। इन्द्र ने उत्पन्न होते ही बाण उठा लिया और माता से पूछा-उग्र एवं शक्ति द्वारा कौन प्रसिद्ध है? माता ने कहा-वह जो तुम्हारे साथ युद्ध करता है।

सूक्त 46 : हे यज्ञकर्म के पार ले जानेवाले इन्द्र! हम तुम्हारे आश्रित हैं। हम तुम्हें अन्न-धन देने वाले जानते हैं। और, यह भी जानते हैं कि उसी का यज्ञ सम्पन्न होता है, जिसकी हे इन्द्र! तुम और मित्र तथा अर्यमा रक्षा करते हैं। मरुद्गण तुम्हारी सेना है, तुम मरुतों के नेता हो।

सूक्त 50 - 55 : ऊपर भुजा उठाए हुए, शत्रुओं का वध करने वाले एवं शत्रुनगरों को ध्वस्त करने वाले इन्द्र यदि हमारी पुकार सुने, तो हम धन स्वामी, बुद्धिमान और यशस्वी हो जाएंगें। हे इन्द्र! तुम्हारा मन अतिशय शत्रु घर्षक है। मनुष्य जिस प्रकार कुएं खोदता है, उसी प्रकार स्तुतियों से घिरे इन्द्र हमें कृपापूर्वक देखते हैं। हे इन्द्र! स्वाहा देवी के पति अग्नि का

यज्ञ करने वाले लोग तुम्हारे कर्म की ही प्रशंसा करते हैं। हे इन्द्र! तुम आओ। तुम मानव कल्याण के लिए यज्ञशाला को शब्दित करते हुए स्वर्ग से आओ। हे इन्द्र! तुम हमारे अध्यर्युजनों के द्वारा सब दिशाओं से बुलाए जाते हो, तुम यज्ञ में शीघ्र आओ। ऐसा कौन-सा पुरुषार्थ है, जो इन्द्र ने न किया हो ' अथवा किस सुनने योग्य पुरुषार्थ के साथ इना का नाम नहीं जुड़ा है?

सूक्त 57 - 56 : हे मरुतों! मैं समस्त शत्रुओं पर आक्रमण करने वाले एवं किसी शत्रु शक्ति के सामने न झुकने वाले शक्ति-स्वामी इन्द्र को तुम्हारी सेनाओं के साथ बुलाता हूं। हे प्रिय मेघ ऋषि के वंशवाले लोगों! इन्द्र की विशेष रूप से पूजा करो, उसी प्रकार जैसे वीर की पूजा की जाती है। जो यज्ञ-साधनों के द्वारा इन्द्र को अपने अनुकूल बना लेते है, उनके कर्म में कोई बाधा उत्पन्न नहीं कर सकता।

सूक्त 65- 67 : हम मरुतों से युक्त ऋजीष के भागी, बुद्धियुक्त एवं महान इन्द्र को पावन स्तुतियों के द्वारा बुलाते हैं। इन्द्र ने जन्म लेते ही माता से पूछा-कौन उग्र एवं प्रसिद्ध है ' माता बोली-ऊर्णनाभ और अहीशुव आदि असुर हैं, तुम उन्हें समाप्त करो। हे शूर इन्द्र! तुम्हारे अतिरिक्त कोई बढ़ाने वाला नहीं है, कोई दाता नहीं है और कोई रक्षक नहीं है।

सूक्त 69-71 : हे इन्द्र! तुम दृढ़ बनो। निन्दनीय व्यक्ति हमारे पास न आए। दिशाओं में छिपा धन सब हमारा हो और हमारे शत्रु नष्ट हो जायें। हे सेवकों आओ, इन्द्र् की स्तुति करो। इन्द्र जब दान की इच्छा करते हैं, तब उन्हें कोई नहीं रोक सकता। हे इन्द्र! बाज पक्षी का रूप धारण करने वाली गायत्री शत्रुओं का तिरस्कार करके जिस सोमरस को लायी थी, उसे तुम पियो।

सूक्त 77- 84 : हे इन्द्र! ज्ञान और बल के द्वारा तुम शत्रु-संहार करते हो। तुम अपने कर्म और बल से सभी प्राणियों को हराते हो। हे मरुतों! इन्द्र के लिए पापनाशक साम मन्त्रों का गायन करो। हे शक्ति के स्वामी इन्द्र! तुम यशस्वी बनो। तुमने अकेले ही उन राक्षसों को मारा, जिन्हें कोई नहीं मार सकता था। जल की ओर स्नान हेतु जाती हुई कन्या अपाला ने मार्ग में सोमलता प्राप्त की और कहा-मैं शक्तिशाली इन्द्र के लिए तुम्हारा रस निचोड़ती हूं। हे इन्द्र! गोपाल गायों को जिस प्रकार जौ के खेत में जौ खिलाकर विशेष प्रसन्न करता है, वैसे हम तुम्हें उक्थों से प्रसन्न करेंगे।

सूक्त 85- 89 : इन्द्र से डरी हुई उषाएं अपनी गति बढ़ाती रहती है। इन्द्र के कारण ही रात्रियां शोभन बनती है। इन्द्र के कारण ही नदियां हितकारिणी एवं पार होने योग्य बनती हैं। हे सुखयुक्त धन के स्वामी इन्द्र! तुम असुरों के धन से स्तोता को बढ़ाओ। स्तोता तुम्हारे लिए कुशाएं बिछा चुका है। हे उदगाता! इन्द्र को बृहतनाम गाकर सुनाओ।

अग्नि :

सूक्त 11,19,23 : हे अग्नि! तुम यज्ञ-कर्म की रक्षा करने वाले हो, यज्ञ में प्रशंसा के योग्य हो, तुम यज्ञों के नेता हो और तुम बहुत से स्थानों को समान रूप से देखने वाले हो। अग्नि अधिक देने वाले, विचित्र दीप्तिसम्पन्न एवं सोमसाध्य के निर्माता है। हे अग्नि! परिचर्या रूप कर्म के द्वारा मैं तुम्हारी सेवा करूंगा।

सूक्त 39,43,44,49 : मन्त्रों के योग्य अग्नि की मैं स्तुति करता हूं। हे अग्नि! हमारे शरीरों पर जो शत्रु की हिंसा होती है, उसे समाप्त करो। हे अग्नि! तुम्हारी तीखी किरणें पशुओं के समान दांतों से वनों को खाती है। हे ऋत्विजों! अतिथि के समान प्रिय, देवदूत, हव्यवाहक, स्तुतियोग्य, अग्नि की हव्य एवं स्तुतियों से सेवा करो।

सूक्त 60- 61, 63, 64 : हे शक्ति के नाती! तुम सबके वरण करने योग्य हो। हमारी स्तुतियां ज्वालाओं से युक्त अग्नि के समक्ष जाये। होता अपनी बुद्धि के बल से यजमान का मनोरथ पूरा करने के लिए दुःखनाशक अग्नि को सामने स्थापित करना चाहते हैं।

सूक्त 73 - 91 : हे शक्ति के पुत्र अग्नि! तुम सबके वरण करने योग्य एवं शत्रुओं का अपमान करने वाले हो। हे गार्हपत्याग्नि तुम इस समय किसके विचित्र कर्मों से प्रसन्न होते हो? तुम्हारी स्तुतियां गायों को प्राप्त करने वाली होती हैं।

अश्विनीकुमार :

सूक्त 5 : हे अश्विनीकुमारों! तुम अपने रथ के द्वारा उषा से मिलो। तुम उन स्तुतियों पर ध्यान दो, जो तुम्हारे लिए बनाई गई हैं। हे अतिशय महान तुम हव्यदाता के लिए यहां के साधन एवं नाशरहित भूमि को सींचो। तुम शुद्धि प्राप्त करके मधुर सोम पियो और सबको धारण करने वाला धन लाकर दो।

सूक्त 8 -6 : हे अश्विनीकुमारों! सूर्य के समान चमकीले रथ के द्वारा हमारे समीप आओ। पुराने समय में ऋषियों ने तुम्हें स्तुतियों के द्वारा बुलाया था, अब हमारी स्तुति और पुकार सुनकर आओ। हे अश्विनीकुमारों! स्तोता के लिए घी टपकाने वाला एवं हजार रूपों वाला अन्न दो। अश्विनीकुमारों! तुम वत्स ऋषि की रक्षा के लिए गए थे। तुम इन यजमानों की भी रक्षा करो। इन्हें बाधारहित विस्तृत घर दो और इनकी रक्षा करते हुए इनके शत्रुओं को समाप्त करो। हे अनेक कर्म वाले अश्विनीकुमारों तुमने वनस्पतियों एवं औषधियों में जो पाक धारण किया है, उसके द्वारा हमारी रक्षा करो।

सूक्त 10 : हे अश्विनीकुमारों! तुमने मनु के यज्ञ को जिस प्रकार सफल बनाया था, उसी प्रकार हमारे यज्ञ को भी सफल बनाओ। इस समय तुम चाहे पूर्व, पश्चिम दिशा कहीं भी हो, मैं तुम्हें वही से बुलाता हूं तुम मेरे पास आओ।

सूक्त 22 : हे अश्विनीकुमारो! तुम्हारे रथ का एक पहिया स्वर्ग लोक में चलता है और दूसरा तुम्हारे साथ चलता है और तुम्हारा रथ धरती-आकाश को अपने प्रकाश से चमकाता है। तुम यज्ञ मार्ग के द्वारा हमारे पास आओ। इसी मार्ग द्वारा तुमने त्रसदस्यु के पुत्र तुक्षि को महान सम्पत्ति देकर तृप्त किया था।

सूक्त 26 -35 : हे अश्विनीकुमारों! तुम दोनों रुद्र हो, इसलिए द्वेषी शत्रुओं को कष्ट दो। हे मरणरहित हे अश्विनीकुमारों! तुम द्युलोकों से नीचे इस सागर में अथवा तुम्हें चाहने वाले यजमान के घर में सुख से बैठो। हे अश्विनीकुमारों! तुम अग्नि, इन्द्र, वरुण, विष्णु, आदित्यों, रुद्रों, वसुओं तथा सोम के साथ मिलकर सोम पियो।

सूक्त 62 : हे अश्विनीकुमारों! यहां की अभिलाषा करने वाले मेरे लिए उन्नत बनो एवं यज्ञ में आने के लिए अपने रथ में अपने घोड़ों को जोड़ो।

सूक्त 74-76 : हे सत्यरूप अश्विनीकुमारों तुम मेरी पुकार सुनकर मधुर सोमरस पीने के लिए मेरे यज्ञ में आओ। हे अन्तयुक्त धन के स्वामी! हम तुम्हें स्तुतियों के द्वारा हव्य लेकर बुलाते हैं।

मरुद्गण :

सूक्त 7 - 20 : हे मरुतों! प्रात: मध्याह एवं सांयकाल के यज्ञों में जब ब्राह्मण तुम्हें हवि देते है, तब तुम पर्वतों पर प्रकाशित होते हो। हे मरुतों! तुम्हारे भय से पर्वत भी कांपते हैं। तुम बादलों को ऊपर उठाते हो और वर्षा को बिखेरते हो। हम स्तोता अपने स्तोत्रों से सुख मांगते हैं। हे मरुतों! जिस साधन से तुमने तुर्वसु एवं यदु की रक्षा की थी, हम तुमसे धन पाने के लिए उसी रक्षा-साधन का ध्यान करते हैं। हे मरूतों! तुम्हारे आने से जो कम्पन होता है, उससे सब द्वीप गिर पड़ते हैं। वृक्षादि स्थावर दुखी होते हैं और धरती-आकाश भी कांप जाते हैं। हे अध्वर्यु! वर्षा करने वाले मरुतों की शक्ति बढ़ाने के लिए उन्हें हव्य अर्पित करो। हे अन्तरात्मा! मरुतों की स्तुति करो। मरुतों का दान महिमायुक्त है। हे मरुतों! जिन रक्षा-साधनों से तुम समुद्र की रक्षा करते हो, उन्हीं साधनों से तुम हमें भी सुरक्षा प्रदान करो।

सूक्त 83 : धनवान मरुतों की माता, अन्न की अभिलाषा करने वाली पूर्ति मरुतों को सोमरस पिलाती है। पृश्नि की गोद में रहकर मरुत व्रत धारण करते हैं। बुद्धिमान एवं जलों के समान तिरछे चलने वाले मरुद्गण तीव्र होते हैं और हमारे यज्ञ की ओर आते हैं। मैं उन मरुतों को सोमरस पीने के लिए बुलाता हूं जिन्होंने पार्थिव एवं स्वर्गिक वस्तुओं को विस्तृत किया है।

सूक्त 92 : हे मरुतों के सखा अग्नि! तुम हमारे यज्ञ में मरुतों के साथ सोमपान करने के लिए आओ और प्रसन्न बनो। दिवोदास के द्वारा बुलाए गए अग्नि ने पृथ्वी माता के सामने

यज्ञ में देवों के लिए हव्य वहन नहीं किया, क्योंकि दिवोदास ने अग्नि को बलपूर्वक बुलाया था। हे अग्नि! तो यजमान तुम्हें हव्य देता है, वह उत्तम धनों को प्राप्त करता है।

आदित्य आदि :

सूक्त 18. : हे आदित्यों! हमसे रोगों को दूर करो। हमारे शत्रुओं को तुम हटाओ। तुम हमसे सृष्ट बुद्धियों को अलग रखो और पापों को दूर करो। हे आदित्यों! अपनी कृपा की नाव के द्वारा हमें पाप-नदी से पार पहुंचाओ। हे आदित्यों! जो लोग मृत्यु के बहुत समीप हैं, उनके जीवन के लिए उनकी आयु को बढ़ाओ।

सूक्त 47 : हे आदित्यों! जैसे पक्षी अपने बच्चों की रक्षा के लिए उनके ऊपर अपने पंख फैला देते हैं, उसी प्रकार तुम हमारी रक्षा करो और हमें सुख दो। हम तुमसे उपद्रवरहित सम्पत्तियां मांगते हैं। हे आदित्यों! हमसे द्वेष करने वाले को पृथ्वी पर सुख न मिले। हे आदित्यो! तुम्हारा सुख हमें नयी व्याई हुई गाय एवं अन्न- धन दे।

सूक्त 56 : हम आदित्यों से रक्षा की कामना करते हैं। आदित्यों का धन यज्ञ करने वाले यजमान के लिए ही है। हे आदित्यों! जाल हमको न बांधे, हमें जाल से छुड़ाओ, हम यज्ञकर्म स्वतन्त्रतापूर्वक करें। हे आदित्यों! हमारे द्वेषियो और पापियों का विनाश करो। हमारे पाप का विनाश करो।

मित्र-वरुणादि :

सूक्त 25 : हे मित्र और वरुण! तुम यजमान के समीप आओ। तुम दोनों धन एवं रथ के स्वामी हो और व्रतधारी हो। अदिति ने मित्र और वरुण को असुन-नाथ के लिए उत्पन्न किया है। मित्र और वरुण अपने प्रकाश से यज्ञ को प्रकाशित करते हैं। हे मित्र और वरुण! तुम धन, दिव्य अन्न एवं पार्थिव अन्न देते हो। देखने से पहले ही जान लेने वाले और सबके कर्म-प्रेरक मित्र और वरुण दुःसह तेज से युक्त है।

सूक्त 46 - 60 : हे मित्र और वरुण! जो यजमान तुम्हारे सामने जाता है, वह देवों का दूत हो जाता है। वह सोना और सोम प्राप्त करता है। अत्यन्त बढ़े हुए बलवाले, देखने में विशाल, यज्ञकर्मों के नेता, दीप्तिशाली एवं अतिशय विद्वान मित्र और वरुण दोनों भुजाओं के समान सूर्य की किरणों के साथ कर्म करते हैं। हे उदगाता! तुम मित्र एवं अर्यमा की सेवा के लिए प्रसन्नता देने वाले गीत गाओ और उनकी प्रार्थना करो।

विश्वेदेव :

सूक्त 27 - 30 : हे निवास-स्थान देने वाले विश्वेदेवों तुम हमारे यज्ञ कर्मों के रक्षक बनो। हमारा यज्ञ देवों तथा अग्नि के पास भली प्रकार जाये। हमारा यज्ञ आदित्यों, वरुण एवं मरुतों

के पास भी पहुंचे। विश्वेदेवों हमारे स्तोत्र सुनने के लिए हमारे पास आओ। हे द्रोहहीन देवों हमें बाधारहित घर दो। हे देवों! तुम में परस्पर बन्धुता है, हमें धन पाने का साधन बताओ। हम प्रत्येक देव को यज्ञ में अपनी अभिलाषापूर्ति के लिए बुलाते हैं। जो तैतीस देवता कुशों पर बैठे हैं, वे सब हमें धन दें। मैंने वरुण, मित्र एवं धनद अग्नि को वषट्कार के द्वारा पत्नी सहित बुलाया है। देवों तुम में कोई शिशु या कुमार नहीं है, तुम सभी महान हो। हे मनु के यज्ञ के पात्र देवों तुम तैंतीस हो, ऐसा कहकर तुम्हारी स्तुति की जाती है।

सूक्त 72 : हे अभिलाषापूरक देवों हम अपने यहां के उद्देश्य से तुम्हारी रक्षा पाने की प्रार्थना करते हैं। हे देवों! वरुण, मित्र, अर्यमा हमारे सहायक हों। तुम इन्द्र, विष्णु, मरुद्गण एवं अश्विनीकुमारों को हमारे पास लाओ। जैसे नाव नदी के पार ले जाती है, उसी प्रकार हे देवों! तुम हमें शत्रु-सेना के पार ले जाओ। हे अर्यमा, हे वरुण! हमें अपनाने योग्य धन दो। हम चाहे कहीं हों, तुम्हें हव्य द्वारा बढ़ने के लिए बुलाते हैं।

यज्ञ :

सूक्त 31 : जो यजमान यज्ञ करता है, हव्य देता है, सोमरस निचोड़ता है एवं पुरोडाश पकाता है तथा इन्द्र के लिए गाय के दूध से मिला सोमरस देता है, उसे इन्द्र पाप से बचाते हैं। जो पति-पत्नी समान विचार के है और सोम निचोड़ते तथा गोदुग्ध से मिलाते हैं। और सोम देवों को भेंट करते हैं, उन्हें देवता भोजन के योग्य अन्न देते हैं। वे शिशुओं और कुमारों वाले एवं स्वर्णयुक्त गहनों वाले बनकर पूर्णायु प्राप्त करते हैं।

वरुणादि :

सूक्त 41 : हे स्तोता अधिक धन पाने के लिए वरुण एवं मरुतों की स्तुति करो। वे पशुओं की भी रक्षा करते हैं। वरुण नदियों के समीप उदित होते है। उनके सात बहने हैं। वरुण रात्रियों का आलिंगन करते हैं। अपनी माया द्वारा संसार को धारण करते हैं। वे दिशाओं को धारण करते हैं। तथा स्वर्ग एवं धरती के निर्माता हैं। समुद्र-रूप धारण करने वाले वरुण छिपकर शीघ्र ही सूर्य के समान स्वर्ग पर पहुंचते हैं। वे वरुण हमारे शत्रुओं को मारे।

सूक्त 42 : वरुण समस्त साधनों के स्वामी हैं और भुवनो के सम्राट हैं। अमृत रक्षक धीर वरुण को नमस्कार! हे वरुण! हमारे यज्ञकर्म, प्रज्ञान, बल और तेज को बढ़ाओ। हम वरुण की कृपा रूपी ऐसी नाव पर चढ़ रहे है कि पापों के पार जा सकेंगे। हे अश्विनीकुमारों! मेधावियों तथा अत्रि ने जैसे तुम्हें सोमपान के लिए बुलाया था, वैसे ही मैं भी बुलाता हूं आप आइए और मेरे शत्रुओं को मारिए।

सूक्त 58 : हे वरुण! तुम शोभन देव हो। तुम्हारे समुद्र रूपी ताल में गंगादि सात नदियां इसी प्रकार गिरती हैं, जैसे सूर्य के समाने किरणें गिरती हैं। गायों के पालक यज्ञ के पुत्र एवं

साधुओं का पालन करने वाले इन्द्र की स्तुति उसी प्रकार करो, जिससे वे यज्ञ में आने का रास्ता जान जाएं।

सोम :

सूक्त 48 : शोभन बुद्धि एवं अध्ययन से युक्त हम पूजनीय एवं स्वादिष्ट अन्न सोम को प्राप्त कर सके। हे सोम! तुम हृदय के भीतर गमन करने वाले, देवों के क्रोध को दूर करने वाले और इन्द्र की मित्रता, प्राप्त हो। तुम मरणरहित हो हम तुमको पीकर अमर बनेंगे, स्वर्ग में जाएंगे। शत्रु हमारा कुछ भी बिगाड़ न सकेगा। हे सोम! पीने के पश्चात् तुम हृदय को उसी प्रकार सुखदायक बनो, जैसे पिता पुत्र को सुखदायक होता है। हे सोम! हम व्रतधारी तुम्हारे ही हैं। तुम हमारी आयु इसी प्रकार बढ़ाओ, जैसे सूर्य दिन को बढ़ाता है। हमारी दृढ पीड़ाएं दूर हों।

सूक्त 68 : ये सोम सब कुछ करने वाले, सबके नेता, फल उत्पन्न करने वाले, ज्ञानवान्, मेधावी एवं स्तोत्रों के द्वारा पूजनीय है। सोम नंगों को ढकते हैं रोगियों की चिकित्सा करते हैं, राक्षसों से रक्षा करते हैं और सब प्रकार से कल्याणकारी हैं। हे सोम! तुम हमें दीर्घ-जीवन प्राप्त कराओ। तुम्हारे निवास्थान में देवों की कोप-बुद्धि प्रवेश न करें। तुम शत्रुओं को दूर करो और हिंसकों को मारो।

नवम अध्याय

सोम, पवमान सोम, आप्री :

सूक्त 1 -3 : हे सोम! तुम धनों के दाता, शत्रु-वध-कर्ता और सबके दर्शक हो। तुम हमें बल और अन्न दो। गायें इस बछड़े रूपी सोम को अपना दूध मिलाकर इन्द्र के पीने योग्य बनाती है। हे सोम! तुम देवाभिलाषी बनकर निचुड़ो। कामवर्धक, हरितवर्ण महान मित्र सोम संसार को धारण करते हैं और हमें प्राप्त होते हैं। सोम! तुम्हारी प्रशंसाए महान हैं। तुम यजमान को शत्रु पराजेता बनाते एवं उसे उत्तम लोक देते हो। शूर सोम सभी सम्पत्तियां लाकर हमें बांटना चाहते हैं। सोम उत्पन्न होते ही अन्नों को जन्म देते हुए निचुड़कर धारा-रूप में गिरते हैं। सोमरस को कोई पराजित नहीं कर सकता।

सूक्त 4 : हे सोम! हमें ज्योति, स्वर्ग सौभाग्य, समस्त कल्याण दो एवं अपने रक्षणों के द्वारा हमें स्वर्ग तक पहुंचा।

सूक्त 5 : जल के नाती पवमान सोम ऊंचे स्थान में बढ़ते हुए अन्तरिक्ष से कलश की ओर आते हैं और अपने चमकते हुए तेजस्वी स्वरूप से शोभित होते हैं।

सूक्त 6 : निचोड़ा गया सोमरस यज्ञ आत्मा है। स्त्रियों के समान यजमान की दस अंगुलियां शक्तिशाली घोड़े के समान शब्द-करने वाले सोम की सेवा करती है।

सूक्त 7 - 10: हव्यों में श्रेष्ठ सोम जल में स्नान करते हैं और फिर उनकी पवित्र धाराएं टपकती हैं। जो सोम को निचोड़ने का कार्य प्रसन्नतापूर्वक करता है, वह वायु, इन्द्र और अश्विनीकुमारों को प्राप्त करता है। हे सोमरस! मैं इन्द्र को प्रसन्न करने के लिए तुम्हें दूध-दही में मिलाता हूं। सात होता तुम्हें प्रसन्न करते हैं और स्तोता तुम्हारी स्तुति करते हैं। उत्तम, शुद्ध हविरूप सोम माता-पिता, धरती, आकाश को पुत्र के समान प्रसन्नता प्रदान करता है। हे पवमान सोम! तुम हमें सन्तान, अन्न, पशु देते हो। हमें सुबुद्धि दो तथा हमारे मनोरथ पूरा करो। रथ के समान शब्द करते हुए .और यज्ञ-स्थल की ओर आते हुए सोम को ऋत्विज अपने हाथों में इस प्रकार धारण करते हैं जैसे भार वाहक भार को प्रसन्नतापूर्वक धारण करते हैं।

सूक्त 11 : हे स्तुतिकर्ताओं! पिंगल वर्ण, बलशाली और ध्यूलोके को स्पर्श करने वाले सोम की स्तुति करो, उसकी समीपता प्राप्त करो और उसने दही मिलाकर इन्द्र की भेंट करो।

सूक्त 12 : शोभन बुद्धिदाता, कवि एवं विशेष द्रष्टा सोम अन्तरिक्ष की नाभि के समान हैं। वे मनुष्यों के एक-एक दिन को प्रसन्न करते हुए यज्ञ में निवास करते हैं।

सूक्त 13 : हे रक्षा करने वाले उद्गाताओं शुद्धिदाता एवं देवों को प्रसन्न करने वाले तथा देवों के पीने के लिए निचोड़े गये सोम को लक्ष्य करके उनकी स्तुति मोद सहित गाओ।

सूक्त 14 : सोम यजमान की अंगुलियों के द्वारा इस प्रकार मसले जाते हैं, जैसे विजयदाता घोड़े की मालिश की जाती है। हे सोम! तुम स्वर्गीय एवं पार्थिव सभी धनों को हमें दो।

सूक्त 15 : सोम सभी रक्षो के स्वामी हैं। वे यज्ञ में प्रसन्नतापूर्वक बैठते हैं और उपस्थिति मात्र से ही देवी को प्रसन्न करते है।

सूक्त 16 : हे अध्वर्यु! शत्रुओं के द्वारा अप्राप्य, अन्तरिक्ष में वर्तमान व अन्यों द्वारा अपराजित सोम को छन्ने पर डालो एवं इन्द्र के पीने के लिए इसे शुद्ध करो।

सूक्त 17 : हे सोम! तुम तीनों लोकों का अतिक्रमण करने वाले हो। तुम गतिशील होकर सूर्य को जल-वर्षा के लिए प्रेरित करो।

सूक्त 18 : जिस प्रकार एक बालक दो माताओं का दूध पिये, इसी प्रकार सोम धरती-आकाश दोनों को दुहते हैं और उनसे दुहे दुग्ध रूप धन को अपने मित्र को पिलाते हैं।

सूक्त 19-20 : हे सोम! जो विचित्र, प्रशंसनीय दिव्‌य एवं पृथ्वी का धन है, तुम निचुड़ते हुए हमें वह सब प्रदान करो। दूध आदि में मिलाए जाते हुए सोम अपना रस अनेक बार धारण करते हैं। शुद्ध होते समय सोम शब्द करते है। हे सोम! तुम महान् यश हमारी ओर भेजो। यजमानों को स्थायी धन एवं अन्न प्रदान करो। यज्ञादि के वहन करने वाले सोम अन्तरिक्ष में वर्तमान होकर हाथों से कठिनाई से रगड़े जाते हैं।

सूक्त 21 - 22 : दीप्त शत्रुओं को पराजित करने वाले, मस्त बनाने वाले सोम इन्द्र के पास जाते है। सोम यजमान को स्वर्ग प्रदान करते हैं। जैसे रथ हांकने वाले को मालिक निर्देश देता है, उसी प्रकार हे सोम! तुम इस यजमान को ज्ञान दो। दही मिले हुए शुद्ध एवं बुद्धिदाता सोम ज्ञान के द्वारा हमारी बुद्धियों को व्याप्त करते हैं। सोम विश्व को धारण करने वाले, रस धारण करने वाले एवं हिंसा से बचाने वाले है।

सूक्त 23 - 24 : शीघ्र चलने वाले सोम नशीले रस की मधुर- धारा के साथ सभी स्तुतियों को सुनकर प्रकट होते हैं। इस अद्भुत और अतिशय नशीले सोम को पीकर अनाक्रान्त इन्द्र ने पहले शत्रुओं को मारा था और अब भी मारते है। हे शत्रुओं का सर्वाधिक हनन करने वाले! उक्थ मन्त्रों से स्तुति करने योग्य स्वयं शुद्ध एवं दूसरों को पवित्र करने वाले सोम! तुम टपको।

सूक्त 25 : अपने स्थान में स्थित, अभिलाषापूरक, क्रांत बुद्धिवाले सबसे प्रिय और दैवो को चाहने वाले सोम देवों के साथ सुशोभित होते है। निचोड़े जाते हुए सुन्दर सोम वही जाते हैं, जहां देवता निवास करते हैं।

सूक्त 26 : लोग सबको धारण करने वाले और अनेक कर्मों के कर्ता सोम को स्वर्ग की ओर भेजते हैं। सेवा करने वाले ऋत्विज पास में रहने वाले, स्तुतियों के स्वामी एवं अहिसनीय सोम को दोनों हाथों की अंगुलियों से आगे बढ़ाते हैं।

सूक्त 27 : सबको जीतने वाले एवं शक्तिदाता सोम को छन्ने पर छानने के लिए रखा जाता है। फिर छनने के बाद उसे ऋत्विज काष्ठ के पात्रों में देवों को भेंट करने के लिए ले जाते हैं।

सूक्त : 28 -ये निचोड़े जाते हुए, सबके द्रष्टा एवं सबको जानने वाले सोम सूर्य-के साथ-साथ सभी पदार्थों को दीप्त करते हैं और पापनाशक होकर चलते हैं।

सूक्त 29 : स्तोता, यज्ञ करनेवाले एवं कार्यकर्ता लोग दीप्तिवाले, बड़े हुए, स्तुति योग्य एवं गतिशील सोम को स्तुतियों के द्वारा शुद्ध करते हैं। हे सोम! निंदको से हमारी रक्षा करो।

सूक्त 30 : छन्ने द्वारा छनते हुए सोम ध्वनि करते है। ये अपनी धाराओं से हमारे विरोधियों को हराने वाले हैं। हे सोम! तुम हमें बहुतों के द्वारा चाहा जाने वाला बल दो।

सूक्त 31 - 32 : हे सोम! वायु तुम्हें तृप्ति देने वाले हैं और नदियां तुम्हारे लिए ही बह रही है। ये दोनों तुम्हें और तुम्हारी महिमा को बढ़ाते रहे। त्रित नामक ऋषि की अंगुलियां हरे रंग के सोम को इन्द्र के लिए कुचलती हैं। हंस जिस प्रकार मानव-समूह में घुसता है, उसी प्रकार यह सोम सब स्तोताओं की बुद्धि में प्रवेश करता है।

सूक्त 33 - 35 : ऋक, यजु एवं साम मन्त्रों से स्तुतियां बोली जा रही हैं प्रसन्नता देने वाली गायें रंभा रही हैं। ऐसे समय में हरे रंग वाले सोम शब्द करते हुए जाते हैं। स्तोता ब्राह्मण यज्ञ की माता के समान महान स्तुतियों का उच्चारण कर रहे हैं और ध्यूलोक के शिशु के समान सोम मसले जा रहे हैं। हमारी सरल स्तुतियां चलती हुई सोम के साथ मिलती है, सोम उन स्तुतियों की अभिलाषा करते हैं। हे जल प्रेरक एवं शत्रुओं को कम्पित करने वाले सोम! तुम अपनी शक्ति के द्वारा हमें धन दो।

सूक्त 36 : रथ में जोड़ा हुआ घोड़ा जैसे युद्ध में चलता है, इसी प्रकार चमू नाकम दोनों पात्रों में निचोड़े गए एवं छन्ने से छाने गए सोम यज्ञ में गतिशील होते हैं।

सूक्त 37 : वेगशाली, स्वर्ग के प्रकाशक, राक्षसहन्ता, वत्रनाशक और दीप्तिशाली सोम निचुड़ते हुए शब्द करते हुए द्रोणकलश में पहुंचते हैं और अपने बढ़े हुए तेजों से सूर्य को प्रकाशित करते हैं।

सूक्त 38 : हे प्राचीन एवं निचुड़ते हुए सोम! हमारे लिए दिव्य स्थानों को प्रकाशित करो, हमें यज्ञकर्म एवं शक्ति-प्राप्ति की प्रेरणा दो।

सूक्त 39 : हे अन्न के पालक सोम! तुम स्तोताओं के लिए गाय, घोड़े और वीर सन्तान दो। स्वर्ग के पुत्र सोम मादक रस के रूप में सबको देखते हैं। हे सोम! तुम असंस्कृत स्थान को संस्कृत करते हुए एवं या करने वाले यजमान को जन्म देते हुए आकाश से बरसो।

सूक्त 40 : सोम सभी हिंसक शत्रुओं को लाँघ जाते है। सोम को स्तोता सुन्दर स्तुतियों से अलंकृत करते हैं। हे निचुड़ते हुए सोम! तुम चारों ओर से हमारे सभी अभिलाषाओं को पूरा करो।

सूक्त 41 : हे सोम! नदियां अपनी धारा से जिस प्रकार भूलोक को पूर्ण करती हैं, उसी प्रकार तुम अपनी सुखकारी धारा के द्वारा हमें चारों ओर से पूर्ण करो। हे सूर्य दर्शक सोम! तुम नीचे की ओर गिरो और धरती-आकाश को इस प्रकार पूर्ण कर दो, जैसे सूर्य अपने प्रकाश से पूर्ण कर देता है।

सूक्त 42 -46 : ये हरे रंग के सोम द्युलोक में नक्षत्र, ग्रह आदि को तथा अन्तरिक्ष में सूर्य को उत्पन्न करते है। इसके बाद नीचे बहने वाले जल से धरती को ढंकते हैं। हे सोम! तुम निचुड़कर हमें गायों, बहुत-सी सन्तानों, अश्वों तथा धन और अन्नों को दो। हे सोम! स्तुति करने वाले मुझ मेधा तिथि को अन्न देने एवं बढ़ाने के लिए टपको। तुम मुझे शोभन शक्ति वाला पुत्र भी दो। रक्षा की अभिलाषिणी हमारी सब स्तुतियां इन्द्र को पीने के लिए सोम को पहले के समान दीप्तिशाली बनाती हैं। हे सोम! तुम हमें महान धन देने के लिए आते हो। अयास्त्र ऋषि तुम्हारी तरंगों को धारण करते हुए पूजा के योग्य देवों की ओर जाते हैं। ब्राह्मण

सोम को भग और वायु देव के लिए प्रेरित करते हैं। सोम नित्य बड़े और हमारे लिए देवों का धन दें। हे नेताओं को देखने वाले सोम! तुम यज्ञ की पूर्ति एवं इन्द्र के पीने के बाद मद और सुख देने, के लिए टपको। जिस प्रकार चलता हुआ घोड़ा रथ के जुए से आगे निकल जाता है, उसी प्रकार सोम छन्ने को लांघकर और छनकर देवों के पास जाते हैं। पर्वतों पर उत्पन्न सोम उसी प्रकार तैयार किये जाते हैं, जिस प्रकार कार्य-कुशल घोड़ा सजाया जाता है। जैसे पिता अपनी कन्या को वर को भेंट करता है इसी प्रकार तैयार सोम वायु के पास हवि द्वारा पहुंचाएं जाते है।

सूक्त 47: इस सोम के असुरनाशन आदि कर्म हमने किए है इसीलिए शत्रुनाशक सोम यजमानों का ऋण उनको सुख पहुंचाकर उतारते हैं। जिस प्रकार संग्राम में जाने वाले घोड़ों को घास दी जाती है, उसी प्रकार हे सोम! तुम संग्राम में जाने वाले शत्रुओं से धन छीनकर हमें देते हो।

सूक्त 48 : जल बरसाने वाले, यज्ञ के रक्षक एवं सबको देखनेवाले देवरस सोम को बाज पक्षी स्वर्ग से लाया था। हे सोम! तुम हमारे लिए -द्यूलोक से वर्षा गिराओ एवं जल की लहरें ले आओ। तुम हमें विशाल अन्न का समूह दो।

सूक्त 49 : हे सोम! तुम उस धारा से नीचे टपकी, जिससे शत्रुओं के जनपद की गाएं हमारे घर आ जाएं। निचुड़ते हुए सोम राक्षसों को मारते हुए एवं अपनी दीप्तियों को पहले के समान प्रकाशित करते हुए टपकते हैं।

सूक्त 50 : हे सोम! तुम्हारा वेग सागर की लहरों के समान चलता है। तुम धनुष से छोड़े गए बाण के समान शब्द करो। देवों के प्रिय हरे रंगवाले, पत्थरों से पीसे गए, रस टपकाने वाले एवं निचुड़ते हुए सोम को ऋत्विज छन्ने पर छनने के लिए रखते हैं।

सूक्त 51 : हे अध्यर्युगण पत्थरों की सहायता से पीसे गए सोम को छन्ने पर डालो और इसे इन्द्र के पीने के लिए शुद्ध करो। हे निचुड़े हुए सोम! तुम देवों को उन्नत बनाने के लिए एवं उनकी अभिलाषाओं की पूर्ति के लिए तुरन्त नशा देने एवं रक्षा करने स्तोता के पास जाते एवं उसकी स्तुतियों को सबल करते हो।

सूक्त 52 : हे सोम! हमें चारु के समान पूर्ण भोजन दो। हे दीप्तिशाली सोम! हमें देने योग्य वस्तु दो। हे चोट खाकर बहनेवाले सोम! तुम पत्थरों के प्रहारों से रस टपकाओ और जिन शत्रुओं का बल हमें बाधा पहुंचाता है, उन्हें तुम ललकारो और उनका बल नष्ट करो।

सूक्त 53 - 57 : हे पत्थरों वाले सोम! तुम्हारे वेग राक्षसों को विदीर्ण करते हुए उठते हैं। ललकारती हुई शत्रु सेनाएं हमें बाधा देती हैं, तुम उन्हें नष्ट करो। तुम मेरे रथों में शत्रुओं का धन रखो। ऋत्विज नशीले सोम को इन्द्र के लिए जल में डालते हैं। विद्वान् ऋत्विज सोम के

असीम अभिलाषाओं को देने वाले ' कर्म फल द्रष्टा रस को दुहते हैं सोम सूर्य के समान सम्पूर्ण संसार को देखते हैं, उक्थ पात्रों तक जाते और सात नदियों को घेरते हैं। हे सोम! तुम हमारे यज्ञ के लिए चारों ओर से अन्न बरसाओ। हे सोम! हमें पके हुए जौ और सम्पतियां पर्याप्त मात्रा में दो। हमारी स्तुतियों से यज्ञ में आओ और कुशाओं पर बैठो। हे शत्रुजेता सोम! तुम ही शत्रुओं को मारते हो, शत्रु तुम्हें नहीं मार सकते। सोम छन्ने पर स्थित होते और हमें विशाल धन देते हैं। जब सोम की सौ धाराएं इन्द्र को प्राप्त करती है, तब हमारे लिए वे अन्न देते हैं। हे सोम! हमारी अंगुलियां धन देने के लिए तुम्हें मसलती हैं। हे सोम! इन्द्र, विष्णु के लिए टपको और हमारी पाप से रक्षा करो। जैसे वर्षा प्रजाओं को अन्न देती है, वैसे ही हे सोम! तुम्हारी बहती धारा हमें अन्न देती है। सोम अपने आयुधों को राक्षसों के लिए फेंकते हुए हमारे यज्ञ में आते हैं। सोम भयरहित राजा के समान जल में बैठते है। हे सोम! स्वर्ग और पृथ्वी की सब सम्पत्तियां हमें दो।

सूक्त 58 : सोम स्तोताओं को पाप से बचाते हैं, यजमान की रक्षा करते हैं और देवों को अपने द्वारा मद का दान करते हैं।

सूक्त 59 : हे सोम! तुम जल किरणों और औषधियों से नीचे की ओर करो। तुम राक्षसों के उपद्रव नष्ट करो। तुम यजमान को सब कुछ दो। तुम उत्पन्न होते ही महान् हो गये थे।

सूक्त 60 : हे स्तोताओं! निचुड़ते हुए सोम की स्तुति गायत्री छन्द से करो। सोम छन्ने से टपकते हैं और टपकते हुए इन्द्र के हृदय में प्रवेश करते हुए द्रोण कलश में चले जाते हैं। हे सोम! हमें सन्तानोत्पादक अन्न दो।

सूक्त 61 : सोम ने एक ही दिन में शंबर, यदु एवं तुर्वश राजाओं को वश में कर लिया था। हे सोम! तुम भग, पूषा और वरुण के लिए टपको। तुम इन्द्र और मरुतों के लिए टपको। सोम ने वैश्वानर ज्योति को स्वर्ग का विस्तार करने के लिए उत्पन्न किया था।

सूक्त 62 : पापनाशक, सन्तानदाता और सबको सुख देने वाले सोम छनने के लिए दशा पवित्र के समीप जाते हैं। गाएं अपने दूध से सोम को स्वादिष्ट बनाती हैं। हे विश्व को कंपाने वाले सोम! तुम हमारी स्तुतियों से अन्तरिक्ष से जल-वर्षा करो।

सूक्त 63 : इन्द्र, वायु और विष्णु के लिए निचोड़े गये सोम छन्ने पर गिरते हैं। हे सोम हमारे लिए अधिक संख्या वाला, शोभन शक्ति से युक्त धन बरसा और हमें अन्न भी दो। ऋत्विज हरे रंग के शक्तिशाली एवं मादक सोम को इन्द्र के लिए अंगुलियों से मसलते हैं।

सूक्त 64- 67 : हे सोम! तुम दीप्तिशाली, अभिलाषापूरक एवं उपयोगी कर्मों के धारक हो। ऋत्विजो ने सोम का निर्माण गायों, घोड़ों और सन्तान पाने की अभिलाषा से किया है। सुन्दर सोम की बुद्धिमान स्तोता स्तुति करते हैं तथा स्वर्ग पाते हैं, किन्तु मूर्ख सोम की निन्दा

करते और नरक प्राप्त करते हैं। सोम सबके कल्याणकारी हैं। हे सोम! तुम शक्तिशाली एवं शत्रुओं का धन जीतने वाले हो, हम तुम्हारी मित्रता का वरण करते हैं। जिस समय मनुष्य यज्ञ करते हैं, उस समय राजा सोम अन्तरिक्ष मार्ग से द्रोण कलश में आते है। जल में मिलने वाले सोम वायु, इन्द्र, वरुण, विष्णु, और मरुद्गणों के लिए बहते है। हे सोम! हम सखाओं के सभी इच्छित कार्यों को पूर्ण करने के लिए हमारी स्तुतियों को देखकर बरसो। हे सोम तुम्हारी तेज पूर्ण रश्मियां जल का विस्तार करती हैं। सात नदियां तुम्हारा शासन मानती हैं और गाएं तुम्हारे लिए ही दूध देने को दौड़ कर आती है। हमारा यह सोम कल्याणकारी पूषा देव को मादक घी के समान प्राप्त होता है। पूषा देव हमें कमनीय नारियां दे। अत्यन्त मादक एवं दीप्तिशाली सोम ने वायु को बनाया है।

सूक्त 68 : दुधारू गाएं दूध रूपी सोमरस को धारण करती हैं। हरे रंग के सोम औषधियों को फलयुक्त बनाते हैं। सोम ने ही धरती-आकाश को बनाया है, उन्हें रस से सींचा है और उन्हें बल एवं ओज सोम ने ही दिया है सोम ही अन्तरिक्ष को जल बरसाने की प्रेरणा देते हैं।

सूक्त 69 : पवमान सोम रूपी इन्द्र के प्रति हम अपनी स्तुतियां अर्पित करते हैं। इन्द्र के पान करने के लिए ही सोम की उत्पत्ति हुई है। जिस तरह नदियां सागर में मिलती हैं, उसी प्रकार ऋत्विजों के द्वारा निचोड़े गये सोम इन्द्र के पास पहुंचते हैं।

सूक्त 70 : जब यजमान यज्ञ करते हुए जल मांगते हैं, तब सोम धरती-आकाश को जलों से भर देते हैं। सोम की किरणें स्थावर-जगम दोनों की रक्षा करती हैं। इन किरणों से ही सोम बल एवं देव योग्य अन्न देते है। हे सोम! जैसे नाविक नदी के पार पहुंचता है, वैसे ही तुम हमें पापों से पार पहुंचाओ।

सूक्त 71 : जागरण शील एवं जागरण प्रदाता सोम अपने स्तोताओं को राक्षसों से बचाते हैं। सोम ही आकाश के तल पर जल को बनाते एवं धरती-आकाश के अन्धकार को दूर करने वाले सूर्य को स्थिर करते हैं।

सूक्त 72 : हे शोभन कर्म वाले सोम! प्रातः, मध्याह्न एवं सांय काल के तीनो यज्ञों में स्तुति करने वाले को धन देते हुए पृथ्वी लोक को लक्ष्य करके शीघ्र बरसो। तुम हमें घर, पुत्र आदि देने वाले धन से पृथक मत करो। हम पीले रंग का स्वर्ण रूप धन प्राप्त करें।

सूक्त 73 : हजार धाराएं बरसाने वाले अन्तरिक्ष में वर्तमान सोमरस की किरणें नीचे धरती को वृष्टियुक्त करती है। मधुपूर्ण जीभ वाली सोम किरणें तेज चलती हुई कभी पलक नहीं गिराती और स्थान-स्थान पर पापियों को बाधा पहुंचाती है।

सूक्त 74 : सोम आदित्य सूप आकाश से सारपूर्ण घी-दूध दुहते हैं। यहां की नाभि सूप सोम से अमृत उत्पन्न होता है। शोभन दान वाले यजमान सोम को पस्सन्न करते हैं। सोम की सबकी रक्षा करने वाली किरणें धरती पर लज बरसाती है।

सूक्त 75 : सत्य रूप यज्ञ की जिव्हा के समान सोम धारा एवं मादक रस टपकाते हैं। शब्द करने वाले सोम राक्षसों से अपराजेय हैं। जब यजमान दीप्त सोम रस को निचोड़ता है, तो वह ऐसा यश पाता है, जो उसके माता-पिता को प्रसन्न करता है।

सूक्त 77 - 80 : इन्द्र के वज्र के समान, मधुर एवं रसयुक्त तथा श्रेष्ठ सोम की जल बरसाने वाली, फलदायी एवं शब्द करने वाली किरणें द्रोण कलश की ओर रंभाती हुई गायों के साथ शीघ्रता से जाती है। स्त्रियों के समान दर्शनीय, रमणीय, हव्य का भक्षण करने वाले प्राचीन तथा आधुनिक सोम मेरे पास अन्न पाने के लिए आए। अन्तरिक्ष में बैठी अप्सराएं यज्ञ में बैठकर सोम को निचोड़ती हैं, वे सोम को बढ़ाती हैं एवं उससे अक्षय -सुख की याचना करती हैं। हमारे लिए गायों रथ, स्वर्ण, स्वर्ग, जल एवं हजारों धनो के जेता सोम शुद्ध किए जाते है। सोम को देवों ने सुख देने के लिए ही बनाया है।मद टपकाने वाले सोम हमारे पास आए। वे हमारे शत्रु -नाशक हैं। जैसे मरुस्थल में सबको प्यास घेरे रहती है, उसी प्रकार शत्रु सोम को घेरते हैं। यजमानों को देखने वाले सोम की धारा टपकती है। सोम यज्ञ के द्वारा लोक के ऊपर वर्तमान देवी का हवन करते हैं सोम स्तोता की स्तुतियों से चमकते हैं। जिस प्रकार धरती को सागर घेरे हुए हैं उसी प्रकार सोम प्रात:, मध्याह एवं संध्याकालीन यज्ञों को घेरे रहते है।

सूक्त 81 : सोम दान करने वाले पूषा, मित्र, वरुण, बृहस्पति, मरुत् अश्विनीकुमार, त्वष्टा, सविता और सरस्वती सोम के साथ हमारे यज्ञ में आए।

सूक्त 82 : महान एवं पत्रों वाले सोम के पिता मेघ है। वे सोम धरती की नाभि के समान पर्वतों के पत्थरों पर रहते हैं। अंगुलियां गायों का दूध सोम के पास ले जाती है। हे पर्वत पुत्र सोम! मेरी स्तुतियां सुनो और गतिशील बनो।

सूक्त 83 : हे मन्त्रों के स्वामी सोम! तुम्हारा पवित्र अंश सब जगह विस्तृत है। तुम प्रभु बनकर पीने वाले के अंगों में फैल जाते हो। तुम्हारे पवित्र अंश को तपस्यारहित व्यक्ति नहीं प्राप्त कर सकता। परिपक्व एवं यज्ञ करने वाला तपनिष्ठ व्यक्ति तुम्हें प्राप्त कर सकते हैं।

सूक्त 84 : जो मरणरहित सोम सब लोकों में व्याप्त है और सब लोकों की सब ओर से रक्षा करते हैं, वही सोम यज्ञ को फलयुक्त करते हुए उसी प्रकार यज्ञ का सहारा लेते हैं जैसे सूर्य विश्व को प्रकाशित करके उसी का सहारा लेते हैं।

सूक्त 85 : हे पवमान सोम! हमें संग्राम की ओर भेजो। तुम देवों में दक्ष' प्रिय एवं मद कारक हो। हम तुम्हारी स्तुति के इच्छुक हैं। तुम हमारे शत्रुओं को मारो। हमारे पास आओ। हे इन्द्र! सोमरस पियो और हमारे शत्रुओं को मारो।

सूक्त 86 : शुद्ध होते हुए सोम उषाओं को विशेष रूप से प्रकाशित करते हैं। लोककर्ता सोम जल में बढ़ते हैं। वे इन्द्र के पेट में जाने के लिए निचुड़ते है। गतिशील द्यूलोक के स्वामी, सौ धाराओं वाले सोम देवों के मित्र के समान कलश में स्थित होते हैं।

सूक्त 87 : सोम रस की यह धारा ऊंचे स्थान से पात्र की ओर जाती है। इसी धारा. ने पणिओं के द्वारा छिपाई हुई गायों को प्राप्त किया था। हे इन्द्र! बिजली के समान शब्द करने वाली यह धारा तुम्हारे लिए ही गिरती है।

सूक्त 88 - 91 : जिस प्रकार अग्नि वन में उत्पन्न होकर अपनी शक्ति दिखाते हैं, उसी प्रकार सोम जल में उज्ज्वल होकर अपना बल दिखाते हैं। सोम युद्ध करने वाले वीर के समान शत्रु के पास भयंकर शब्द करते हुए जाते एवं उसे परासत्त करते हैं। फल वहन करनेवाले सोम यज्ञ के मार्गों से आकाश की वर्षा के समान बहते हैं। हजार धाराओं वाले सोम हमारे पास यज्ञ द्यूलोक के पास बैठते है। हे विस्तृत मार्गवाले सोम! तुम स्तोताओं को अभयदान देते हुए धरती-आकाश को मिलाते हुए बरसो। तुम हमें महान् अन्न देने के लिए उषा, आदित्य एवं किरणों को प्राप्त करने की इच्छा से प्राप्त करते हो। युद्ध-भूमि में जैसे घोड़े की मालिश की जाती है उसी प्रकार यज्ञ में शब्द करने वाले देवों के मन चाहे, देवों के श्रेष्ठ एवं स्तुतियों के स्वामी सोम स्तुतियों को साथ निर्मित किये जाते हैं। सगी बहनों के समान दस अंगुलियां सोम को छन्ने की ओर प्रेरित करती हैं।

सूक्त 92 : जिस प्रकार युद्ध में शत्रु-वध के लिए रथ तैयार किया जाता है, उसी प्रकार ऋत्विजो के द्वारा प्रेरित व हरे रंग वाले सोम देवों के सन्तोष के लिए छन्ने पर छनने के लिए जाते और छनते हुए शुद्ध होते, इन्द्र सम्बन्धी स्तोत्रों को प्राप्त करते और हव्यान्त से देवों की सेवा करते हैं।

सूक्त 93 : एक साथ खींचने वाली परस्पर बहनों के समान ऋत्विजो की दस अंगुलियां सोम को शुद्ध करती हैं। वे अंगुलियां धीर-सोम की प्रेरक है। हरे रंग वाले सोम सूर्य-पत्नी दिशाओं की ओर जाते है तथा तेज चलने वाले घोड़े के समान द्रोण कलश में जाते हैं।

सूक्त 94 : जिस समय सोम को घोड़े के समान सजाया जाता है एवं सोम की किरणें सूर्य की किरणों के समान उत्पन्न होती हैं उस समय दस अंगुलियां परस्पर होड़ करती हुई सोम का रस निचोड़ती हैं। फिर सोम जलों को ढकते हुए पात्र में गिरते हैं।

सूक्त 95 : भली प्रकार निचोड़े जाने वाले हरे रंग के सोम बार-बार शब्द करते हैं तथा छनते हुए द्रोण कलश के भीतर बैठकर शब्द करते हैं। फिर गाय के दूध आदि को ढकते हुए अपना आकार प्रकट करते हैं। हे स्तोताओं ऐसे सोम की स्तुति करो।

सूक्त 96 : सेनापति एवं शूर सोम शत्रुओं की गायों की इच्छा करते हुए युद्ध में रथों के आगे जाते है। इससे सोम की सेना प्रसन्न होती है।

सूक्त 97 : प्रेरणा करने वाले, स्वर्ग द्वारा शुद्ध होते हुए एवं दीप्तिशाली सोम अपना रस देवों के साथ संयुक्त करते हैं। निचुड़ते हुए सोम शब्द करते हुए उसी प्रकार कलश में प्रविष्ट होते है, जैसे यजमान यज्ञशाला में प्रविष्ट होता है।

सूक्त 98 : हे दोप्त सोम! हमें पर्याप्त अन्न देने वाला, बहुतों का चाहा हुआ, अनेक प्रकार से भरण-पोषण करने वाला एवं बड़े-बड़ों को भी हराने वाला पुत्र दो।

सूक्त 99 : सबके द्वारा अभिलाषा किये जाने योग्य एवं शत्रुओं को नष्ट करने वाले सोम के लिए पौरुष प्रकट करने वाले धनुष पर डोरी चढ़ाई जाती है। पूजा के इच्छुक ऋत्विज देवों के आगे सोम के लिए सफेद रंग का दशापवित्र फैलाते हैं।

सूक्त 100 -102 : गाएं जिस प्रकार उत्पन्न होने वाले बछड़े को स्नेह से चाटती है, इसी प्रकार निचुड़े हुए सोम के समीप जल स्नेह के साथ जाते है। हे सोम! तुम हमारे लिए दोनों लोकों के निवासियों के द्वारा चाहा जाने योग्य धन लाओ। हे मित्र! स्तोताओं सामने स्थित भक्षण करने योग्य सोम के निचुड़े हुए एवं अत्यन्त नशीले रस को पीने के लिए आये लम्बी जीभ वाले कुत्तों को रोको। यज्ञ करते हुए एवं महान जलों के पुत्र सोम यहां के प्रकाशक रस को बहाते हुए सभी प्रिय हव्यों को व्याप्त करते हैं तथा धरती-आकाश में व्याप्त है।

सूक्त 103 : हे मित ऋषि! तुम शुद्ध होते हुए यज्ञविधाता एवं स्तुतियों के द्वारा प्रसन्न सोम के प्रति उसी प्रकार तत्परता के वचन कहो, जिस प्रकार स्वामी के सामने सेवक कहता है।

सूक्त 104 : हे मित्र स्तोताओं! बैठो और शुद्ध होते हुए सोम के लिए स्तुतियां गाओ। जैसे माता-पिता बच्चों को आभूषणों से सजाते हैं, उसी प्रकार यज्ञ-योग्य हव्यों से सोम को सजाओ।

सूक्त 105 : हे ऋत्विज मित्रों। देवों के नशे के लिए शुद्ध होने वाले सोम की स्तुति करो। शुद्ध सोम को ऋत्विज जल के साथ उसी प्रकार मिलाते हैं जैसे गाय अपने बछड़े को धन के साथ मिलाती है।

सूक्त 106 : तुरन्त सम्पन्न, पात्रों में टपकते हुए, सब कुछ जानने वाले, हरे रंग के एवं निचुड़े हुए सोम अभिलाषा पूरक इन्द्र के पास जाय। सोम जयशील इन्द्र को जानते हैं।

सूक्त 107 : हे ऋत्विजों! सोम देवों के उत्तम हवि है, मानव हितैषी है एवं अन्तरिक्ष में गमन करने वाले हैं। इन्हें अध्वर्युजनों ने पत्थरों से कुचला है। तुम यहां कर्म के बाद उस सोम देव को जल अर्पण करो।

सूक्त 108 : अंगिरा ऋषि ने जिस सोम को पीरक पणियो द्वारा चुराई गई गायों से पाया था, ब्राह्मणों ने जिस सोम को पीकर गाएं पायी थी और जिस सोम को पीकर यजमान अन्न पाता है, वे सोम देवों को अमर बनाने के लिए शब्द कर रहे है।

सूक्त 109 : हे सोम। ज्ञान और बल पाने के लिए इन्द्र तुम्हारा रस पिए। हे सोम। तुम देवों को तृप्त करने केलिए और हमें धन देने के लिए शुद्ध होओ।

सूक्त 110-111 : हे सोम। तुम शत्रुओं का नाश करने के लिए शत्रुओं के पास जाओ। हे सोम! जिस प्रकार मनुष्य जल पाने के लिए तालाब खोदता है अथवा जल पाने के लिए अंजुलि भरता है, उसी प्रकार अन्न-प्राप्ति के लिए तुम दशापवित्र में जाते हो। शुद्ध सोम अपनी धारा से उसी प्रकार राक्षसों का नाश करते है, जैसे सूर्य अपनी किरणों से अन्धकार का नाश करता है। सोम सात छंदों वाली स्तुतियों एवं रसहरण करने वाले तेजों के द्वारा सभी नक्षत्रों को व्याप्त करते हैं।

सूक्त 112 : हे सोम! हमारे तथा अन्य लोगों के कर्म विविध प्रकार के होते है। इसी प्रकार तुम्हारे भी उपकार; अनेक प्रकार के हैं।

सूक्त 113 : शत्रुनाशक इन्द्र शर्मणावत तालाब में सोम को पिए एवं शक्तिशाली बनें। हे सोम! तुम ऋजीक देश से आकर रस बरसाओ। श्रद्धा नामक सूर्य पुत्री मेघ के समान समृद्ध महान सोम को स्वर्ग से लायी थी तब गन्धर्वों ने उसमें रस डाला था। हे सोम! तुम इन्द्र के लिए रस टपकाओ।

सूक्त 114 : शुद्ध होते हुए सोम का जो ब्राह्मण अनुगमन करता है, लोग उसे शोभन प्रजाओं वाला कहते हैं। जो अपना मन सोम के अनुकूल बना लेता है, उसे भी भाग्यशाली कहते हैं। हे सोम! तुम इन्द्र के लिए रस टपकाओ।

दशम अध्याय

अग्निः

सूक्त 1 : प्रात: अग्नि प्रज्ज्वलित होते हैं। यज्ञस्थल में आते हैं और यज्ञ-गृहों को पूरण करते हैं। हे अग्नि! तुम माता वनस्पतियों से जन्म लेते हो। अग्नि की यजमान पूजा करते हैं। औषधियां अग्नि की सेवा करती हैं। वे अग्नि द्यावा- पृथ्वी का विस्तार करते हैं।

सूक्त 2 : हे अग्नि! तुम देवों की पूजा करो। हम 'स्वाहा' शब्द से जो हवि देते हैं, उससे अग्नि देवों के कर्मों को पूर्ण करें। मनुष्य जिन कर्मों को नहीं जानते, होता अग्नि उनको जानते हैं। हे अग्नि! तुम्हें नाना रूपों में उत्पन्न किया है। तुम हम दासों को भूमि दो, अन्न दो।

सूक्त 3 - 4 : अग्नि सूर्य से उत्पन्न उषा को प्रकट करते हैं और काली रात के अन्धकार को पराजित करते हैं। अग्नि की किरणें तीक्ष्ण होकर शब्द करती हुई देवों के पास जाती हैं और तब अग्नि स्वर्ग को प्राप्त करते हैं। हे अग्नि! देवों को यज्ञ में लाओ। हे अग्नि! जैसे जलाशय मरुस्थल में सुखदाता है, वैसे तुम भी यजमान के सुखदाता हो। तुम देवों और मानवों के दूत हो और धरती-आकाश-अन्तरिक्ष में हवि लेकर घूमते हो। धरती-आकाश तुम्हारे, पुत्र के समान पोषण करते हैं। अग्नि औषधियों में निवास करते हैं और ज्वाला-रूपी जीभ से हव्य खाते हैं।

सूक्त 5 : अन्तरिक्ष में वर्तमान रहकर अग्नि रात्रि का सेवन करते हैं। अग्नि स्थावर-जगम प्राणियों के नाभि रूप हैं। धरती-आकाश तीनों लोकों में रहने वाले अग्नि को जलों से सम्बन्धित अन्नो से बढ़ाते हैं। अग्नि यज्ञ से अपनी किरणों को इसलिए ऊपर उठाते हैं ताकि सम्पूर्ण संसार को देख सकें।

सूक्त 6 : अग्नि सूर्य की किरणों से संयुक्त होकर सब जगह जाते हैं। हे ऋत्विजों! भोगों को देने वाले एवं ज्वाला के रूप में कांपते हुए अग्नि को इन्द्र के समान स्तुतियों और हव्यों से बढ़ाओ। जैसे शीघ्रगामी अश्व संग्राम में एकत्र होते हैं, हे अग्नि! सम्पूर्ण सम्पतियां तुम में एकत्र हैं।

सूक्त 7 : मैं अग्नि ही अपना पिता, वस्तु. भ्राता एवं मित्र मानता हूं और अग्नि की उसी प्रकार आराधना करता हूं जैसे सूर्य की आराधना की जाती है। अग्नि को यजमानों ने उत्पन्न किया और देवों को बुलाने का काम सौंपा। हे अग्नि! तुम हमारे दृष्ट एवं अदृष्ट भयों को दूर करो।

सूक्त 8 : अग्नि अपना झण्डा लेकर धरती-आकाश के बीच जाते और देवों को बुलाते हैं। हे अग्नि! तुम अपने तेज से प्रातःकाल सूर्य को उत्पन्न करते हुए यज्ञ के निमित्त सात स्थानों में बैठो। हे अग्नि! तुम अन्तरिक्ष में कल्याणकारी अश्वों वाले देवों से मिलकर यश और जल के नेता बनते हो।

सूक्त 11 : अग्नि ने हवि बरसाने वाले यजमान के लिए आकाश से जल बरसाया। अग्नि के गुणों का वर्णन करने वाली गन्धर्व पत्नी एवं जलों से सुसंस्कृत आहुति ने अग्नि को विशेष तृप्त किया। हे अग्नि! तुम पशुओं को पुष्ट करने वाली घास के समान सदा रमणीय हो। हे

अग्नि! यज्ञेच्छुक यजमान यज्ञ करना चाहता है, अध्वर्यु यहां पूरा करने को उत्सुक है और ब्रह्मा स्तोत्र कर रहे है। सूर्य के समान तुम यज्ञ में अपना प्रकाश करो।

सूक्त 12 : सूर्य धरती पर नाना रूप धारण करता है। हे अग्नि! तुम पृथ्वी पर सूर्य की रक्षा करो। ज्ञान रूपी अग्नि के यज्ञ में उपस्थित रहने पर देवगण अपने-अपने अधिकार में लग जाते हैं, और यज्ञवेदी पर अपने-आपको स्थापित करते हैं।

सूक्त 16 : हे अग्नि! इस मरे हुए व्यक्ति को पूरी तरह मत जलाओ। जब तुम इसे पका चुको, तब पितरों के पास भेज देना। यह फिर प्राण प्राप्त करेगा। इस व्यक्ति का जो जन्म रहित भाग है, उसे ही हे अग्नि! तुम पकाओ। हे अग्नि! जिसको तुमने जलाया है, उसे पुन: बुझाओ। हे वनस्पतियों से युक्त पृथ्वी! तुम अग्नि को प्रसन्न करो।

सूक्त 17-19 : हे अग्नि! तुम मेरे मन को कल्याण के योग्य बनाओ। स्तोता यज्ञ से अग्नि को बढ़ाते हैं। मैं उत्कृष्ट-सुख की प्राप्ति के लिए अग्नि की सेवा करना चाहता हूं। हे शक्ति के नाती अग्नि! विभव ऋषि ने तुम्हारे लिए यह स्तुति रची है। तुम इसे स्वीकार करके हमें गृह एवं सभी प्रकार के धन दो।

सूक्त 20-21 : हे अग्नि! आहुति तुमको तृप्त करने के लिए दी जाती है और यजमान तुम्हारी शोभा को बढ़ाते हैं। तुम काले और श्वेत रंग की ज्वालाओं के रूप में शोभा धारण करते हो। अथर्वा ऋषि के द्वारा उत्पन्न अग्नि सभी स्तुतियों को जानते हैं और यजमान के प्रिय एवं प्रार्थनीय बनते हैं। हे अग्नि! तुम अपने उज्ज्वल तेज के कारण अधिक प्रसिद्ध होते हो।

सूक्त 45 : अग्नि सबसे पहले आदित्य रूप में उत्पन्न हुए फिर जातवेद रूप में हमारे बीच में आए और तीसरी बार वे जल में पैदा हुए। हे अग्नि! हम तुम्हारे तीनों रूपों को जानते हैं और तुम्हारे प्रसिद्ध नामों को जानते हैं तथा तुम्हारे उत्पत्ति-स्थान को भी जानते हैं। वरुण देव ने तुम्हें जल में प्रज्ज्वलित किया और सूर्यदेव ने, तुम्हें आकाश रूपी रतन में जलाया।

सूक्त 46 : मानवों में रहने वाले, अन्तरिक्ष में बिजली के रूप में रहनेवाले अग्नि उत्पन्न होते ही होता बन गये। जैसे चोर के पैरों के निशानों से लोग चोर को खोज लेते हैं, वैसे हे अग्नि! ऋषियों ने तुम्हें जलों के बीच खोजा।मित ऋषि ने तुम्हें धरती पर पाया। ऋत्विजो ने तुम्हें स्तुतियों से प्रसन्न किया।

सूक्त 51 : अग्नि बोले-मुझे किस देव ने देखा मेरी दीप्त देह कहां है? देवों ने कहा-हे अग्नि! तुम्हें यम ने पहचाना। अग्नि बोले-मैंने अपने शरीर को जलों में इसलिए छिपाया कि मैं अब देवों का हवि वहन नहीं करूंगा। देव बोले-हे अग्नि! देवों के प्रति आनेवाले लोगों का

मार्ग सरल बनाओ, आओ, हव्य वहन करो। अग्नि ने कहा-मुझे यज्ञ के आरम्भ और अन्त वाले असाधारण हव्य दो। देव बोले-उन पर तुम्हारा ही अधिकार है और किसी का नहीं।

सूक्त 53 : अग्नि ने मन ही मन कहा-हे विश्वेदेवों! तुमने मुझे होता के रूप में वरण किया है। यह मुझे बताओ कि मेरा और तुम्हारा भाग कौन-सा है' और यह भी बताओ कि किस मार्ग से हव्य मैं तुम्हारे पास ले आऊं? तीन हजार तीन सौ उनतालीस देवों ने अग्नि की सेवा की, उन्हें घृत से भिगोया, उनके लिए कुश बिछाए और होता बनाकर यज्ञ में बैठाया।

सूक्त 66-70 : हे अग्नि! तुम्हें पहले बध्वश्व ने प्रज्ज्वलित किया था। तुम हमारा स्तोत्र स्वीकारो। मेरी समिधाओं को स्वीकारो और घी से भरे चमस का सेवन करो। हे अग्नि! तुम्हारे लिए बिछा यह कुश अत्यन्त सुंगधित हो। हे अग्नि! तुम हमारे यहां के निमित्त वरुण, इन्द्र, मित्र को अन्तरिक्ष से ले आओ। वे कुश पर बैठें।

सूक्त 76 : अग्नि का मस्तक गुप्त स्थानों में छिपा है। उसकी सूर्य, चन्द्र रूपी आंखें अलग स्थान में सुरक्षित है। अग्नि काष्ठों को दांतो से चबाते एवं जीभ से खाते हैं। अरणि से उत्पन्न अग्नि अपने माता-पिता अरणियों को ही खा जाते हैं।

सूक्त 80 : अग्नि के ऋषि जरत्कर्ण की रक्षा की एवं जरुय नामक शत्रु को जलाया। कहोगे अत्रि ऋषि की रक्षा की और नृमेघ ऋषि को सन्तान वाला बनाया।

सूक्त 87 : हे अग्नि! तुम प्रज्ज्वलित होकर तेज दांतों वाले बनकर ज्वालाओं से राक्षसों को जलाओ। राक्षस गायों के दूध को न पी सके। सब दिशाओं के राक्षसों को तुम जलाओ। तुम सब प्रकार के राक्षसों को जलाओ।

सूक्त 88 : सोमरस रूपी हव्य सूर्य को जानने वाले स्वर्गरथ अग्नि को होम किया जाता है। अग्नि रात के समय सभी प्राणियों के मूर्धारूप बन जाते हैं और प्रातः सूर्य रूप बन जाता है। वे देवों की बुद्धि हैं।

सूक्त 91 : हे अग्नि! तुम शक्ति से शक्तिशाली, कर्म से शोभन कर्म वाले और बुद्धि से बुद्धिमान हो। तुम सब धर्मों के आश्रय हो। हे अग्नि! तुम्हारी किरण रूपी विभूति विद्युत् अथवा उषा की चमक जैसी लगती है अथवा सूर्य की ज्वालाओं के समान विमल है।

सूक्त 98 : हे अग्नि! ऋष्टिपण के पुत्र देवापि ने तुम्हें पवित्र होकर जलाया। तुम्हें निन्यानबे हजार पदार्थ हविरूप में दिए गये हैं। इसमें से तुम इन्द्र को भी भाग दो। तुमने ही कौरववंशी शान्तनु को स्वर्ग में स्थित किया है।

सूक्त 110 : हे अग्नि! हवि को मधु में मिलाकर ज्वाला रूपी जीभ से स्वाद लो। होता अग्नि और सूर्य क्रियाकुशल है एवं पूर्व दिशा में प्रकाश उत्पन्न करते हैं। देव-सम्बन्धी यज्ञ में अग्नि के मंत्र पढ़े जायें, स्वाद शब्द बोला जाय एवं देव हव्य-भक्षण करें।

सूक्त 115 : अग्निरूपी शिशु अतिविचित्र है। यह शिशु दूध पीने के लिए अपने माता-पिता के पास नहीं जाता, इसे अन्य ही पुष्ट करते हैं। जन्म देने वाले माता-पिता के शिशु को दूध पिलाने के लिए स्तन ही नहीं हैं। यह शिशु जन्म लेते ही दूत कर्म करने लगता है।

सूक्त 118 : धरती-आकाश रूपी माता-पिता के शिशु अग्नि पैदा होते ही यजमानों के घृत से पुष्ट किये जाते है, क्योंकि माता-पिता के स्तन ही नहीं है, दूध कैसे पिलाएं? अग्नि पैदा होते ही देव-दूत बनकर हव्य वहन करने लगते हैं। हे अग्नि! अपने तेज से इस राक्षस-समूह को जलाओ।

सूक्त 122 : हे अग्नि! तुम श्रेष्ठ दूत हो। तुम्हें दूत बनाकर ही मनुष्य प्रातःकाल का यज्ञ करते हैं। तुम्हें घृत के द्वारा प्रज्ज्वलित करके यजमान पूजा के लिए बढ़ाते है।

सूक्त 124 : यजमान ने कहा- हे अग्नि! हमारे पाच नियामकों वाले और तीन समयों में अनुष्ठित यज्ञ में आओ। अग्नि ने कहा-मैं देवों की प्रार्थना से गुहा में वर्तमान दीप्तिहीन दशा से दीप्ति को प्राप्त करके सबको देखता हुआ अमरता को प्राप्त करता हूं। यज्ञ को प्रकाशित करता हूं और फिर अरणि में चला जाता हूं। मैंने इस यज्ञ-स्थान में अनेक वर्ष बिताए है। जब राष्ट्र में अव्यवस्था फैल जाती है, तब मैं राक्षसों को नाश करता हूं।

सूक्त 136 : अग्नि, सूर्य और जल धरती-आकाश का धारण-पोषण करते है। सूर्य रुद्र-पुत्र मरुतों के साथ जब अपने किरण रूपी पात्रों से जल पीते है, उस समय वायु जल को हिलाकर मध्यमा वाणी उत्पन्न करती है।

सूक्त 140 : हे तेजस्वी-अग्नि! तुम अपनी किरणों के साथ उदित हो और धरती-आकाश रूपी माता-पिता को छूते तथा उनकी गोद में खेलते हो। हे अग्नि! तुम्हारे कान सब सुनते हैं और सबसे अधिक विस्तृत हैं।

सूक्त 142 : हे अग्नि! जब तुम वृक्षों को जलाते हुए ऊपर-नीचे चलते हो तब तुम्हारी गति लूटने वाली सेना के समान सबसे अलग होती है। हे अग्नि! तुम सचिव के समान सब लोकों को सुशोभित करते हो।

सूक्त 150 : अग्नि ने अत्रि, भरद्वाज, युधिष्ठिर, कण्व और त्रसदस्यु की रक्षा की है। पुरोहित ऐसे अग्नि को रक्षा एवं सुख के लिए बतलाते हैं।

सूक्त 156 : हे अग्नि! तुम सदा गतिशील, जरा रहित, प्रकाश देने वाले सूर्य को आकाश में स्थित करो। तुम प्रजाओं को ज्ञान कराने वाले, अतिशय प्रिय एवं श्रेष्ठ हो।

सूक्त 179 : हे ऋत्विजों! ज्ञानी अग्नि देव को स्तोत्रों से प्रसन्न करो। यह वे ही अग्नि है, जो देवयज्ञ के होता हैं, यज्ञ इन्हीं के लिए स्थापित होता है। ये ही यज्ञ को सब प्रकार से पूरा करने वाले है।

सूक्त 187 : ये अग्नि आकाश को पार करके आये हैं, स्तोताओं इनकी स्तुति करो। अग्नि सम्पूर्ण संसार को देखते हैं। इन्होंने अन्तरिक्ष के पार उज्ज्वल रूप में जन्म लिया हो।

सूक्त 188 : हे ऋत्विजों! ज्ञानी अग्नि को कुशों पर बैठने के लिए बुलाओ। अग्नि की जो ज्वालाएं हव्य वहन करती हैं, हमारे यहां की रक्षा करें।

सूक्त 191 : हे, स्तोताओं! तुम आपस में मिलो। एक साथ स्तोत्र बोलो। तुम्हारे मन समान बातों को जाने। प्राचीन देव जिस प्रकार सम्मिलित होकर यज्ञ-भाग प्राप्त करते थे, उसी प्रकार तुम भी मिलकर सम्पत्ति का भोग करो।

इन्द्र :

सूक्त 22 : इन्द्र यज्ञ में प्रसिद्ध हैं। वे हमारे द्वारा भेंट यज्ञ-हवि का तृप्ति पूर्वक भक्षण करें। हे इन्द्र! हमारे चारों ओर मानवोचित व्यवहार से रहित दस्यु हैं, उनसे हमारी रक्षा कीजिए। तुम मरुतों को शत्रुनाश के लिए तब प्रेरित करते हो, जब स्तोताओं की स्तुतियां सुनते हो। हे इन्द्र! हम तुम्हीं से भोगों को प्राप्त करें।

सूक्त 23 : विपुलु वर्षा जैसे पशु-समूह को भिगोती है, वैसे ही इन्द्र सोम से अपनी दाढ़ी भिगोते है। इसके बाद यज्ञशाला में जाते हैं और वहां सोमरस पान करते हैं। हम उन इन्द्र को प्रशंसा करते हैं, जो मनुष्यों को बलवान बनाते हैं। इन्द्र की मित्रता हमारे लिए कल्याणकारिणी हो।

सूक्त 24 : हे इन्द्र! तुम स्तोता को कर्म की प्रेरणा देने वाले हो और उनके कर्मों में उनकी रक्षा करने वाले हो। सोमरस के नशे में इन्द्र शत्रुओं का नाश करते हैं।

सूक्त 47 : हे इन्द्र! धन की अभिलाषा से हम तुम्हारा दायां हाथ पकड़ते हैं, तुम विचित्र धनदाता हो। हम तुम्हें सुन्दर नयनों वाला, सागरों को यश से व्याप्त करने वाला, दुःख निवारक और स्तुति करने के योग्य मानते है। तुम हमें ऐसा पुत्र दो, जो विशिष्ट ज्ञान वाला, बुद्धिमान एवं वीर हो।

सूक्त 48 : इन्द्र कहते है-मैं धनों का असाधारण स्वामी हूं और अन्नदाता भी हूं। मैंने ही अथर्वा के पुत्र दध्यड का शिर काट डाला था। त्वष्टा ने मेरे लिए ही वज्र बनाया है। मैं अकेला ही शत्रुओं को हराता हूं। मैं पर्णय और करज नामक शत्रुओं के वध में बहुत प्रसिद्ध हुआ।

सूक्त 49 : मैंने श्रुतर्वा ऋषि के कल्याण के लिए संथम नामक असुर को वश में किया। मैं ही वर्षा करने वाला हूं। देवों और धरती के जीवों ने मेरा नाम इन्द्र रखा है।

सूक्त 50 : हे स्तोता इन्द्र की अर्चना करो। सर्वेश्वर इन्द्र हमारे द्वारा बारम्बार सेवनीय हैं। इन्द्र की कृपा से यज्ञ, मन्त्र और ब्रह्मवाक्य हमारे समीप उपस्थित हो। हे इन्द्र! तुम्हारे अपराजेय

चार शरीर है। जब धरती आकाश ने तुम्हें रक्षा के लिए बुलाया, तब धरती-आकाश और देवों की तुमने रक्षा की।

सूक्त 54 : जिन इन्द्र ने सूर्य आदि तेजस्वी पदार्थों में ज्योति धारण करायी है, जिन्होंने सोमरस को मधुर बनाया है, उन इन्द्र के लिए ऋषियों ने शक्तिदाता स्तोत्र बोला है।

सूक्त 55 : हे इन्द्र! तुम्हारा शरीर दूर है। अत: मनुष्यों के लिए वह अप्रकाशित है। तुम्हारा आकाश रूपी-शरीर अति विस्तृत है। तुमने ही भूत-भविष्य को उत्पन्न किया है। तुम्हारी आज्ञा से ही बुढ़ापा युवावस्था को निगलता है। इन्द्र की सामर्थ्य देखिए कि जो कल काम कर रहा था, आज मर गया।

सूक्त 73 : मरुतों ने इन्द्र के जन्म के समय स्तुति की-तुम्हारा जन्म शक्ति प्रदर्शन एवं शत्रुनाश के लिए ही हुआ है। मरुतों ने अपने स्तोत्रों से इन्द्र को बढ़ाया। जब इन्द्र चलते हैं, तो उनके साथ ही ऋभुगण चलते हैं आकाश स्थित इन्द्र का चक्र इन्द्र को मधु देता है।

सूक्त 86 : हे इन्द्र! वृषाकपि ने तुम्हारे लिए क्या किया है कि तुम उदारता से उन्हें अन्न देते हो। रूद्राणी ने कहा-वृषाकपि ने मेरे लिए निर्मित हवि दूषित किया, मैं उसे मार डालूंगी। इन्द्र ने कहा-मैंने सब स्त्रियों में सौभाग्यवती इन्द्राणी को सुना है। इसका पति बुढ़ापे से नहीं मरता। इन्द्र सबसे श्रेष्ठ है।

सूक्त 89 : इन्द्र के तेज से सारे तेज हार जाते हैं। इन्द्र की महिमा सारी धरती से बढ़कर है। इन्द्र रात-दिन अन्तरिक्ष, समुद्र, वायु नदियां और मानवों से भी बढ़कर हैं। जैसे ही इन्द्र का जन्म हुआ, वैसे ही मास, वन, औषधियां पर्वत और जल उनके पीछे चलने लगे।

सूक्त 96 : हे स्तोताओं! पुराने स्तोताओं ने इन्द्र को यज्ञ-गृह की ओर प्रेरित किया और इन्द्र को यज्ञ में बुलाया। इन्द्र ने घोड़ों को सोम से तृप्त किया। इन्द्र हरे रंग व हरे केशों वाले हैं। उन्हें यज्ञ में हरे रंग का सोम ही भेंट किया जाता है, जो कि उनका प्रिय है।

सूक्त 102 : हे मुद्गल! युद्ध में असहाय बने तुम्हारे रथ की इन्द्र रक्षा करें। मुद्गलानी ने जिस समय रथ में बैठकर हमारी गायों को जीता, उसी समय वायु ने उनका वस्त्र हिलाया। इन्द्रसेना नाम की वह मुद्गलानी युद्ध में शत्रुओं से गाय छीन लायी। हे इन्द्र! तुम संसार के नेत्र के समान हो और नेत्र वालों के भी नेत्र हो।

सूक्त 103 : इन्द्र व्यापक, शत्रुनाशक, बैल के समान भयानक एवं मानवों को क्षुब्ध करने वाले हैं। वे निमेष रहित चक्षु वाले है। इन्द्र हमारी इन सेनाओं के स्वामी है। बृहस्पति इनके दक्षिण भाग में हैं और सोम इनके आगे है। मरुद्गण भी इनके आगे-आगे चले।

सूक्त 104 : हे शत्रु भेदनकारी इन्द्र! तुमने शोभन शब्द वाली सात नदियों से सागर को बढ़ाया। मेरी वाणी इन्द्र की स्तुति करती है। मैं अन्न-प्राप्ति वाले युद्ध में सोत्साह इन्द्र को

बुलाता हूं क्योंकि इन्द्र कुशल नेता हैं और युद्धों में सेवको के लिए भयानक रूप धारण करते, शत्रुओं को मारते एवं उन्हें जीतते हैं।

सूक्त 105 : मानवों की सेवा पाकर इन्द्र ने सभी सम्पत्तियों को एकत्र किया और शब्द करने वाले घोड़ों को वश में किया। ऋभु के रथ-निर्माण के समान अन्य अनेक वीर कर्म इन्द्र ने किये हैं। सुन्दर हरे जबड़ा वाले इन्द्र आकाश के समान विचित्र हैं।

सूक्त 116 : हे इन्द्र! तुम अपने तीखे आयुधों को दीप्तिशाली बनाते हुए राक्षसों के दृढ़ शरीरों को नष्ट करो। तुम उग्र हो। तुम हमारे अनुकूल होते हुए, शत्रुओं से पराजित न होते हुए अपने शरीर का विस्तृत करो। तुम अपने समीप आये हव्यो, पुरोडाश एवं सोम का उपयोग करो। हमारे यजमान की अभिलाषाए पूर्ण हों।

सूक्त 119 - 220 : इन्द्र बोले -मेरी इच्छा है कि मैं गाय और घोड़े दान करूं। पिया सोमरस मुझे कुपित करता है। मैं प्रस्तोता के मन में स्तुति उत्पन्न करता हूं। मैं अपने तेज से धरती जला सकता हूं अथवा उसे उठाकर अन्य: स्थान पर रख सकता हूं। मैं अनेक बार पी चुका हूं। हे इन्द्र! सभी यजमान अपना यज्ञ तुम पर समाप्त करते हैं। वे पत्नी के रूप में दो गुने और सन्तान के रूप में तीन गुने हो जाते हैं।

सूक्त 133 : हे इन्द्र! सभी दानरहित शत्रु नष्ट हो और तुम्हारी स्तुतियां प्रारम्भ हों। जो आयुध हमारे लिए घूम रहे हैं ' तुम उन्हें समाप्त करो। जो हमारा बल क्षीण करना चाहता है, उसे तुम क्षीण करो। इन्द्र के आयुध पसीने की बूंदों के समान चारों ओर गिरे।

सूक्त 134 : वे तन्तुओं के समान फैले। हे इन्द्र! तुम्हें कल्याणमयी माता ने उत्पन्न किया है। हे इन्द्र! दुर्बुद्धि को हमसे दूर भगाओ।

सूक्त 138 : हे इन्द्र! तुमने सबके जन्म के हेतुरूप जल को छोड़ा, पर्वतों को विचलित किया। गायों को हांककर ले गये, मधुर सोम को पिया एवं वनों को बढ़ाया। सूर्य जैसे विशेष मास में पृथ्वी का रस खींचता है, उसी प्रकार इन्द्र ने शत्रु के नगरों को जीतकर उनका धन खींच लिया।

सूक्त 144 : इन्द्र ऊर्ध्वकृशन नामक स्तोता तथा यज्ञकर्ता का पालन ऋभुनामक देव के समान करते हैं। श्मेन ऋषि का वंश उन्होंने ही बढ़ाया है। श्मेन के पुत्र सुपर्ण जिस सोम को दूर से लाये थे, वह सैकड़ों कामों में उपयोगी था। वह सोम शोभन, लाल रंग का एवं यज्ञ-द्वारा अन्न को उत्पन्न करने वाला है।

सूक्त 147 : हे इन्द्र! तुम्हारे क्रोध पर मैं श्रद्धा करता हूं। तुमने क्रोध में ही वृत्र का वध किया एवं लोक हितकारी जल का निर्माण किया। जो स्तोता- अपनी स्तुतियों एवं सोम से

इन्द्र को आनन्दित करना चाहता है, वही श्रेष्ठ धन पाता है। हे दर्शनीय इन्द्र! तुम मित्र और वरुण के समान ज्ञानी हो।

सूक्त 148 : हे इन्द्र! तुम जन्म लेते ही सूर्य की सहायता से दास जाति के लोगों को हराते हो। ऋषियों की स्तुति की अभिलाषा करने वाले विद्वान् एवं स्वामी इन्द्र! तुम उनकी इच्छा पूर्ण करो। जो तुम्हारे स्तोत्र पढ़ने के लिए एकत्र हैं तुम उनकी रक्षा करो।

सूक्त 152 : मैं शासक इन्द्र की इस प्रकार स्तुति करता हूं-हे इन्द्र! तुम शत्रुभक्षक एवं अद्भुत हो। तुम्हारा सखा न कभी मरता है और न कभी हारता है। अभयदाता इन्द्र हमारे समाने आए। हे इन्द्र! शत्रु का मनोबल तोड़ दो। हमें शत्रु के क्रोध से बचाकर सुख दो।

सूक्त 153 : अपना कर्म करने के इच्छुक एवं स्तुति के साथ इन्द्र के पास पहुंचने वाली इन्द्र की माताएं उत्पन्न इन्द्र की सेवा करती एवं उससे धन प्राप्त करती हैं। हे इन्द्र! तुम ओज, बल, वीर्य, एवं शक्ति के साथ उत्पन्न हुए हो। तुम अपने साथी सूर्य को दोनों हाथों में धारण करते हो। तुम्हारा अधिकार सब स्थानों पर है।

सूक्त 160 : जो व्यक्ति अभिलाषापूर्ण मन और सम्पूर्ण हृदय में देवाभिलाषी बनकर इन्द्र के लिए सोम निचोड़ता है, इन्द्र उसके लिए प्रशंसनीय धन देते है और उसकी गाएं नष्ट नहीं करते।

सूक्त 161 : हे रोगी। मैं तुम्हें यक्ष्मा से छुड़ाता हूं। कोई दुष्ट ग्रह तुम्हें पकड़े; तो इन्द्र तुम्हें उससे छुड़ाएं। इन्द्र इस रोगी को सौ वर्ष तक सब पापों से पार ले जाएं।.

सूक्त 167 : हे धनी इन्द्र! राजा सोम एवं वण के धर्म तथा बृहस्पति सम्बन्धी यज्ञशाला में वर्तमान में तुम्हारी स्तुति में संलग्न हूं। हे इन्द्र! तुमसे प्रेरित होकर यज्ञ में पुरोडाश तैयार किया है। प्रथम स्तोता के रूप में यह स्तुति मैं बोलता हूं।

सूक्त 171: हे इन्द्र! तुमने त्यट् ऋषि की पुकार सुनकर उसके रथ की रक्षा की। हे इन्द्र! तुम सांय काल को पश्चिम में डूबे हुए एवं देवों के द्वारा अज्ञात सूर्य को अगले दिन पूर्व में ले जाते हो।

सूक्त 179 : हे ऋत्विजो! इन्द्र के अनुकूल भाग के लिए प्रयत्न करो। यदि इन्द्र का भाग पक गया है, तो उसे होम करो और यदि नहीं पका है, तो उसे पकाओ। हे इन्द्र! हव्य पाक हो चुका है, अब तुम आओ। यज्ञ सामग्री लेकर हम तुम्हारी उपासना कर रहे हैं। गाय के थन में दूध रूप हवि सबसे पहले पकता है। दोपहर के यज्ञ में तुम उस दूध को ग्रहण करो।

सूक्त 180 : हे इन्द्र! तुम भयानक पैसे वाले पर्वतीय पशु के समान भयानक हो। तुम दूरवर्ती स्वर्ग लोक से आये हो शत्रुओं को मारो एवं उन्हें दूर भगाओ। तुम कष्ट से सहन करने

योग्य एवं सुन्दर तेज को लेकर उत्पन्न हुए हो हमारे शत्रुओं का नाश करो। एवं देवों के संसार को विस्तृत बनाओ।

विश्वेदेव 5

सूक्त 31 : जिस समय स्तुति के अभिलाषी देवगण शब्द करते हुए तेज चाल से मेरे पास आये, उस समय धरती प्रातःकाल के प्रकाश से भर गयी। इस समय हमारी स्तुति देवों के पास जाने को विस्तृत हो रही है। देव यज्ञ की क्रिया आरम्भ हो गयी है। हमारे, हव्य छोटे-बड़े सभी देवों के पास जा रहे हैं। हमने विस्तृत स्वर्ग-सुख पाया है।

सूक्त 33 : हे यजमानों! देवों की अभिलाषा करते हुए अग्नि तुम्हारे स्थान पर जाते हैं। इन्द्र रुद्रों के साथ तुम्हारे यज्ञ में शीघ्र आते हैं। तुम अपने रक्षक देवों को सोम पिलाओ। हे इन्द्र! तुम स्तोताओं को धन देते हो। हे स्तोत्र रूपी धन वाले स्तोताओं! यह इन्द्र तुम्हारे प्रति दाता ही रहे। सोम भी तुम्हारे लिए दाता रहे।

सूक्त 35 : हम द्यावा-पृथ्वी, पर्वतों, सूर्य और उषा से प्रार्थना करते हैं कि वे हमारी पाप से रक्षा करें और शत्रुओं से बचाए। उषा हमें दान योग्य धन दे। वह हमें अन्न देने के लिए अनुकूल हो। हम प्रज्ज्वलित अग्नि से कल्याण की याचना करते हैं। हे आदित्यों। हमारा, यज्ञ पूर्ण करो।

सूक्त 36 : मित्र वरुण की माता अदिति हमारी पाप से रक्षा करें। सोम निचोड़ने के पत्थर शब्द करते हुए राक्षसों को दूर भगाएं। अश्विनीकुमार हमारे यज्ञ को हिंसारहित बनाएं। बृहस्पति हमारी अभिलाषा पूर्ण करें।

सूक्त 52 : अग्नि ने मन-ही-मन कहा-हे विश्वेदेवों तुमने मुझे होता रूप में वरण किया है। जो मन्त्र मुझे पढ़ना है, वह बताओ। मेरा तुम्हारा जो हबि भाग है, उसे बताओ किस मार्ग से तुम्हारे पास मैं हवि ले जाऊं। हे अश्विनीकुमारों! तुम अध्वर्यु बनो, चन्द्रमा ब्रह्मा होंगे। तुम दोनों को आहुति प्राप्त होगी, तीन हजार तीन सौ उन्तालीस देवों ने अग्नि की सेवा की और होता बनाकर यज्ञ में बैठाया।

सूक्त 56 : ऋषि अपने मरे हुए पुत्र बाजी से कहते हैं "तुम्हारा एक अंश अग्नि, दूसरा वायु और तीसरा आत्मा है। इन तीनो अंशों से अग्नि, वायु और आत्मा में प्रवेश करो और कल्याणकारी रूप में बढ़ो। तुम ज्योति धारण करने के लिए सूर्य मैं अपनी आत्मा को मिला दो। तुम धर्म और इन्द्रादि देवों का अनुगमन करो।"

सूक्त 61- 62 : हे अश्विनीकुमारों! मैं तुम्हें बुलाता हूं। तुम तीव्रगति से यज्ञ की ओर आते हो। हे अश्विनीकुमारों! तुम हव्या-न ग्रहण करो। हे इन्द्र! अश्विनीकुमार मेरे यज्ञ में प्रसन्न हों। हे वज्रबाहु इन्द्र! हमने धन की अभिलाषा की है, उसे तुम जानो।

सूक्त 64- 66 : हे मेरे मन! पूषा देव एवं देवों के द्वारा प्रज्ज्वलित अग्नि की स्तुतियों से पूजा करो। हे स्तोताओं! इन्द्र एवं पूषा की स्तुति करके उनसे अपनी मित्रता रथापित करो। हे मरुतों, इन्द्र, देवगण, वरुण एवं मित्र! तुम मरे कर्म को फलयुक्त करो।

सूक्त 63 : हे द्यावा- पृथ्वी! तुम महान बनो, विरत्तीर्ण बनो। रक्षा-साधनों से तुम हमें शत्रुओं से बचाओ। हे देवों! तुम्हारा धन महान है। तुम यज्ञों के अधिकारी हो। देव शत्रुओं के विनाश के लिए मेरे स्तोत्र को ऋत्विज बढ़ाएं।

सूक्त 100- 101 : हे देवों! हम तुम्हारे प्रच्छन्न स्थान में पाप न करें, हम द्रोह न करें। हमें झूठ की प्राप्ति न हो। सविता हमारे रोगों को दूर करें, पाप को मिटावे। हे गायों! तुम घास वाले स्थान में बढ़ा हुआ रसभक्षण करो तुम्हारा दूध हमारे लिए औषधि हो।

सूक्त 109- 114 : बृहस्पति के द्वारा पत्नी-त्याग किये जाने पर देवों ने कहा-यह तुम्हारी विवाहिता पत्नी है। तुम्हें इसका हाथ ग्रहण करना चाहिए। यह नारी शुद्ध चरित्र वाली है। देवों ने पुन: बृहस्पति-पत्नी को बृहरपति को दिया और बृहस्पति को पत्नी-त्याग के पाप से बचाया।

सूक्त 126 - 128 : हे देवों! उस पुरुष को कोई भी अमंगल अथवा पाप प्राप्त नहीं होता, जिसे अर्यमा, मित्र और वरुण शत्रु के हाथ से बचाते हैं। ये तीनों हमें शत्रुओं से बचाएं और हमारी रक्षा करें।

सूक्त 137 - 141 : हे देवों! मुझ गिरे हुए को उठाओ, पास से बचाओ और चिरायु करो। वायु शक्ति दे और पाप नष्ट करें। जल भेषज के समान रोगनाशक है, वे औषधि का काम करें।

सूक्त 157 : हम सब लोकों को वश में करें। हम सभी देवों के द्वारा सुख प्राप्त करें। इन्द्र आदित्यों के साथ मिलकर हमारे यज्ञ, शरीर और प्रजा की रक्षा करें।

सूक्त 175 : हे देवों! कबूतर निऋति का दूत है। यह हमारे पास आया है, हम इस अमंगल को दूर करते है। यह कपोत रूपिणी तलवार हमें न मारे। यह अग्नि स्थापन वाले स्थान पर बैठें। यह जिसका दूत बनकर आया है, उस यज्ञ को नमस्कार है, हे! देवों कबूतर को भगाओ।

सूक्त 181 : वशिष्ठ के पुत्र पृथु है और भरद्वाज के सुप्रथ। इनमें से वशिष्ठ धाता, सविता और विष्णु के पास हवि-शोधक मन्त्र लाये थे। धाता ने छिपा हुआ हव्य संस्कारक मन्त्र पाया। भरद्वाज भी धाता के, सविता विष्णु के पास से हवि शोधक साममंत्र लाये थे। पुरोहितो ने धाता, सविता, विष्णु और सूर्य से वह मंत्र पाया।

अश्विनीकुमार :

सूक्त 34 : हे अश्विनीकुमारों! तुम्हारे दान व्यापक है। आज तुम हमारे यज्ञ में तीन बार आओ। और हमारे यहां कर्म की त्रुटियां दूर करो। हमें तीन प्रकार से शिक्षा दो। हमें मधुरवचन बोलने को प्रेरित करो। हमें सुबुद्धि दो। तुम यहां के वैद्य हो। जिस प्रकार पिता पुत्र को सीख देता है।वैसे तुम मुझे सीख दो। तुमने कलि ऋषि को दुबारा जवान बना दिया था तुम ऋभु के बनाये रथ पर बैठ कर यहां आओ।

सूक्त 40 - 41 : हे अश्विनीकुमारों! राजा के समान तुम्हें जानने के लिए प्रातःकाल स्तुतियां पढ़ी जाती हैं। मैं हव्य ले रात-दिन तुम्हें बुलाती हूं। मैं तुम्हारी कृपा से युवती बन गयी हूं। मैं पति-पत्नी संसर्ग-सुख को नहीं जानती। मैं कामना करती हूं कि मैं प्रिय युवती को चाहने वाले एवं शक्तिशाली पुत्र को प्राप्त करूं।

सूक्त 106, 131, 143 : हे अश्विनीकुमारों! तुम दोनों चिड़ियों के पंखों के समान आपस में मिले रहते हो। तुम हममें प्रति पुत्रवत् प्रेम रखो। तुम धनी व्यक्ति के समान दूसरों का भला करने वाले व सूर्य-किरणों के समान योग देने वाले बनो। तुम मित्र-वरुण के समान यथार्थदर्शी हो। तुम मुझे विपत्ति से पार होने में सहायता दो। तुम गायों के थनों में दूध भरो।

मरुत् :

सूक्त 74,77,78 : अन्न की इच्छा करने वाले देवों न मन से धरती को प्राप्त किया। कल्याण के लिए धरती को अपने रोग से देवों ने ऐसे प्रकाशित किया, जैसे सूर्य चमकता है। यह इन मरणरहित देवों की स्तुति हैं। वे यज्ञ में सभी प्रकार के रत्न देते हैं। देवगण हमें अधिक धन दें। हे यजमानों! रक्षा प्राप्त करने के लिए इन्द्र की शरण में जाओ।

सूक्त 168- 186 : मैं रथ के समान तेज दौड़ने वाली वायु की महिमा का वर्णन करता हूं। उसका शब्द सभी स्थानों में गूंजता है। वायु धरती की धूल उड़ाते हुए चलते हैं। वायु से पर्वत भी कांपते हैं। वे किसी दिन शान्ति से नहीं बैठते। वे सकल भुवनों के स्वामी हैं। वे देवों की आत्मा है और स्वेच्छाचारी हैं। मैं वायु की पूजा हव्य के द्वारा करता हूं।

सोम :

सूक्त 25- 85 : हे सोम! हमारे मन को कल्याणकारी, दक्ष एवं यज्ञ कर्म में लगने वाला बनाओ। हे सोम! तुम महान हो। मैं अपनी बुद्धि से तुम्हारे यज्ञ कर्मों का परिणाम देखाता हूं। हे सोम! हमारी स्तुतियां तुम्हारे पास आती हैं। तुम हमें अन्न, गोशाला और घोड़े दो। हमारे पशुओं की रक्षा करो। हमारी रक्षा करो और हमारे शत्रुओं को दूर करो।

सविता, सूर्य, आदित्य :

सूक्त 37 : सविता देव प्रात: से मध्याह्न तक उन्नत मार्ग से और मध्याह्न से संध्या तक अवनत मार्ग से चलते हैं। स्वर्ग के पुत्र सूर्य को नमस्कार। सत्य वचन मेरी रक्षा करें, जिनके सहारे धरती-आकाश स्थित है, प्राणि समूह एवं जल गतिशील हैं और सूर्य उदित होते हैं। हे सूर्य! तुम अपने तेज, दिवस, किरण, शीतलता एवं उष्णता के द्वारा हमारे लिए कल्याणकारी बनो।

सूक्त 139 : सविता पूर्व की ओर प्रकाशोदय करते है। उनके जन्म पर पूषा आगे बढ़ते हैं। सविता धर्म के मूल एवं सम्पत्तियों के संयम है। वे सभी पदार्थों, सब मनुष्यों को एवं दिशाओं को प्रकाशित करते हैं।

सूक्त 149 : सविता से ही धरती-आकाश-अन्तरिक्ष उत्पन्न हुए। सभी देव सविता के बाद जन्मे हैं। अन्तरिक्ष में वायु बंधा है, मेघ, धरती को गीला करता है। जल के पुत्र सविता उस स्थान को जानते हैं और वे बादलों से जल निकालते हैं।

सूक्त 158 : सूर्य द्युलोक की बाधाओं से हमारी रक्षा करें और हमें शत्रुओं से बचाएं। सविता देव हमें आंख प्रदान करें और उन्हें देखने की शक्ति दें, जिससे हम उनको और संसार को तथा संसार के पदार्थों को देख सकें।

सूक्त 170,185,189 : सूर्य यजमान को सरल आयु दे। वह वायु द्वारा प्रेरित हो प्रजा का रक्षण पोषण करते हैं सूर्य तो अंधकार के नाशक अन्नदाता वायु द्वारा धारित विनाश रहित और पुष्ट हैं सूर्य पुत्र के रक्षक है वह यज्ञ में मधुर सोमरस पिएं।

बृहस्पति

सूक्त 67,68 : अंगिरा गोत्रीय ऋषियों ने 7 शब्दों पर बृहस्पति की स्तुति बनाई। मरुद्गण एवं बृहस्पति को हम स्तुतियों से बढ़ाते हैं। बृहस्पति जब नाना रूप वाले अन्न का उपयोग करते हैं और अंतरिक्ष में ऊंचे चढ़ते हैं तब देवताओं उनकी स्तुति करते हैं बृहस्पति ने मेघ का मस्तक काटा और जल रोकने वाले राक्षस को मारकर सात नदियों को प्रवाहित किया।

सूक्त 182 : बृहस्पति हमारे पापों एवं हमारी दुर्दशा को नष्ट करें वह दुर्बुद्धि एवं शत्रुओं का नाश करें और रोगों से बचाएं।वह हमारे शत्रुओं का सिर काट दें हमारे अमंगल का नाश करें।

ब्रम्हज्ञान :

सूक्त 71 : बृहस्पति बालक पहले भाषा सीखते हैं बाद में उन्हें सरस्वती की कृपा से वेदार्थ ज्ञान होता है। विद्वान -शब्द विचारों के बाद ही भाषा बोलते हैं।वह ऋषियों के मन की

बात भाषा के द्वारा जान लेते हैं। किसी के सामने भाषा अपने को पूर्ण रूप से प्रकट नहीं करते हैं। कुछ लोगों के मन के भाव गहरे तालाब के समान,कुछ के कम गहरे तालाब के समान और कुछ के स्नान योग्य तालाब के समान होते हैं।

देव :

सूक्त 72 : ब्राह्मणस्पति ने देवों को उत्पन्न किया। देवों के पूर्व असत-सत उत्पन्न हुआ फिर दिशाएं और दिशाओं से वृक्ष, वृक्षों से भूमि उत्पन्न हुई इसके बाद वृक्ष से अदिति हुई अदिति से देवों का जन्म हुआ है।हे देवों! तुम पहले जल में स्थिति थे।देवों ने सूर्य को प्रकट किया अदिति के आठ पुत्रों में से सात स्वर्ग में चले गए। आठवां सूर्य आकाशस्थ हुआ।

विश्वकर्मा :

सूक्त 81-88 : विश्वकर्मा की आंखें मुख, बाहु और वरण सब ओर फैले हुए हैं उन्होंने अकेले ही धरती आकाश को बनाया है हे विश्वकर्मा! जो तुम्हारे परम धाम है उन्हें हव्य प्राप्त करके हमें दो। हम विश्वकर्मा को अपनी रक्षा के लिए बुलाते हैं।विश्वकर्मा ने सबसे पहले जल को उत्पन्न किया फिर धरती आकाश को बनाया। वह हमें उत्पन्न करने वाले,पालन करने वाले हैं। विश्वकर्मा ईश्वर सबसे महान है विश्वकर्मा की नाभि में ब्रह्मांड स्थित है।

यजमान और उसकी पत्नी :

सूक्त 183 : हे कर्मों के ज्ञानी एवं तपस्या से उन्नति यजमान! तुम संतान एवं धन पाकर प्रसन्न बनो एवं पुत्र की कामना से संतान के रूप में जन्म लो। हे पत्नी मैंने मन की आंखों से तुम्हें गर्भाधान की कामना करते हुए देखा है मेरे समीप तुम उत्तम तरुणी बनो और पुत्र उत्पन्न करो मैं होता हूं औषधियो को गर्भ धारण करता हूं एवं सभी के गर्भधारण का कारण बनता हूं मैंने धरती पर प्रजा को जन्म दिया है मैं यज्ञ के सब नारियों में पुत्र उत्पन्न कर सकता हूं।

पुरुष :

सूक्त 90 : विराट पुरुष के हजार सिर,हजार आंखें और हजार चरण हैं वह धरती को घेर कर उससे भी 10 अंगुल अधिक होकर स्थित है जो हो चुका है और जो होगा वह सब पुरुष ही है वह अमृत का स्वामी है वह कारण अवस्था को छोड़कर जगत अवस्था को धारण करता है।यह ब्रह्मांड विराट पुरुष की महिमा ही है कि तीन चरणों से विराट ऊपर उठे उनका चरण यहां स्थित रहा इसके पश्चात वे सब वस्तुओं में व्याप्त हो गए।

सूक्त 91,94 : उस विराट पुरुष से ब्रह्मांड से भी बड़ा है हो गया।उसने फिर भूति और भूमि से जीवों को बनाया। ब्राह्मण उस पुरुष के मुख से, क्षत्रिय भुजाओं से, वैश्य जंघाओं से और शुद्र चरणों से हुए। मन से चंद्रमा आंखों से सूर्य, मुख से इंद्र अग्नि तथा प्राण हुए। पुरुष

की नाभि से अंतरिक्ष, शीश से द्युलोक चरणों से पृथ्वी, कानों से दिशाएं और लोक उत्पन्न हुए।

उर्वशी पुरुरवा संवाद :

सूक्त 95 : पुरुरवा ने कहा- हे दुख देने वाली पत्नी! अनुराग के साथ क्षण भर मेरे पास ठहरो आज बातें अनकही रह गई तो आने वाले दिन सुख कारक नहीं होंगे।उर्वशी बोली- बातों से क्या होगा मैं तुम्हारे पास से चली गई हूं मैं अब दुष्प्राप्य हूं तुम अब अपने घर को जाओ। पुरुरवा ने कहा -तुम्हारे बिना अब मैं विजय पाने के लिए तरकस से बाण बाहर नहीं निकाल पाता। उर्वशी बोली -मेरी किसी सौत के साथ होड़ नहीं थी और प्रतिदिन तुम शयनकक्ष में मुझे पर्याप्त देते थे। पुरुरवा ने कहा- तुम्हारे आने के बाद श्रेणी,सुमन आदि अप्सराएं महल में नहीं आती थी, हे उर्वशी! विद्युत के समान शुभ्र, तुमने मेरी अभिलाषा को पूर्ण किया और तुम्हारे गर्भ से मानव हितकारी पुत्र उत्पन्न हुआ उर्वशी बोली- हे पुरुरवा तुम ही धरती की रक्षा के लिए पुत्र रूप में उत्पन्न हुए थे और मेरे उदर में तेज रूप में गर्भ धारण कराया था। मैंने तभी कहा था कि मैं तुम्हारे पास किसी परिस्थिति में भी रह नहीं सकती। अब व्यर्थ की बातें क्यों बना रहे हो? अब मैं तुम्हारे पुत्र को तुम्हारे पास पहुंचा दूंगी, किन्तु तुम मुझे नहीं पा सकते। पुरुरवा बोला-मैं! तुम्हारे बिना जीवित नहीं रह सकता। " उर्वशी ने कहा- "पुरुरवा तुम मरो मत। समझो, स्त्रियो की मैत्री वास्तविक नहीं होती। " पुरुरवा बोला- "तुम लौट आओ, मेरा हृदय तृप्त हो रहा है। "

प्रजापति की पुत्री दक्षिणा :

सूक्त 107 : दक्षिणा देने वाले स्वर्ग में ऊंचा स्थान पाते हैं। दक्षिणा ही यज्ञ कर्म को पूरा करती है। यह देव-पूजा का अंग है। जो दक्षिणा देकर पुरोहितों को प्रसन्न करते हैं, उनकी अभिलाषाएं पूरी होती हैं। जो सबसे पहले दक्षिणा देता है, उसी को हम मानव पालक, ऋषि, ब्रह्मा और यज्ञ का नेता मानते हैं। दक्षिणा हमारे मन को प्रसन्न करता है। दक्षिणा देने वाले अमरता पाते हैं।

दान :

सूक्त 117 : जो भूखे को अन्नदान नहीं करता, उसे कोई सुखी नहीं बना सकता, जो सदा साथ रहने वाले मित्र को भी अन्न नहीं देता, वह वास्तव में मित्र नहीं है। धनी को, याचक को धन अवश्य देना चाहिए। दान देने वाला दान न देने वाले से श्रेष्ठ है। जो मन में दान की भावना नहीं रखता, वह अन्न खाता हुआ व्यर्थ ही अन्न बिगाड़ रहा है।

प्रजापति :

सूक्त 121 - 130 : प्रजापति बल को देने वाले हैं। मरण एवं अमरता उनकी छाया है, वे मनुष्यों, पशुओं के स्वामी है। प्रजापति की महिमा से ही सागर हिम पर्वत धरती, आकाश

और दिशाएं उत्पन्न हुए। प्रजापति देवों के एकमात्र देव है। प्रजापति इस सृष्टि-यज्ञ को विस्तृत करते हैं।

परमात्मा :

सूक्त 125 - 129 : वाणी देवी बोली-मैं सभी देवों के साथ विचरण करती हूं और देवों को धारण करती। मैं राष्ट्र की स्वामिनी और सर्वोत्तम हूं। मेरी सहायता से ही प्राणी खाते, देखते, सांस लेते और सुनते हैं। मैं धरती, आकाश में व्याप्त हूं। मेरा स्थान सागर के जल में है। मैं ही भुवनों का निर्माण करती हूं। प्रलय में न असत् था और न सत् था; न लोक थे और न अन्तरिक्ष या, न कोई भोग ही थे जल भी नहीं था। परमेश्वर के मन में सबसे पहले सृष्टि-रचना की इच्छा हुई। उसी इच्छा से सृष्टि-रचना हुई।

सृष्टि :

सूक्त 160 : प्रज्ज्वलित तप से यज्ञ और सत्य उत्पन्न हुए। रात-दिन उत्पन्न हुए। इसके बाद सागर उत्पन्न हुए। सागर से सब उत्पन्न हुए। ईश्वर ने पूर्व काल के अनुसार ही सूर्य-चन्द्रमा द्यूलोक पृथ्वी लोक और अन्तरिक्ष को बनाया।

■■■

जीवनी-माला

मैनेजमेंट गुरु
नरेन्द्र मोदी

महानायक
नरेन्द्र मोदी

एक
भारत
श्रेष्ठ
भारत
प्रदीप पंडित

नरेन्द्र मोदी
का
नमो मंत्र

नोबेल शांति पुरस्कार विजेता
मलाला
नारी के अधिकारों की निर्भीक योद्धा

मासूमों का मसीहा
कैलाश सत्यार्थी
नोबेल शांति पुरस्कार विजेता

प्रखर राष्ट्रवादी राजनेता
अटल बिहारी वाजपेयी

श्री गुरुजी
गोलवलकर

डॉ. केशव हेडगेवार

वीर सावरकर

भारत के महान स्वतंत्रता सेनानी
मदन मोहन मालवीय

श्यामा प्रसाद मुखर्जी

राष्ट्रीय जीवनी माला
पं दीनदयाल उपाध्याय

राष्ट्रीय जीवनी माला
सरदार पटेल

भारत रत्न
सचिन
विमल कुमार

किरन बेदी
कैसे बनी टॉप कॉप